高等职业院校港口与航道工程专业规划教材

Shuiyun Gongcheng Xiangmu Guanli
水运工程项目管理

交通职业教育教学指导委员会　组织编写

沈秋池　**主　编**
米伟亚　**副主编**
张祥培[福建省八方船舶交易中心有限公司]　**主　审**

人民交通出版社

内 容 提 要

本书共分为两篇十一章,其主要内容为:港口与航道工程项目管理基础,项目招标、投标管理和合同管理,项目质量管理,项目进度管理,项目费用管理,施工安全管理与文明施工,工程概预算和水运工程定额,沿海港口建设工程概算预算编制,内河航运建设工程概算、预算编制,疏浚工程概算、预算编制,以及沿海港口水工概预算软件简介等。

本书为交通高等职业技术教育港口与航道工程专业规则教材,也可供相关行业从业人员参考使用。

图书在版编目(CIP)数据

水运工程项目管理 / 沈秋池主编. — 北京:人民交通出版社,2012.8
 ISBN 978-7-114-09934-2

Ⅰ. ①水… Ⅱ. ①沈… Ⅲ. ①水路运输 – 工程项目管理 – 高等学校 – 教材 Ⅳ. ①U69

中国版本图书馆 CIP 数据核字(2012)第 161517 号

高等职业院校港口与航道工程专业规划教材

书　　名:	水运工程项目管理
著 作 者:	沈秋池
责任编辑:	夏　迎
出版发行:	人民交通出版社
地　　址:	(100011)北京市朝阳区安定门外外馆斜街 3 号
网　　址:	http://www.ccpress.com.cn
销售电话:	(010)59757973
总 经 销:	人民交通出版社发行部
经　　销:	各地新华书店
印　　刷:	北京虎彩文化传播有限公司
开　　本:	787×1092　1/16
印　　张:	20
字　　数:	460 千
版　　次:	2012 年 8 月　第 1 版
印　　次:	2021 年 1 月　第 2 次印刷
书　　号:	ISBN 978-7-114-09934-2
定　　价:	56.00 元

(有印刷、装订质量问题的图书由本社负责调换)

前　　言

随着我国国民经济的飞速发展,国家进一步加大了对水运事业的投入,一大批港口、航道工程项目的投资建设,迫切需要一批懂专业的高技能建设人才。同时,教育事业也迎来了发展的春天,尤其是高职教育得到了前所未有的发展,一大批高职院校中水利类、交通类专业的开设,为国家输送了大批合格、有用的人才。

由于港口与航道工程专业最初仅开设了本科教育,因此,目前所有的教材、教学标准、教学文件等均是立足于本科教育制订的。随着交通类高等职业教育港口与航道工程专业的开办,再加上新技术、新规范、新材料的出现,急需制订和编写面向高等职业教育的专业教学文件和配套教材。

在交通职业教育教学指导委员会的关心支持和指导下,从2008年开始,高职港口与航道工程专业开展了本学科的专业标准和教学标准的研究工作,并与人民交通出版社共同策划,同步规划了该专业核心教材。

高等职业院校港口与航道工程专业规划教材第一批共规划编写出版6种,计划在2012年年底前全部完成。本套教材针对高职教育的特点,本着"必须、够用、理论联系实际"的原则,经过广泛调研、征求用人单位意见而编写。每种教材的每一章前面有学习提示,后面有小结和思考题,重点章节还列选了工程实例,以方便学生的学习。

《水运工程项目管理》是高等职业院校港口与航道工程专业规划教材之一。本教材在编写过程中,力求概念清晰、深入浅出、联系实际,理论上以适当够用为度,突出实用,体现高职高专教育的特色。在传承经典、成熟理论的基础上,尽可能编入新规范、新技术、新材料。

本教材共分两篇十一章,其主要内容为:港口与航道工程项目管理基础,项目招标、投标管理和合同管理,项目质量管理,项目进度管理,项目费用管理,施工安全管理与文明施工,工程概预算和水运工程定额,沿海港口建设工程概算、预算编制,内河航运建设工程概算、预算编制,疏浚工程概算、预算编制,以及沿海港口水工概预算软件简介等。

本教材适用于高职高专院校港口与航道工程专业以及水利类、土建类相关专业的教学,也可供港口与航道、水利类专业工程技术人员参考。

参加本教材编写的人员有:第一、四、五、六章由福建船政交通职业学院(原福建交通职业技术学院)米伟亚编写,第二、三章由福建船政交通职业学院朱明栓编写,第七至第十一章由福建船政交通职业学院沈秋池编写。全书由沈秋池担任主编,米伟亚担任副主编。

本书由福建省八方船舶交易中心有限公司高级工程师张祥培(港口及航道工程国家

注册一级建造师)担任主审,在此对他表示衷心的感谢。本书在编写过程中,得到厦门亿吉尔科技有限公司及该公司陈志铭(国家注册造价师)的大力支持,在此一并表示感谢。

本教材在编写过程中,得到了各相关高职院校领导老师的支持帮助,在此表示诚挚的感谢。

限于编者的水平,教材内容难免会有错误和不妥之处,敬请各教学单位和读者在使用和推广本系列教材时提出修改意见和建议,以便再版修订时改正。

交通职业教育教学指导委员会
交通工程机械专业委员会
2012 年 7 月

目 录

第一篇 工程项目管理

第一章 港口与航道工程项目管理基础 ⋯⋯⋯⋯⋯⋯⋯⋯⋯⋯⋯⋯⋯⋯⋯⋯⋯⋯⋯ 3
 第一节 港口航道工程建设程序 ⋯⋯⋯⋯⋯⋯⋯⋯⋯⋯⋯⋯⋯⋯⋯⋯⋯⋯⋯⋯⋯ 3
 第二节 工程项目前期工作 ⋯⋯⋯⋯⋯⋯⋯⋯⋯⋯⋯⋯⋯⋯⋯⋯⋯⋯⋯⋯⋯⋯⋯ 5
 第三节 港口航道工程项目管理的国内外概况 ⋯⋯⋯⋯⋯⋯⋯⋯⋯⋯⋯⋯⋯⋯⋯ 13
 第四节 工程项目施工监理 ⋯⋯⋯⋯⋯⋯⋯⋯⋯⋯⋯⋯⋯⋯⋯⋯⋯⋯⋯⋯⋯⋯⋯ 19
 思考题 ⋯⋯⋯⋯⋯⋯⋯⋯⋯⋯⋯⋯⋯⋯⋯⋯⋯⋯⋯⋯⋯⋯⋯⋯⋯⋯⋯⋯⋯⋯⋯⋯ 24

第二章 港口与航道工程项目招标、投标管理和合同管理 ⋯⋯⋯⋯⋯⋯⋯⋯⋯⋯ 25
 第一节 港口与航道工程项目施工招标、投标管理 ⋯⋯⋯⋯⋯⋯⋯⋯⋯⋯⋯⋯⋯ 25
 第二节 工程项目施工合同管理 ⋯⋯⋯⋯⋯⋯⋯⋯⋯⋯⋯⋯⋯⋯⋯⋯⋯⋯⋯⋯⋯ 31
 第三节 工程项目施工合同担保 ⋯⋯⋯⋯⋯⋯⋯⋯⋯⋯⋯⋯⋯⋯⋯⋯⋯⋯⋯⋯⋯ 36
 第四节 合同争议 ⋯⋯⋯⋯⋯⋯⋯⋯⋯⋯⋯⋯⋯⋯⋯⋯⋯⋯⋯⋯⋯⋯⋯⋯⋯⋯⋯ 39
 思考题 ⋯⋯⋯⋯⋯⋯⋯⋯⋯⋯⋯⋯⋯⋯⋯⋯⋯⋯⋯⋯⋯⋯⋯⋯⋯⋯⋯⋯⋯⋯⋯⋯ 41

第三章 港口与航道工程项目质量管理 ⋯⋯⋯⋯⋯⋯⋯⋯⋯⋯⋯⋯⋯⋯⋯⋯⋯⋯ 42
 第一节 水运工程质量监督的有关规定 ⋯⋯⋯⋯⋯⋯⋯⋯⋯⋯⋯⋯⋯⋯⋯⋯⋯⋯ 42
 第二节 港口与航道工程施工企业资质管理的有关规定 ⋯⋯⋯⋯⋯⋯⋯⋯⋯⋯⋯ 46
 第三节 港口与航道工程质量检验评定 ⋯⋯⋯⋯⋯⋯⋯⋯⋯⋯⋯⋯⋯⋯⋯⋯⋯⋯ 52
 思考题 ⋯⋯⋯⋯⋯⋯⋯⋯⋯⋯⋯⋯⋯⋯⋯⋯⋯⋯⋯⋯⋯⋯⋯⋯⋯⋯⋯⋯⋯⋯⋯⋯ 55

第四章 港口与航道工程项目进度管理 ⋯⋯⋯⋯⋯⋯⋯⋯⋯⋯⋯⋯⋯⋯⋯⋯⋯⋯ 57
 第一节 港口与航道工程施工组织设计 ⋯⋯⋯⋯⋯⋯⋯⋯⋯⋯⋯⋯⋯⋯⋯⋯⋯⋯ 57
 第二节 港口与航道工程施工进度控制 ⋯⋯⋯⋯⋯⋯⋯⋯⋯⋯⋯⋯⋯⋯⋯⋯⋯⋯ 71
 思考题 ⋯⋯⋯⋯⋯⋯⋯⋯⋯⋯⋯⋯⋯⋯⋯⋯⋯⋯⋯⋯⋯⋯⋯⋯⋯⋯⋯⋯⋯⋯⋯⋯ 78

第五章 港口与航道工程项目费用管理 ⋯⋯⋯⋯⋯⋯⋯⋯⋯⋯⋯⋯⋯⋯⋯⋯⋯⋯ 79
 第一节 港口与航道工程的计量和工程价款的变更 ⋯⋯⋯⋯⋯⋯⋯⋯⋯⋯⋯⋯⋯ 79
 第二节 港口与航道工程投标项目的成本估计与风险预测 ⋯⋯⋯⋯⋯⋯⋯⋯⋯⋯ 82
 第三节 港口与航道工程投标项目的费用控制 ⋯⋯⋯⋯⋯⋯⋯⋯⋯⋯⋯⋯⋯⋯⋯ 84
 第四节 港口与航道工程项目的工期索赔和费用索赔 ⋯⋯⋯⋯⋯⋯⋯⋯⋯⋯⋯⋯ 86
 思考题 ⋯⋯⋯⋯⋯⋯⋯⋯⋯⋯⋯⋯⋯⋯⋯⋯⋯⋯⋯⋯⋯⋯⋯⋯⋯⋯⋯⋯⋯⋯⋯⋯ 99

第六章 港口与航道工程施工安全管理与文明施工 ⋯⋯⋯⋯⋯⋯⋯⋯⋯⋯⋯⋯⋯ 100
 第一节 港口与航道工程施工安全事故的等级划分和处理程序 ⋯⋯⋯⋯⋯⋯⋯⋯ 100
 第二节 港口与航道工程施工安全事故的防范 ⋯⋯⋯⋯⋯⋯⋯⋯⋯⋯⋯⋯⋯⋯⋯ 104
 第三节 大型施工船舶的拖航、调遣和防风、防台 ⋯⋯⋯⋯⋯⋯⋯⋯⋯⋯⋯⋯⋯⋯ 106
 第四节 通航安全水上水下施工作业管理 ⋯⋯⋯⋯⋯⋯⋯⋯⋯⋯⋯⋯⋯⋯⋯⋯⋯ 111

第五节　海上航行警告和航行通告的管理 117
　第六节　港口与航道工程的保险 119
　第七节　港口与航道工程的安全作业 120
　思考题 127

第二篇　水运工程概预算

第七章　工程概预算和水运工程定额 131
　第一节　工程概预算知识 131
　第二节　工程定额 132
　第三节　水运工程定额组成及运用 139
　第四节　工程量计算和工程量清单 143
　第五节　单位估价表 147
　思考题 149
第八章　沿海港口建设工程概算预算编制 151
　第一节　沿海港口建设工程概算 151
　第二节　沿海港口建设工程概算实例 154
　第三节　沿海港口建设工程预算的编制 173
　第四节　沿海港口建设工程预算实例 185
　思考题 200
第九章　内河航运建设工程概算、预算编制 202
　第一节　总概算的编制及管理 202
　第二节　工程总概算的设计编制 204
　第三节　施工图预算的编制 207
　第四节　内河航运建设工程工程费用 208
　第五节　内河码头工程预算实例 216
　思考题 228
第十章　疏浚工程概算、预算编制 229
　第一节　疏浚工程概算、预算编制规定 229
　第二节　疏浚工程费用组成 229
　第三节　疏浚工程预算实例 233
第十一章　沿海港口水工概预算软件简介 249
　第一节　软件基本操作 249
　第二节　系统数据维护 268
附录一　《沿海港口水工建筑工程定额》总说明 270
附录二　水运工程工程量计算规则 276
附录三　工程量清单表式 286
附录四　工程量清单计价表式 293
附录五　内河航运建设工程各类建设项目单项、单位工程的划分 301
附录六　内河航运建设工程其他费用 304
参考文献 311

第一篇 工程项目管理

第一章 港口与航道工程项目管理基础

> **学习要求：**
> 了解港口与航道工程建设程序，港口与航道工程建设项目管理的国内外概况。
> 掌握工程项目前期工作的主要程序，水运工程施工监理的依据，监理机构职责、权利和义务。

第一节 港口航道工程建设程序

港口航道工程项目和其他基本建设项目以通过建筑、购置和安装固定资产，提高社会生产力为目标，具有投资数量大、牵涉面广、建设期长、内外协作关系复杂、对国民经济影响巨大、一旦决策失误将造成重大经济损失的特点。根据这些特点与多年正反面的经验教训，国家和各个行业的主管部门规定了基本建设全过程中各项工作必须遵循的先后顺序，即基本建设全过程中各环节、各个步骤之间客观存在的、不可颠倒的先后顺序。基本建设程序关系到项目全局，也是按照自然规律和经济规律管理基本建设的根本原则。只有坚持按科学的基本建设程序办事，才能正确处理从制定建设规划、确定建设项目、勘察、选址、设计、施工、试运行直到竣工验收、交付使用等基本建设工作中各阶段、各环节之间的关系，从而提高投资效益，避免决策失误。

港口航道工程项目的基本建设程序可以概括分为工程项目前期工作和项目实施两大阶段，每个阶段又可以分为若干步骤。每个步骤只有在前一个步骤完成并获得批准后方可进入下一个工作程序。

一、工程项目前期工作

本工作阶段也称为工程项目决策立项阶段，根据投资来源的不同，在决策立项阶段，政府投资和企业投资项目立项管理有不同的规定，因而需要完成的程序也不同。政府投资项目实行审批制，需要经过预可行性研究、项目建议书、工程可行性研究三个步骤；企业投资项目实行核准制和备案制，需要经过可行性研究、编写项目申请报告或者备案文件、履行核准或者备案手续三个步骤。

预可行性研究是根据国家经济和社会发展的需要，以全国运输系统的要求及港口总体布局规划为依据，具体论证建设项目的必要性、技术可行性、经济合理性和建设方案建设规模。

项目建议书是向国家提出的要求建设某一项目的建议文件，是项目正式开展前期工作的依据。

工程可行性研究以批准的项目建议书为依据，对建设项目在技术和经济上是否可行进行科学分析和论证,是技术经济的深入论证阶段。通过对各种方案的分析对比,为项目决策提供依据。这一阶段的成果即为工程可行性研究报告。

企业投资项目实行核准制和备案制,是国家改革投资体制打破传统计划经济体制下高度集中的投资管理模式,实行"谁投资、谁决策、谁承担风险"的原则,落实企业投资自主权,合理界定政府投资职能,提高投资决策的科学化和民主化水平的重要措施。政府仅对重大项目和限制类项目从维护社会公共利益角度进行核准,其他项目无论规模大小,均改为备案制,项目的市场前景、经济效益、资金来源和产品技术方案等均由企业自主决策、自担风险,并且依法办理环境保护、土地使用、资源利用、安全生产和城市规划等许可手续和减免税确认手续。

企业投资项目的可行性研究是履行核准或备案手续的必备文件,其内容及深度与政府投资项目相同。项目核准和备案申请报告应包括项目申报单位情况、拟建项目情况、相关规划与建设用地、资源利用和能源消耗分析、生态环境影响分析、经济和社会效果分析等内容。本章第二节详细介绍国家投资项目工程前期工作。

二、项目实施阶段

两种资金来源的项目在实施阶段的管理方式和程序相同,均包括设计、施工准备、施工和竣工验收四个过程,每一个过程又可以分为若干个步骤。

1. 设计

港口航道工程设计分为初步设计和施工图设计两个阶段。其中初步设计属于工程项目前期工作的阶段。

施工图设计是在初步设计的基础上,将工程项目设计具体化和细化。施工图设计应给出总平面中各项建筑物的坐标与高程,以及正确、完整和尽可能详尽的建筑、结构、安装图纸,作为现场施工和编制施工图预算的依据。

初步设计和施工图设计都必须经过港口行政管理部门审批。审批时,应按照规定,委托不低于原设计文件编制单位资质等级的另一设计单位对设计文件进行技术审查咨询。审查咨询单位在完成审查咨询工作后,应向港口行政管理部门出具审查咨询报告。港口行政管理部门根据审查咨询报告、其他相关文件和有关部门的意见予以批复。

2. 施工准备

为了保证施工顺利进行,建设单位必须组建专门的机构做好各项建设准备工作,内容主要包括:办理征地拆迁手续、落实工程施工的水电路等外部条件、进行招标工作、选择施工承包单位、组织大型专用设备进场和特殊材料的预定货、落实地方建筑材料的供应、施工场地的准备、"三通一平"、编写开工报告等。港口航道工程项目开工应当具备以下条件:施工图设计文件已经完成并经过审查批准;资金已经落实;海域使用及陆域征地手续已经办理,拆迁基本完成;施工、监理单位已经确定;已经办理质量监督手续。

3. 组织施工

项目施工是港口航道工程建设的关键阶段,也是大量资源投入,各种矛盾充分暴露的阶段。要使工程项目实现最佳目标,在投资和工期的约束下提供精品,施工承包单位在施工前必须编制好施工组织设计,做好施工准备工作,要做到"五落实",即资金落实、工程内容落实、施工图纸落实、材料设备落实、施工力量落实。在施工过程中要做到"四控三管一协调",即做好费用控制、进度控制、质量控制、安全控制、合同管理、信息管理、施工现场管理和组织协调工作。

4.竣工验收

竣工验收是建设全过程的最后一道程序。港口航道工程竣工验收,是指港口航道工程完工后,投入使用前,对工程质量、执行国家和行业强制性标准情况、投资使用情况等事项的全面检查验收,以及对工程建设、设计、施工、监理等工作的综合评价。竣工验收应在施工单位对工程质量自检合格,监理工程师对工程质量评定合格,项目法人组织设计、施工、监理、工程质量监督等单位进行的交工验收合格,工程经过3个月以上的试运行,各项设施运行情况符合设计要求,项目法人向港口行政管理部门提出的竣工验收申请获得批准后进行。

竣工验收后,才能办理固定资产移交等相关手续,并交付使用。

港口航道工程项目的建设以国家港口航道规划为依据。在决策立项和设计阶段所提出的建设方案应当符合港口布局规划、港口总体规划和航道规划。港口设施的建造安装应该在港口总体规划确定的港区范围之内进行,不得违反港口规划建设任何港口设施或其他设施。

第二节　工程项目前期工作

水运建设项目前期工作的主要程序为:预可行性研究、项目建议书、可行性研究和初步设计。

一、项目建议书

水运建设项目必须首先进行可行性研究,编报可行性研究报告,可行性研究分为预可行性研究和可行性研究两个阶段。经过审批以后的预可行性研究报告是编报项目建议书的依据,工程可行性研究报告是编报建设项目设计计划任务书的依据。

1.定义

项目建议书是项目建设单位向政府有关部门提出要求建设某一项目的建议文件,是对工程项目建设的轮廓设想。它主要是从宏观上来分析拟建项目建设的必要性,同时初步分析项目建设的可行性,以考察项目是否符合国家、地区或行业的政策、规划和要求,是否值得进行深入研究。

2.作用

项目建议书是我国基本建设程序的初始环节,其主要作用是确立项目,即"立项"。经过批准的项目建议书,是对建设项目开展可行性研究等各项前期工作的依据。项目建议书的作用主要有:国家选择项目的依据;可行性研究的依据;如果是涉及利用外资项目,经审批后方能开展利用外资项目的工作。

3.项目建议书的内容

项目建议书的内容视项目自身的特点不同,将会导致内容有所不同,但是一般应包括以下的内容:

1)建设项目提出的必要性和依据

(1)说明项目提出的背景、拟建地点,提出与项目有关的长远规划或行业、地区规划资料,说明项目建设的必要性。

(2) 对改扩建项目要说明现有企业概况。

(3) 引进技术和进口设备项目,还要说明国内外技术差距和概况及进口的理由。

2) 建设方案、拟建规模和建设地点等方面的初步设想

(1) 项目的市场预测。

(2) 明确项目的年产量,一次建成规模和分期建设的设想以及对拟建规模经济合理性的评价。

(3) 建设方案设想。

(4) 建设地点的论证。

3) 资源情况、建设条件、协作关系的分析

(1) 拟利用的资源供应的可能性和可靠性。

(2) 项目拟建地点的主要协作条件情况。

(3) 主要生产技术和工艺。

(4) 主要专用设备来源。

4) 投资估算及筹资计划

(1) 投资估算根据掌握数据的情况,可进行详细估算,也可以按单位生产能力或类似企业情况进行估算。

(2) 资金筹措计划中应说明资金来源,利用贷款需附贷款意向书,分析贷款条件及利率,说明偿还方式、测算偿还能力。

(3) 利用外资项目,要说明利用外资的可能性。

5) 项目进度的安排

(1) 建设前期工作的安排。

(2) 项目建设需要的时间。

6) 经济效益和社会效益初估

(1) 计算项目全部投资内部收益率、贷款偿还期等指标及其他必要的指标,进行营利能力、清偿能力的初步分析。

(2) 项目的社会效益和社会影响的初步分析。

4. 项目建议书的编制

1) 项目建议书的主要依据

(1) 宏观信息资料。

(2) 项目所在地的有关资料。

(3) 还有类似项目的有关数据和其他经济数据。

(4) 有关规定。

2) 编制范围

(1) 凡在一个总体设计或初步设计范围内经济上统一核算的主体工程、配套工程及附属设施,应编制统一的项目建议书。

(2) 在一个总体设计范围内,经济上独立核算的各工程项目,应分别编制项目建议书。

(3) 在一个总体设计范围内的分期建设工程项目,应分别编制项目建议书。

3)编制方法

项目建议书的编制应体现项目自身的特点,侧重于项目建议的必要性和可行性的初步分析论证。

4)编制要求

项目建议书主要从宏观上考察项目建议的必要性和可行性。所需基础数据不要求十分精确,一般可参照已有类似项目的资料进行估算或预测;技术经济分析、论证应满足项目初步决策的要求;投资估算的精确度一般应做到与初步设计概算的误差不超过±20%的要求等。

5. 项目建议书的审批

1)大中型限额以上项目审批程序

(1)报国家发展和改革委员会(发改委)。

(2)国家发改委抄报行业归口主管部门(交通)进行初审,初审通过后报发改委。

(3)国家发改委进行综合平衡,并委托咨询单位评估后,予以审批。

2)行业归口主管部门初审的依据及初审内容

初审依据:国家长期规划要求。

初审内容:着重从资金来源、建设布局、资源合理利用、经济合理性、技术政策等方面考虑。

3)国家发展和改革委员会的综合平衡

综合平衡时,主要考虑:建设总规模、生产力总布局、资源优化配置、资源供应可能性、外部协作条件等。

4)小型限额以下项目的审批

按项目隶属关系由部门或地方发展和改革委员会审批。

项目建议书不是项目最终决策。

二、工程可行性研究报告

可行性研究是项目前期工作的重要组成部分,是项目立项、决策的主要依据。项目可行性研究的任务是:在充分调查研究和必要的勘察工作及科学实验的基础上,对项目建设的必要性、技术可行性和经济合理性提出综合研究论证报告。

可行性研究报告应由主审单位组织预审,经预审认为符合国家颁发的各项政策、规定时才能提交审查,否则应进行修改、补充或重新编报。

承办可行性研究工作的单位必须由经过资格认证,获得相应等级的勘察、设计证书的单位承担。可行性研究报告的文件一般由三部分组成:研究报告、图纸、附件。

可行性研究报告编就后,应由编制单位的行政领导、总工程师、项目负责人签章,并加盖公章送交建设单位,由建设单位上报主管部门。

可行性研究分为预可行性研究和工程可行性研究两个阶段。大、中型工程和技术上较成熟的项目,应按两个阶段进行工作;小型工程和技术上较成熟的项目,经主管部门认可后,可简化工作程序,但是深度应该达到工程可行性研究的要求。

1. 预可行性研究

预可行性研究应根据国民经济和社会发展的需要,以全国运输系统的标准及港口总体布局规划为依据,具体论证建设项目的必要性、技术可行性、经济合理性和建设规模。预可行性研究阶段的主体工程应达到方案设计阶段的深度,其他工程内容可按综合指标估算投资。经审批后的预可行性研究报告是编报项目建议书的依据。预可行性研究报告的内容包括:

1)概述

编制的主要依据;根据现有能力、发展需要,简要说明该项目建设必要性、技术可能性及经济评价意见;主要问题和建议。

2)建设必要性

通过对现有能力的评估,找出薄弱环节和解决对策,从经济腹地的社会经济及相应运输系统的发展需要出发,预测发展水平,分析能力与需求的适应情况,提出项目的规模;要在全国布局和本项目总体布局规划的基础上,提出合理意见;综合分析项目建设的必要性。

3)建设可能性

经过必要的调查研究、勘察和科研试验,对项目的自然条件进行分析,论证是否具备基本条件;对项目建设的外部协作条件进行调查分析,论证是否具备建设项目的必要条件;综合分析项目建设的可能性。

4)建设方案

根据拟定的建设规模和远期的发展规划,结合当地的自然条件和项目运作方式进行具有不同特点的方案选比;根据项目的特点,对系统的论证,对项目进行选型和估价;对总投资等因素进行全面综合分析,提出推荐方案。

5)投资估算及经济评价

根据主体工程及配套工程的工程量,综合估算投资水平;提出财务效益,经济效益的评价意见。

6)问题及建议

2. 工程可行性研究

工程可行性研究是确定建设项目是否可行的最后研究阶段,建设单位应向承担工程可行性研究工作的单位提供上级批准的项目建议书和预可行性研究报告,作为开展工作的依据。工程可行性研究的主体工程应达到初步设计阶段的深度;工程可行性研究阶段的投资估算与初步设计概算间的差额应控制在 ±10% 以内。工程可行性研究报告是编报建设项目设计计划任务书的依据。

建设项目工程可行性研究报告的内容如下:

1)概述

包括编制的主要依据;主要结论,包括项目的必要性、建设规模及主要内容,关键技术可能性及经济评价意见;主要问题和建议。

2)现状及问题

包括地理位置、经济腹地、交通概况及特点;现有的规模,核定的能力,适应状况,主要技术经济指标;存在的主要问题,原因分析和解决对策。

3)发展预测及建设规模

包括根据审批的项目建议书,进一步调查分析发展变化和发展水平,说明不同发展阶段项目所处的功能;对系统论证,适当考虑相关条件的适应性;结合现有设施能力,研究新老设施的合理分工,提出需要新建项目具体建设规模。

4）自然条件

包括新建项目地理概述；气象；水文；地形、地貌、泥沙运动；河势；地质；地震。

5）生产工艺

包括按不同规模和工艺布置，对具有不同特点的方案进行技术经济比较，提出推荐方案；计算项目的能力、利用率及相关设施的数量和能力。

6）总平面布置及方案比选

包括总平面布置的基本原则；根据不同设计船型及可能停靠的船舶的尺寸，计算码头前沿、港池、航道设计深度、码头泊位长度；根据自然条件和相关条件，综合考虑后进行具有不同特点的总平面布置方案技术经济比选，提出推荐方案；根据自然条件和作业需求，计算作业天数；计算港池、航道挖泥量，选择抛泥区，考虑吹填造陆的可能性；选择布置导航设施和锚地；计算用地面积；配备港作设备和车船。

7）水工建筑物

包括研究确定水工建筑物的种类、规模及其设计条件；按建筑物的使用要求，荷载、地基条件进行结构选型，通过技术、经济比较，提出推荐结构型式。

8）配套工程

包括供电、照明、通信、给水、排水、环保设施、消防、采暖、通风、空调、生产及生活辅助建筑物、生产福利设施、库场、道路、铁路、桥涵、导航设施和机修等。以上项目均需根据国家有关规定计算其规模和估算投资。

9）环保及节能

包括建设地区的环境现状；主要污染和污染物；项目建设可能引起的生态变化；设计采用的环境保护标准；控制污染和状态变化的初步方案；环保投资估算；环境影响评价的结论或环境影响分析；提出节能措施。

10）外部协作条件

外部协作的问题，应与有关地方政府、部门进行协商，并遵照国家规定，达成书面协议。主要包括：提出征地和拆迁数量，对填海造陆工程需要计算造陆面积；计算建设工程用水用电量，提出方案，办理意向或协议；外部铁路、公路、内河工程方案；通信系统方案；砂石料来源、数量、质量和单价。

11）投资估算及经济评价

12）施工条件

包括施工条件及特点施工组织方案；施工进度安排。

13）组织管理及人员编制

14）问题及建议

三、初步设计

初步设计应在主管部门批准的工程可行性研究报告的基础上，遵守国家有关政策、法令、规范进行编制。

编制初步设计文件的单位必须由经过资格认证，并获得相应等级的设计单位承担。编写初步设计文件时，应认真进行调查、研究、勘察、试验；设计基础资料应齐全、准确；要坚持先进、合理、经济、安全的原则,尽可能地采用国内外成熟的新技术、新工艺、新设备、新材料,采用先进的产业技术。

初步设计必须以批准的可行性研究报告为依据,在指定的地点、时间和投资控制数额内,拟建项目在技术上的可能性和经济上的合理性,并通过对工程项目所作出的基本技术经济规定,编制项目总概算。

初步设计文件共由四个部分组成:即设计说明书、主要设备和材料、工程概算和设计图纸。

1. 设计说明书的内容

1)总论

(1)设计依据。批准的工程可行性研究报告及审批意见、上级部门下达的文件、建设单位的委托书、有关会议纪要、重要来往函件和相关单位签订的重要协议、合同等。

(2)设计分工及范围。明确提出与相邻工程或设计单位在设计上的分界,以及设计、科研单位的工作分工。

(3)设计概要。重点阐述本报告的主要结论,以及各专业方案的阐述。

(4)主要技术经济指标。说明工程项目的规模、数量、设计能力、泊位数、码头长度、防波堤长度、航道长度、建筑物面积、铁路和道路总长度、总占地面积、主要工程量、用电量、用水量、通信容量等指标。经济指标包括:工程总投资、资金来源、建设期、财务内部收益率、投资回收期、贷款偿还期以及敏感性分析等。

(5)工程建设外部条件。主要包括集疏运方式,铁路、公路、水路的布置原则和依据,以及水、电、征地等。

2)自然条件

(1)港口、航道地理位置。

(2)气象;气温、风、降水、雾。

(3)水文。

①潮位:基准面及换算关系;潮型;潮位特征值;设计水位;港池、航道乘潮水位;在风暴潮多发区,提出增水最高潮位。

②波浪:波型;波高、波向分级统计;港作、航行稳定状态。

③海流:类型;观测资料分析和概述。

④冰凌:冰况对航行及水工建筑物的影响。

(4)地形、地貌及工程泥沙。

①地貌发育:该段河床或海岸的性质,成因类型、典型地形、地貌形态。

②底质分析:底质类型、分布规律、底质粒度参数特征等。

③河床或海岸演变:周期性冲淤变化规律及冲淤演变趋势。

④工程地貌与泥沙:地貌与港口、航道的相互影响、相互作用。

(5)地质条件。地质构造、岩土层分布特征、不良地质现象、地下水、岩土物理力学性质、工程地质问题等。

(6)地震。

3)运量和船型

(1)货种、流量、流向及疏运方式。

（2）船型的确定。

4）总平面布置

（1）总平面布置原则。根据总平面布置中所涉及的各种因素，阐述总体布置所遵循的原则。

（2）论述总平面布置与港航总规划、后续工程、远景发展及相邻单位的关系。

（3）泊位作业标准。确定船舶在航道中航行和靠泊作业时允许的风、雨、雾、浪、流和冰等，确定年作业天数。

（4）船型尺度。设计船型和兼顾船型的主尺度。

（5）总平面布置方案。

①水域：防波堤和口门的布置、港池和航道布置、码头布置等。

②陆域：港内道路和铁路布置、港区建筑物的布置等。

③港作车船：所需数量和规格要求等。

（6）总平面方案比较。详细说明推荐方案的意见和理由。

5）航道、锚地及导航设施

（1）航道选线和尺度。

①航道选线原则：根据港口海域的自然条件及船舶安全航行条件等，阐述航道走向及尺度选定的原则。

②主要设计参数：船型尺度、航速、航行历时、乘潮水位、航行密度和航行作业要求，以及自然条件等。

③航道选线方案：根据地质、地貌、泥沙运动、波浪、流场、潮汐和风况等自然条件，阐述选择航道轴线的理由和依据，论证不同航道走向对航行、波浪、航道淤积等方面的影响，经过比选提出最佳航道轴线方案。

④航道设计主尺度：按照规范要求，计算航道的主尺度。

（2）航槽可挖性及稳定性分析。根据航道所在海域的水下地貌和地质、波浪和水流动力、泥沙运动等自然条件，对成因、历史演变和近期的冲淤特征进行调查研究分析，论证航槽的可挖性和稳定性，并推算航道的回淤强度和回淤量。

（3）航道疏浚工程。

①计算航道疏浚工程量：根据航道轴线地形、地质情况和主尺度，计算航槽基建疏浚工程量和施工期回淤量。

②抛泥区选择：根据生态环境、回淤情况和抛泥距离，论证分析抛泥区的位置、面积和抛填容量的合理性。

③疏浚工艺方案选择：说明疏浚土分类并详述疏浚工艺方案的确定原则及依据，说明施工船机选型及配备。

④常规导航标志的配置：按照水上导航标志，结合工程实际，沿航道、港池配置所需的各种导航标志。提出所选导航标志的类型、规格、型号、数量及导航导标的前后标布置原则和标体高度及标牌工艺要求等。

⑤待泊锚地的布置和尺度：引航概率分布、锚地容纳数和所需面积。

⑥根据航道、锚地分布，确定导航台站的位置及导航设备的选择。

6)装卸工艺

7)水工建筑物

(1)建筑物的类型和等级。

(2)建筑物的主要尺度、计算原则和公式。

(3)工艺荷载。

(4)水文地质条件。

(5)主要外力计算结果。

(6)建筑物的荷载组合。

(7)主要建筑物的结构计算内容、方法和结果。说明整体稳定安全系数、抗滑、抗倾安全系数、基床应力、地基承载力、桩基承载力和地基沉降等,以及主要构件的强度和变形计算结果等。

(8)地基处理。

(9)结构方案比较。在考虑当地自然条件、施工条件和工期等多种因素外,应尽可能推荐和采用新结构新技术。

(10)试验结果和建议。

(11)主要工程量。

8)陆域形成和道路、堆场

(1)陆域形成。

(2)地基处理。

(3)堆场、道路、结构方案及工程量。

(4)陆域形成、地基处理、面层结构组合方案。

9)港区铁路

10)生产、生产辅助、生活辅助建筑物

11)供电、照明

12)控制及计算机管理

13)通信

14)给排水

15)采暖、通风与供热

16)机修

17)供油

18)消防

19)环境保护

20)职业安全卫生

21)节能

22)施工条件、方法和进度

(1)工程概括及施工依托条件。主要工程内容和工程项目的结构形式,列出主要工程数量表。并说明当地各类主要建筑材料的供应条件、水陆交通条件、场地条件、水电供应条件等以及当地水文、气象条件和原有港区、航道生产对工程施工的影响等。

(2)施工方法、施工顺序的建议及施工总体布置。主要施工特点,可采用的施工方法;建议或利用的大型施工设施,以及相应的规模、能力和布置方式;施工期间使用的主要大型施工机具、船舶的型号、规格、数量和进场计划;各主要工程项目的施工顺序、衔接条件等。

(3)施工进度安排。工程总工期及主要控制进度的工程项目,列出施工进度表。并说明对大型建设项目分期投产安排的建议。

23)经济效益分析

24)存在问题

2. 主要设备及材料

列出主要设备技术规格和数量,按单项工程列出三大材料数量。

3. 工程概算

1)编制说明

(1)简要说明工程概况及工程规模。

(2)列出工程的总投资并将基础设施总投资和地面设施总投资分列。

(3)说明概算编制的原则和依据。包括:国家的有关法令和法规;初步设计文件;现行初步设计概算的编制规定、有关定额、费用标准和有关规定;设备的出厂价;地方颁发的材料、半成品及各种设备器材的价格和工程所在地基建主管部门颁发的材料预算价格及有关规定;以及说明规定、定额、标准及价格颁发时间。

(4)说明未包括的其他必要的说明及存在的主要问题。

2)建设工程总概算表

(1)总概算表应包括建设项目从可行性研究到竣工验收所需的全部建设费用。

(2)由主体设计单位负责统一概算编制原则和依据并汇编总概算。

(3)根据不同资金来源和贷款利率的差别,应将建设工程中的基础设施和地面设施及相应的费用分开计算,作为银行贷款的依据。

(4)使用国外贷款的建设项目应分别编制人民币概算和外币概算。

3)建设工程单项工程概算表

包括建筑工程、安装工程、设备购置及安装概算表,按专业分别列出主要材料汇总表,主要材料和设备的价格表。表格形式应符合交通部有关规定,对送审的初步设计文件必须提供"单位估价表"及"材料单价表"各一份。

4)建设工程主要材料汇总表

4. 设计图纸

包知工程所用的全部图纸。

第三节 港口航道工程项目管理的国内外概况

工程项目管理是20世纪50年代后期发展起来的一种计划管理方法。1957年美国杜邦公司把这种方法首次应用于设备维修,使维修停工时间由12小时锐减为7小时;1958年美国人在北极星导弹设计中,应用工程项目管理的基本理论,使设计阶段的完工期缩短了两年,此后工程项目管理的理念引起了人们的高度重视。目前,西方发达国家已在工程项目管理方面形成了比较完善的科学体系。

随着我国经济的持续、快速发展，我国建设部与国家计委、经贸委意欲尽快出台《关于进一步推行工程总承包与工程项目管理的指导意见》和《工程项目管理(服务)办法》，以制定工程总承包与项目管理(服务)的实施细则，规范其基本做法，进一步促进其科学化、规范化和法制化，从而指导我国工程总承包与工程项目管理工作的开展，提高项目管理水平，与国际惯例接轨。

港口航道工程建设项目管理包括从策划、决策、设计、施工、竣工直至总结评价的全过程，即以水运建设项目为对象，综合运用土木工程知识和施工，依据建设项目的质量要求、预定时限、投资总额以及资源环境等条件，为圆满实现建设项目目标所进行的决策、计划、组织、协调和控制科学管理活动。

一、我国工程项目管理

1. 目前我国工程项目管理的形式

目前，我国土木工程建设项目管理实行政府有关部门监督下"三方"管理体制，即建设项目由建设项目法人、承建商、监理单位共同参加管理。这里的政府有关部门是指诸如建设主管部门、规划管理部门、质量监督部门以及劳动、环保、消防、卫生等部门。建设项目法人(又称项目业主)即传统的建设单位。承建商包括三个主体：一是勘察设计单位，二是施工安装企业，三是材料、设备等物资供应单位。在"三方"管理体制中，项目法人是投资方，承建商是工程建设的承包方，监理单位是受项目法人委托的技术和管理服务费。三方都对工程建设项目进行管理和控制，以实现工程建设项目的投资、工期和质量三大目标。

2. 我国项目管理的主要制度

为了适应社会主义市场经济的发展和建筑业深化改革的需要，在工程项目建设中相继实行了项目法人责任制、招标投标制、工程监理制、合同管理制、工程质量责任制。

1) 项目法人责任制

项目法人是指由项目投资者代表组成的，对项目全面负责并承担投资风险的法人机构，是一个拥有独立法人财产的经济组织。项目法人责任制是规定法人承担项目的筹划、筹资、设计、建设实施直至生产经营、归还贷款等全面责任，并承担风险，以及项目保值增值的一种责任制度。项目法人具有如下特点：政企分开、产权关系明晰；具有法人地位；按照现代企业制度，把股东与享有法人财产权的企业分开，互相监督和取得各自的利益；有利于保证工程项目实行资本金制度；有利于投资项目建设和营运的统一管理；明确了业主承担风险。

2) 招标投标制

招标投标是在市场经济条件之下，确定工程建设项目的发包和承包，以及服务项目的采购和提供所采用的一种交易的方式。这种交易方式是工程项目的发包人(主管方或者投资者)通过发布招标公告或者其他形式向具备资格条件的承包商发出招标邀请，提出建设工程的性质、数量、质量、技术要求、交工期限及对承包商的资质要求，然后承包商根据招标方提出的条件进行投标报价，招标方通过评标选择承包商，双方签订合同，完成工程建设的任务。

我国在建设工程领域实行招标投标制的过程中确立了五项基本制度：第一，建设工程实行依法招标的制度；第二，建设工程实行公开招标和邀请招标两种方式；第三，招标人自行招标和招标代理机构两种制度;第四,公开、公平、公正的招投标的程序;第五,确立对招标投标活动的行政监督体制。

随着 2012 年 2 月 1 日起实施《中华人民共和国招标投标法实施条例》,将更加规范工程建设领域的招标投标活动。

3) 建设工程监理制

建设工程监理制是指具有相应资质的监理单位受工程项目建设单位的委托,依据国家有关工程建设的法律、法规、经建设主管部门批准的工程项目建设文件、建设工程委托监理合同及其他建设工程合同,对工程项目建设实施专业化监督管理的制度。建设工程监理是以严格的制度构成的具有约束和协调功能的综合管理行为。实行建设工程监理制的目的是提高工程建设的投资效益和社会效益。

4) 合同管理制

合同即协议或契约,是自然人之间、组织之间、自然人与组织之间订立的协议。合同由主体、客体和内容组成。主体是签约双方的当事人,客体是当事人的权利义务共同指向的对象,内容是指合同主体之间的具体的权利和义务。

在社会主义市场经济条件下,建筑市场主体之间的关系是合同关系,各主体之间的交往都以合同为依据。

为保护合同当事人的合法权益,维护社会经济秩序,促进社会主义现代化建设,我国制订了《中华人民共和国合同法》。该法与 1999 年 10 月 1 日起实施,为我国推行合同管理制提供了法律的依据。

5) 工程质量责任制

土木建筑工程的质量和安全不仅是参建单位的管理重点,由于它涉及社会和公众利益,涉及人民生命财产的问题,因此同时也是政府加强监督和管理的重点,是人民群众关注的热点之一。

港口航道工程实行政府监督、法人管理、社会监理、企业自检的质量保证体系。港口工程项目法人、勘察单位、设计单位、施工单位、监理单位即建设工程安全生产的有关单位,必须坚持"安全第一、预防为主"的方针,严格执行国家安全生产法律、法规、监理健全安全生产规章制度,项目法人、施工单位和监理单位应当制定安全应急预案,加强职工的安全生产教育,落实安全生产责任人,并依法承担建设工程安全生产责任。工程质量责任制是国家对建筑工程实行强制性的质量监督管理,建设单位、勘察单位、设计单位、施工单位和工程监理单位依法对建设工程质量负责的制度。

3. 工程总承包与政府投资港口建设项目的代建制

1) 工程总承包

工程总承包是项目业主为实现项目目标而采取的一种承发包方式,即从事工程项目建设单位受业主委托,按照合同的约定对从决策、设计、施工、采购到试运行的建设项目发展周期实行全过程或若干阶段的承包。近年来,随着投资体制的变化和工程承包市场的发展,工程发包方式越来越重视承包商提供综合服务的能力,传统的设计与施工分离的方式正在快速向总承包方式转变,EPC(设计—采购—施工)、Turnkey(交钥匙)、D-B(设计—施工)、PM(项目管理)等工程承包模式以及 BOT(建设—运营—移交)等带资承包方式成为大型工程项目广为采用的模式。

在工程总承包模式下,工程总承包单位需要承担更多的责任,因此对工程总承包单位的技术、管理、能力、协调等方面提出了更高的要求。工程总承包单位不仅要解决自身存在的问题,还要协调各个分包单位的关系、解决工程中遇到的各种问题。因此需要建立一套全新的项目管理体制,以适应工程总承包的需要。

2)政府投资港口建设项目的代建制

建设项目的代建制度是国际上通常采用的一种工程项目管理模式,它是指政府主管部门对政府投资的基本建设项目,按照使用单位提出的使用、建筑功能要求,选定专业的工程建设单位(即代建单位),并委托其进行建设,建成后经过竣工验收备案移交给使用单位的项目管理方法。代建制度是比建设项目法人负责制度更为进步的一种管理模式。代建制的特点是:代建单位具有项目建设阶段法人地位,拥有法人的权利,同时承担相应的责任。

代建制度改变了以往政府投资、建设、监管、使用多位一体的状况,将传统的投资、建设、营运三合一的管理模式,变为投资、建设、管理、营运四分开,有利于各自责任的落实。实行代建制后,克服了业主单位对建设项目难于实现专业化管理的问题,可避免因业主单位基建管理人员业务不熟、专业不精和临时组建等带来的弊端,有助于加快工程的推进力度,有助于质量、工期和投资的全面控制,有利于提高工程整体的建设管理水平,使项目最大限度地提高效率、降低成本、发挥投资效益。

代建制度使项目的投资者和工程的建设者分离,更符合国际惯例的操作,使我国能逐步与国际接轨,融入全球市场,使工程项目对外招商引资更具有吸引力,能最大程度地利用国内、国外的资本为经济建设服务,同时能推进管理理念和水平向国际先进的管理方式靠拢,逐步达到完善和成熟。

二、国外工程项目管理

1. 目前国外工程项目管理的主要形式

国外企业的工程项目管理主要有项目管理承包(Project Management Contractor,缩写为PMC)、项目管理组(Project Management Team,缩写为PMT)和施工管理(Constriction Management,缩写为 CM)等形式。

1)项目管理承包(PMC)

PMC 是指项目管理承包商代表业主对工程项目进行全过程、全方位的项目管理,包括进行工程的整体规划、项目定义、工程招标、选择 EPC(EPC 是英文 Engineering Procurement Construction 的缩写,即设计、采购、施工总承包)承包商,并对设计、采购、施工过程进行全面管理,一般不直接参与项目的设计、采购、施工和试运行等阶段的具体工作。PMC 的费用一般按"工时费用 + 利润 + 奖励"的方式计取。PMC 是业主机构的延伸,从定义阶段到投产全过程的总体规划和计划的执行,对业主负责,与业主的目标和利益保持一致。

对大型项目而言,由于项目组织比较复杂,技术、管理难度比较大,需要整体协调的工作比较多,业主往往都选择 PMC 承包商进行项目管理承包。作为 PMC 承包商,一般更注重根据自身经验,以系统与组织运作的手段,即:业主首先委托一家有相当实力的国际工程公司对项目进行全面的管理承包;其次,把项目分成两个阶段来进行,第一阶段叫做定义阶段,第二阶段叫做执行阶段。在项目定义阶段，PMC 的任务是代表业主对项目的前期阶段进行管理，即对项目进行多方面的计划管理(Program Management)，比如，有效地完成项目前期(FEL)阶段的准备工作；协助业主获得项目融资；对技术来源方进行管理，对各装置间的技术进行整合；对参与项目的众多承包商和供应商进行管理(尤其是界面协调和管理)，确保各工程承包之间的一致性和互动性。在执行阶段由总承包商负责执行详细设计、采购和建设工作，PMC 在此阶段里，代表业主负责全部项目的管理协调和监理作用，直到项目完成。在两个阶段中，PMC 都及时向业主报告工作，业主则派出少量人员对 PMC 的工作进行监督和检查，力求项目整个生命周期内的总成本最低。

PMC 可分为三种类型：

(1)代表业主管理项目，同时还承担一些界外及公用设施的 EPC 工作。这种方式对 PMC 来说，风险高，而相应的利润、回报也较高。

(2)代表业主管理项目，同时完成项目定义阶段的所有工作，包括基础工程设计、±10%的费用估算、工程招标、选择 EPC 承包商和主要设备供应商等。

(3)作为业主管理队伍的延伸，负责管理 EPC 承包商而不承担任何 EPC 工作，这种方式的风险和回报都比较小。PMC 的合同结构如图 1-1 所示。

图 1-1 PMC 合同结构框图

PMC 与 EPC 方式的比较见表 1-1。

PMC 方式与 EPC 方式的主要区别 表 1-1

比 较 内 容	PMC	EPC
工作范围	专业化的服务	具体项目实施
保证	满足专业标准要求	用好的和熟练的技术实施项目
商务	费用补偿	固定总价
角色	业主的机构或代表	独立的承包商
进度	无进度担保	保证完成日期

2)项目管理组(PMT)

PMT 是指工程公司或其他项目管理公司的项目管理人员与业主共同组成一个项目管理组，对工程项目进行管理。在这种方式下，项目管理服务方更多的是作为业主的顾问，工程的进度、费用和质量控制的风险较小。PMT 的合同结构如图 1-2 所示。

3)施工管理(CM)

CM 是代表业主进行施工管理。其合同结构如图 1-3 所示。

2.国外工程项目管理的特点

(1)业主不亲自管理项目，而是委托咨询工程师进行项目设计、预算及施工招标或由中标的承包商(建造工程师)承担施工任务(监理机构对承包商进行监督管理)。

(2)业主对工程建设中的问题有最终决定权。

(3)招投标(包括设计咨询、工程承包与分包、采购)及合同管理是项目管理的重要部分。

(4)严密的组织管理、有效的关系协调。

3. 工程项目管理的国际惯例

目前国际工程市场已经逐渐形成,国际惯例被各国接受和使用,并公认具有法律效力。

1)国际通用合同

国际工程使用国际通用的合同文件(示范文本),如 FIDIC 合同文件等。

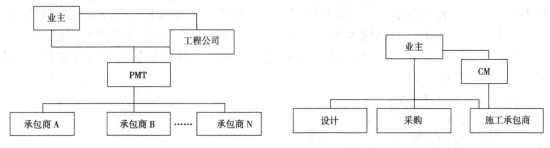

图 1-2　PMT 合同结构框图　　　　图 1-3　CM 合同结构框图

2)承建模式

目前已经不断发展出新的承建模式,如下面几种:

(1)设计施工一体化(交钥匙);

(2)建设—营运—转让(BOT)模式(即国家项目招商引资:国家与投资方签订协议,投资方负责建造,建成后负责营运并回收投资及获利,协议期满后将其移交/转让给政府)及其派生的建设转让(BT)等系列承建模式;

(3)设计—采购—建造总承包(EPC)模式;

(4)总包、分包、小包的项目管理模式(分层次承包,总包进行有效协调,定时间、定标准、定奖罚方式);

(5)主承包模式(分包由业主选定及签约,主包负责对分包监督管理并指定分包商)。

3)管理人员

精兵强将上一线,具体表现为:管理层人员少而精、一职多能;劳务层弹性组织结构,混合编组,一职多能。

4)组织形式

采取两层分离的组织形式:

(1)管理层(项目管理);

(2)作业层(劳务管理),依合同完成管理层下达的施工任务。

4. 国外工程项目管理实例

下面列举国外工程建设项目实例,以作为参考比较。

(1)日本大成公司:项目管理(管理层)与劳务管理(劳务层/作业层)分开,劳务由外部公司分包。该公司在承包中国云南鲁布革水电站引水工程项目中,只派出十余人组成的项目部,而雇用了约 500 人的中国劳务(包括工人及技术人员)。

(2)美国雷蒙·凯撒公司:现场施工由分包商实施,公司的合同经理通过现场的工区经理负责日常合同执行的管理工作。

(3)意大利:按总包(大型总包企业)—分包(专业中小企业)—小包(高专业化小企业)模式进行项目管理。

(4)德国:按总包—分包模式进行项目管理。

第四节 工程项目施工监理

一、施工监理的依据

1.施工监理的概念

水运工程施工监理是指监理单位根据国家法律、法规、技术标准、监理合同以及施工合同文件/设计文件等的要求,依据工程技术标准、设计文件和合同文件等,遵照一定的准则,采取措施,从施工招标期、施工准备期、施工期、直至交工验收及保修期的整个施工阶段,对水运工程建设的质量、进度、费用进行控制,对合同和信息进行管理,并协调参建各方关系。

2.施工监理机构的条件

承担水运工程监理单位是技术密集型的独立的经济实体,必须具有相应的组织机构、一定资质和数量的骨干成员、一定类别和数量的检测仪器设备、一定额度的注册资金、正式的开户银行和账号、固定的办公场所及明确的法人代表。水运工程监理单位的资质分为甲、乙、丙三级。水运工程主管部门将按有关要求进行复查、考核。水运工程监理工程师分为监理工程师和专项监理工程师两类,专项监理工程师只在批准的工程项目中有任职资格。

水运工程施工监理业务的单位,必须具有交通主管部门批准的相应的工程监理资格和工商行政部门颁发的营业执照、具有法人资格的专业水运工程监理单位,并应按本单位资质等级承担相应的监理业务。

3.施工监理单位与参建各方的关系

施工监理与在工程监理体制中,建设单位与监理单位是委托与被委托的合同关系,监理单位与施工单位是监理与被监理关系。监理单位应在合同确定的职责范围内,独立、公正、科学地开展工作。建设单位应充分信任、全面支持监理;施工单位应认真接受、积极配合监理。施工监理与设计单位是业务配合关系,应通过业主进行协调;建设、监理和施工单位均应接受水运(或港口、交通)工程安全质量监督局代表国家交通主管部门对其队伍资质和工程质量进行的监督管理。

4.施工监理的依据

交通部颁发的《水运工程监理规范》(JTJ 216—2000)明确规定,监理工程师应依据下列文件及质量进行施工监理。

1)相关法律、法规及有关工程技术标准

相关法律、法规及有关工程技术标准主要是指中华人民共和国建筑法,建设部和国家计委建监[1995]737号《工程建设监理规定》,交通部交基发[1994]840号《水运工程施工监理规定(试行)》,国家工商行政管理局和建设部GF-91-0201《建设工程施工合同》,交通部发布的水运工程规范(标准、规程)和相应的工程检验评定标准。

2)批准的设计文件

工程设计文件指设计图纸,设计说明书等。

3)依法签订的监理合同和其他有关的合同文件

工程监理合同系由业主与监理单位签订,明确双方在工程项目施工监理工作中的责任、权利、义务等的协议和条款。合同文件是指施工合同、图纸、技术规格书、招投标书、中标通知书及其他有关文件。

4)经业主/监理工程师审查批准的施工组织设计及其他技术文件

施工组织设计是由承包人(项目经理部)编制的,用以指导施工全过程施工活动的技术经济文件。承包人编制的施工组织设计及其他技术文件(施工方案等),报送并经业主和监理工程师审查批准后,即成为监理依据。

5)有关会议纪要及其他经确认的文字记载

5. 监理的授权

监理工程师(乙方)在甲方(业主)授权内的一切行为,视为甲方的行为。甲方委托监理单位对工程实施监理,乙方应接受。监理工程师进场前,甲方应书面通知乙方对其授权的权限、职责。监理工程师可任命人员协助工作,并授权履行监理部分职责,也可撤销授权。任命、授权、撤销均应提前7天书面通知甲方。

监理单位承接建设单位委托的水运工程施工监理任务后,应按监理委托合同确定的受监工程的种类、规模、项目、工期及现场条件,组建相应工程项目的施工监理机构,配备相应的人员和设备。监理机构名称可称为工程项目施工监理部或监理组。大型水运工程项目的施工监理部,可由项目总监理工程师(简称总监)、总监代表、驻地监理工程师、现场监理员(又称旁站)、测试人员和必要的行政、后勤管理人员组成。视工程的类别和规模,驻地监理工程师和监理员应分专业配备,并应有足够数量。对于一般工程项目,应视具体情况,尽量减少层次,保持监理机构的精干和高效。

二、施工监理机构的职责、权利和义务

建设单位和水运工程项目施工监理机构的职责、权利、义务及奖罚事项,双方应在洽谈监理合同时具体商订,并写进合同文本。

1. 施工监理机构的职责

1)施工招标期工程项目施工监理机构的职责

(1)协助建设单位审查施工图设计文件。

(2)协助建设单位编写施工招标文件。

(3)协助建设单位审查投标单位的资质和业绩。

(4)参与评标工作。

(5)协助建设单位起草施工承包合同。

2)施工准备期工程项目施工监理机构的职责

(1)协助建设单位编写开工申请报告。

(2)协助审查中标单位编制的施工组织设计、施工总进度计划、现金流动计划,以及根据其编制的年度计划。

(3)核验工程控制点的高程和坐标并向施工单位移交。

(4)审核施工单位提交的大型临时设施的设计。

(5)参加设计交底会。

(6)核查进场施工队伍(含分包单位)的资质及施工机械设备性能与数量。

(7)核查进场建筑材料及构件的品种、数量和质量,对不符合要求的禁止进场或责令清除出场。

(8)签发单位工程的开工指令。

(9)签发预付款通知书。

3)施工期工程项目施工监理机构施工期的职责

(1)参加或主持工地现场会议。

(2)检查施工操作情况,质量检测的取样、测试情况,施工船机设备的运转情况。

(3)核查施工队伍资质变化情况。

(4)查看和抽验建筑材料与构件的质量情况。

(5)定期核查工程进度与计划执行情况。

(6)对隐蔽工程和分项、分部工程及时进行验收。

(7)核实已完工程的合同工程量清单并签发相应的付款通知书。

(8)审查工程变更及其引起的工程量变化。

(9)参与工程质量事故调查,协助审查质量事故的处理方案及其补救措施,并检查落实情况。

(10)对施工承包单位因国家政策性调价或不可预见因素变化而提出的合同期内工程费用变化清单,及时进行核算,报请建设单位同意后,签发付款通知书。

(11)对施工单位提出的工期延长或费用索赔报告进行核查,报请建设单位同意后,签署意见和付款通知书。

(12)对于由施工单位责任造成的工程损失进行测算后,报请建设单位提出反索赔。

(13)调解建设单位与施工单位在执行施工承包合同过程中发生的争端。

(14)安全生产监督,监督施工单位安全生产资金的投入与使用情况,生产人员是否存在不安全行为,设施设备、生产机具是否处于不安全状态等。

4)交工验收及保修期工程项目施工监理机构的职责

(1)审核施工单位提出的交工申请报告,并及时向建设单位转报。

(2)核查工程档案资料的准确性和完整性。

(3)提交相应的工程监理报告。

(4)参加建设单位或其上级主管部门主持的交、竣工验收工作。

(5)协助建设单位编写竣工决算。

(6)审核施工单位在保修期内对工程维护及缺陷处理的方案,核查其实施情况。

2. 施工监理机构的权力

监理机构在监理合同确定的范围内,对受监工程有独立进行监理的权力。主要有以下几项:

(1)有权查阅受监工程的全部设计文件及批文。

(2)有权参加建设单位和施工单位召开的有关受监工程的各种业务会议。

(3)有权制止各种质量与性能不合格的建筑材料、构件和设备进场。

(4)有权决定上道工序质量不合格的工程,不准其下道工序施工;有权禁止对质量不合格的或未经检验的隐蔽工程进行覆盖,对已覆盖的不予验收。

(5)对质量不合格的工程和未进行验收的隐蔽工程有权拒绝计量和签署付款通知书。没有监理机构签发的付款通知书,不予拨付工程款。

(6)当工程进度滞后于计划时,有权要求施工单位或提请建设单位及时采取有效措施,尽快排除影响施工进度的各种因素,以确保合同工期的兑现。

(7)对履约能力差的施工单位,有权限期整改;对问题严重的队伍,有权建议建设单位中止合同,更换队伍。

(8)有权审核由于设计变更引起的工程量变化。

(9)有权对施工单位安全生产资金的投入与使用情况,生产人员是否存在不安全行为,设施设备、生产机具是否处于不安全状态进行监督。

3. 施工监理机构的义务

全面履行监理合同是工程项目施工监理机构的服务宗旨,秉公办事、尊重建设单位和施工单位的正当权益是各级监理工程师的行为准则。在施工过程中,监理机构的主要义务是:

(1)施工期间,必须遵照监理合同派出足够的监理人员常驻现场,及时发现和解决问题。

(2)定期召开工程现场例会,及时通报现场情况。

(3)定期向建设单位书面报告工程的安全生产、质量、进度和费用支付等情况。对突发的重大问题应随时报告。

(4)及时发布建设单位在施工合同允许范围内的变更意见或修改设计。

(5)及时转达施工单位对建设单位的要求。

(6)接受水运(港口或交通)工程质量监督站和交通主管部门的监督检查。

监理工程师提出的设计修改意见及合理化建议,先交原设计单位研究,提出修改意见,经建设单位或主管部门审批后,由设计单位出具设计修改通知单,交付施工单位执行。

4. 水运工程施工监理合同与监理服务费

施工监理合同是建设单位与受委托的监理单位签订的基本文件,经公证机关公证后,对签约双方具有法定的约束力,任何一方违约均需负经济和法律责任。

1)签订监理合同的主要依据

(1)上级对该工程的批复文件。

(2)受监工程的设计文件。

(3)监理单位的工程监理资格证书、营业执照和项目监理机构主要成员的水运工程监理工程师证书。

(4)监理单位的检测能力证明或与其合作的检测单位的资格证书和协议书。

(5)中标通知书。

2)水运工程施工监理合同的主要条款

(1)双方单位的全称及法定代表人的姓名。

(2)受监工程的名称和所在地。

(3)受监工程的规模、委托监理的具体项目、范围和监理期。

(4)监理机构的职责、权利和义务。

(5)建设单位的职责、权利和义务。
(6)建设单位为监理机构提供的工作、生活条件和交通、通信工具。
(7)奖罚条款。
(8)监理服务费及付款方式。
(9)争端的解决方式。

施工监理服务费,由建设和监理双方根据受监工程的种类、规模、工期、结构型式、监理范围、检测项目、现场条件及建设单位为现场监理机构提供的工作和生活设施等情况具体商订,并写入监理合同。

案例1-1:某港口工程在设计完成后,项目业主委托了某港航工程监理公司协助业主进行施工招标及实施施工期监理,双方签订了委托监理合同,并约定了双方职责、权利和义务。其中,关于监理机构的职责如下:

(1)协助业主进行施工招标;
(2)编写《监理规划》和《监理实施细则》;
(3)承担工程质量检验工作,对参建单位的质量保证体系进行监督;
(4)审查承包人编制的施工组织设计即施工总进度计划;
(5)组织并参加施工图纸会审,参加设计交底;
(6)负责对工程试验检测机构及人员的资质管理;
(7)控制施工质量,检查建筑材料和构配件质量,检查施工原始记录及报告;
(8)对隐蔽工程、分部、分项工程进行检查验收并签认,对分项工程质量进行评定;
(9)负责已竣工验收的工程质量评定;
(10)检查工程进度和计划执行情况;
(11)进行工程计量,审核支付申请;
(12)参与优质工程的评审工作。

问题:
(1)上述所列职责中,哪几项不属于监理的职责?为什么?
(2)水运工程施工监理的主要依据有哪些?

分析与答案:
(1)其中第(3)、(6)、(9)、(12)项不属于监理的职责,因为这几项职责是受交通部委托、交通部派出机构设立的质检站的主要职责。
(2)水运工程施工监理的主要依据如下:

交通部颁发的《水运工程施工监理规范》,该规范规定,监理工程师应依据下列文件和资料进行施工监理工作:

①相关法律、法规,即技术标准;
②经批准的工程设计文件;
③依法签订的工程监理合同与其他合同文件(施工合同、图纸、技术规格书、招投标书及其他有关文件);
④经业主和监理工程师审批的施工组织设计和其他技术文件。
参加各方在工程实施中的有关会议纪要和经确认的其他文字记录。

思 考 题

1. 水运建设项目前期工作的主要工作程序有哪些？
2. 项目建议书的编制依据是什么？其作用和内容分别是什么？
3. 简述工程可行性研究报告的研究依据、要求和内容。
4. 国外工程项目管理的特点有哪些？
5. 水运工程施工监理的依据是什么？
6. 水运工程施工监理机构在项目建设不同时期的职责分别是什么？
7. 水运工程施工监理的权利和义务分别是什么？

第二章 港口与航道工程项目招标、投标管理和合同管理

> **学习要求：**
> 了解港口与航道工程施工合同担保,合同争议。
> 掌握水运工程施工招标对投标文件的要求,施工招标的开标和评标,施工招标对潜在投标人的资格审查,港口与航道工程施工期规定的特点,港口与航道工程合同价款与支付,港口与航道工程建设变更,合同双方的责任。

第一节 港口与航道工程项目施工招标、投标管理

一、总则

(1)工程建设项目(含港口与航道工程项目)包括勘察、设计、施工、监理以及与工程建设有关的重要设备、材料等的采购,达到下列标准之一的,必须进行招标：
①施工单项合同估算价在 200 万元人民币以上的；
②重要设备、材料等货物的采购,单项合同估算价在 100 万元人民币以上的；
③勘察、设计、监理等服务的采购,单项合同估算价在 50 万元人民币以上的；
④单项合同估算价低于第①、②、③项规定的标准,但项目总投资额在 3000 万元人民币以上的。

水运工程施工招标投标工作程序包括招标、对潜在投标人的资格审查、投标、开标、评标及合同签订等。

(2)任何单位和个人不得将依法必须进行招标的水运工程建设项目化整为零或以其他任何方式规避招标。

(3)水运工程施工招标投标活动,应遵循公开、公平、公正和诚实信用的原则。

(4)凡持有工商行政管理部门核发的具有相应经营范围的营业执照,并具有与水运工程规模相应资质等级证书和资信证明的潜在投标人,均可参加投标。

(5)水运工程建设项目招标投标活动的行业监督执法,由交通行政主管部门负责。

大中型、限额以上的水运工程项目和国家投资以及其他重要水运工程建设项目招标投标活动的监督执法,由交通部负责。

小型、限额以下的水运工程项目招标投标活动的监督执法由各省、自治区、直辖市交通行政主管部门负责。长江航务管理局受交通部委托负责其管辖范围内的小型、限额以下的水运工程项目招标投标活动的监督执法。

(6)水运工程施工招标投标是法人或者其他组织之间的经济活动,受国家法律保护和约束,交通行政主管部门应依法对水运工程施工招标投标活动进行监督管理。任何单位和个人不得以任何方式非法干涉招标投标活动的正常进行。

(7)水运工程施工招标投标实行报审、报备制度。建设项目招标方案、招标文件、资格审查结果需报交通行政主管部门审批,评标报告需报交通行政主管部门核备。

二、招标

(1)招标人是按照规定提出施工招标项目、进行施工招标的法人(建设单位,以下同)或者其他组织。具备下列条件的招标人,可以自行办理招标事宜。

①具有与招标项目相应的工程、经济管理和编制招标文件的能力;

②具有对投标人进行资格审查和组织评标的能力。

必须进行招标的项目,招标人自行办理招标事宜的,应报交通行政主管部门核备。交通行政主管部门对招标人是否具备自行招标条件进行审查,符合条件的,准许其自行办理招标事宜,任何单位和个人不得强制其委托招标代理机构办理招标事宜;不符合条件的,应要求其委托招标代理机构办理招标事宜。

(2)招标人有权自行选择招标代理机构,委托其办理招标事宜。任何单位和个人不得以任何方式为招标人指定招标代理机构。招标代理机构应当在招标人委托的范围内办理招标事宜,并遵守本办法关于招标人的规定。

(3)水运工程实行施工招标的项目,应具备下列条件:

①具有审定的施工图设计,或者具有经过批准的初步设计和工程概算;

②征地拆迁工作已基本完成或落实,能保证分年度连续施工的需要;

③有交通行政主管部门核验的报建手续;

④资金或者资金来源已经落实。

(4)水运工程施工招标方式:

①公开招标。是指招标人以招标公告的方式邀请不特定的法人或者其他组织投标。招标人通过国务院有关部门指定的报刊、信息网络或者其他媒介发布招标公告进行招标。

②邀请招标。是指招标人以投标邀请书的方式邀请特定的法人或者其他组织投标。招标人可选择三个以上具有与招标项目相应资质和资信的特定的法人或者其他组织,向其发出投标邀请书。

(5)水运工程施工招标可实行全部工程招标、单项工程或专业工程招标,但主体工程不得肢解。招标内容应在招标公告或投标邀请书中说明。

(6)水运工程施工招标工作由招标人组织,按下列程序进行:

①确定招标方式;

②编制招标文件;

③将招标文件报送交通行政主管部门审批;

④发布招标公告或发出投标邀请书;

⑤接收投标人的投标申请书和资格审查申请文件;

⑥对提出申请或应邀参加投标的投标人进行资格审查;

⑦将资格审查结果报交通行政主管部门审批;
⑧通知申请投标人资格审查结果,向合格的投标人出售或发放招标文件;
⑨招标文件的答疑与澄清;
⑩接收投标人的投标文件;
⑪开标,审查投标文件的符合性;
⑫评标,提出评标报告,确定中标人;
⑬将评标报告、评标结果报交通行政主管部门核备;
⑭发出中标通知书;
⑮签订合同。

三、水运工程招标公告和招标条件

1. 招标公告(投标邀请书)的主要内容
(1)招标人的名称和地址,获取招标文件的办法;
(2)招标依据;
(3)工程概况:工程名称、地点、工程类别、规模、招标范围、施工工期和资金来源等;
(4)招标方式、时间、地点及报送投标申请书和资格审查申请文件的起止时间;
(5)对投标人资质和资信的要求;
(6)对投标申请书和资格审查申请文件内容的要求;
(7)其他事项。

2. 招标文件的主要内容
(1)投标须知:项目名称、地点、工期和工程规模,递交投标文件的时间、地点、方式和正、副本的份数,开标的时间、地点,通知评标结果的时间,投标保函或投标保证金额度、提交方式、返还的时间和方式等;

招标人应当合理确定投标人编制投标文件所需的时间,自招标文件发出之日起至投标人提交投标文件截止之日止,最短不得少于20日;

(2)合同主要条款:工程范围、承包方式、承包金额约定、付款和结算办法,工期要求,设计修改,质量要求,安全要求,工程监理,试车和验收,奖励和赔偿等;

(3)技术规格书:分部分项工程量,设备的名称、规格和数量,所用的标准、规范和技术要求,必要的图纸和设计说明书等;

(4)评标原则、标准和方法。

如需对招标文件进行必要的澄清或者修改的,招标人最迟应在投标截止日期前15日,以书面形式通知所有潜在投标人。该澄清或者修改的内容为招标文件的组成部分。

若需要编制标底,标底由招标人负责组织编制。标底在开标前应严格保密。

标底应参照国家现行定额和市场参考价格计算,并控制在批准的概算或调整概算之内。

四、对潜在投标人的资格审查

1. 水运工程施工招标对潜在投标人的要求

水运工程施工招标实行资格审查制度。对潜在投标人的资格审查由招标人组织进行。招标人只向资格审查合格者发出招标文件。

投标人可以单独投标,也可由两个以上法人或者其他组织组成一个联合体,以一个投标人的身份共同投标。

联合体各方均应当具备承担招标项目施工的相应能力;国家有关规定或者招标文件对投标人资格条件有规定的,联合体各方均应具备规定的相应资格条件。由同一专业的单位组成的联合体,按照资质等级较低的单位确定资质等级。联合体各方均须提交资格审查申请文件。

联合体成员间须签订协议,明确各方的责任、权利和义务,并将协议连同投标文件一并提交招标人。联合体中标的,联合体各方应当共同与招标人签订合同,就中标项目向招标人承担连带责任。

招标人不得强制投标人组成联合体共同投标,不得限制投标人之间的竞争。

2.资格审查申请文件的内容

(1)资格审查申请书;

(2)投标人的营业执照、所有制性质;

(3)投标人的资质等级证书和资信证明、固定资产净值、专业技术人员构成,施工设备等;

(4)投标人的经营管理状况,近三年完成主要施工项目的情况,施工质量情况,同类工程实绩,近三年资产负债表、损益表,施工项目获奖情况及有关证明,社会信誉等;

(5)正在承担的施工项目,拟承担本项目的人员、技术负责人和设备情况;

(6)如有分包,必须提供分包单位的有关证明资料,但项目主体工程不得分包;

(7)其他。

3.属于下列情况之一者,资格审查申请文件为无效

(1)未按期送达资格审查申请文件;

(2)资格审查申请文件未盖公章;

(3)法定代表人(或其授权的代理人)无签字(或印鉴);

(4)未按规定要求填写;

(5)填报的内容失实。

五、水运工程施工招标对投标文件的要求

资格审查合格并接到招标文件的投标人,按招标文件要求将投标文件递交招标人。投标文件应按照招标文件规定的内容和要求编制。

1.投标文件的主要内容

(1)投标函(及其附录);

(2)对招标文件实质性要求和条件的响应;

(3)工程总报价及分部分项工程报价,主要材料数量;

(4)商务文件;

(5)施工方案;施工进度安排,施工平面布置,主要工程的施工方法,使用的主要船机设备,技术组织措施,安全、质量保证措施,项目负责人的基本情况;

(6)质量等级。

2. 对投标文件的要求

投标文件及任何说明函件须经投标人盖章及其法定代表人（或其授权的代理人）签字（或印鉴），并按招标文件的规定密封。

投标文件送达后，在投标截止时间前，投标人可以补充、修改或者撤回已提交的投标文件，并书面通知招标人。补充、修改的文件应使用与投标文件相同的签署和密封方式送达，补充、修改的内容为投标文件的组成部分。

任何函件，包括投标文件，如未按招标文件规定密封或在投标截止时间后送达招标人，招标人将不予接受。

投标人少于3人的，招标人应当依照本办法重新进行招标。

投标人可以根据招标文件的要求，在报送投标文件的同时，提交建议方案，供招标人选用。

如果招标文件要求提交投标保函或投标保证金的，投标人应在开标截止时间之前，按要求提交投标保函或投标保证金。

六、水运工程施工招标的开标和评标

1. 开标

开标的时间，由招标人根据招标项目的规模和内容在招标文件中明确。开标至发出中标通知书为评标阶段，一切评标活动均应保密。

开标应当在招标文件确定的提交投标文件截止时间的同一时间公开进行；开标地点应当为招标文件中预先确定的地点。

开标由招标人或由其委托招标代理机构组织并主持。投标人的法定代表人或其授权的代理人应到会。

开标时，由投标人或者其推选的代表检查投标文件的密封情况，也可以由招标人委托的公证机构检查并公证；经确认无误后，由工作人员当众拆封，宣读投标人名称、投标价格和投标文件的其他主要内容。

招标人在招标文件要求提交投标文件的截止时间前收到的所有投标文件，开标时都应当当众予以拆封、宣读。

开标过程应当记录，并存档备查。

属于下列情况之一者，作为废标：

(1) 投标人的法定代表人（或其授权的代理人）未参加开标会；
(2) 投标文件未按要求密封；
(3) 投标文件未盖本单位公章；
(4) 投标文件无法定代表人（或其授权的代理人）签字（或印鉴）；
(5) 投标文件不符合招标文件实质性要求；
(6) 投标人未按要求提交投标保函（或投标保证金）；
(7) 投标人递交两份或多份内容不同的投标文件，又未书面声明哪一份有效；
(8) 投标人在一份投标文件中，对同一个施工项目有两个或多个报价；
(9) 投标人以不正当手段从事投标活动。

开标后，招标人和投标人不得通过补充说明和有关资料改变招标文件和投标文件的实质内容。

2. 评标

评标工作由招标人依法组建的评标委员会负责,评标委员会成员由招标人的代表和有关技术、经济等方面的专家组成,总人数为5人以上单数,其中专家人数不得少于成员总数的2/3。

上述专家应当从事相关领域工作满8年并具有高级职称或者具有同等专业水平,由招标人从交通运输部或省级交通行政主管部门提供的专家库内的相关专业的专家名单中确定;一般招标项目可以采取随机抽取方式,特殊招标项目可以由招标人直接确定。

与投标人有利害关系的人不得进入相关项目的评标委员会;已经进入的应当更换。

评标委员会成员的名单报交通行政主管部门核备,并在中标结果确定前保密。

评标原则:报价合理、方案可行、技术先进、工期合理、工程质量和安全措施可行以及社会信誉良好等。

评标过程中,评标委员会可要求投标人对投标文件中含义不明确的内容作必要的澄清或者说明,投标人应作出书面澄清或者说明。澄清或者说明不得超出投标文件的范围或改变投标文件的实质性内容。

评标时,评标委员会应当按照招标文件确定的评标原则、标准和方法,就投标文件的主要内容和投标人的信誉等对投标文件逐一进行综合评审和比较;设有标底的,应当参考标底,若投标报价超过标底5%以上或低于标底15%以下,评标时可不予评审。评标可采用综合评标法或合理最低投标价法,推荐合格的中标候选人。

招标人应根据评标委员会提出的书面评标报告和推荐的中标候选人确定中标人。招标人也可以授权评标委员会直接确定中标人。

国务院对特定招标项目的评标有特别规定的,从其规定。

中标人的投标应当符合下列条件之一:

(1)能够最大限度地满足招标文件规定的各项综合评价标准;

(2)能够满足招标文件的实质性要求,并且经评审的投标价格最低;但是投标价格低于成本的除外。

评标委员会经评审,认为所有投标都不符合招标文件要求的,可以否决所有投标。

招标项目的所有投标被否决的,招标人应当按规定重新招标。

在确定中标人之前,招标人不得与投标人就投标价格、投标方案等实质性内容进行谈判。

评标委员会成员应当客观、公正地履行职责,遵守职业道德,对所提出的评审意见承担个人责任。

评标委员会成员不得私下接触投标人,不得收受投标人的财物或者其他好处。

评标委员会成员和参与评标的有关工作人员不得透露对投标文件的评审和比较、中标候选人的推荐情况以及与评标有关的其他情况。

水运工程的施工评标工作,一般应在开标后30日内完成。

招标人应在确定中标人后10日内,将评标结果和评标报告报交通行政主管部门核备;在交通行政主管部门接到评标结果和评标报告10日后,招标人应当向中标人发出中标通知书,并将中标结果通知所有未中标的投标人。中标通知书对招标人和投标人具有法律效力。

招标人应在发出中标通知书30日内,一次性返还所有未中标人的投标保函或投标保证金。

七、合同签订

招标人与中标人应当自中标通知书发出之日起30日内签订书面合同。

签订合同的依据是《中华人民共和国合同法》和招标文件、中标人的投标文件及中标通知书等。招标文件要求中标人提交履约保证金的,中标人应向招标人提交履约保证金,其额度一般不超过合同总价的10%。履约保证金可以银行保函方式支付。

合同签订后15日内,招标人应返还中标人的投标保函或投标保证金。

招标人应当自确定中标人之日起15日内,向交通行政主管部门提交招标投标情况的书面报告。

第二节 工程项目施工合同管理

一、施工合同文件组成

(1)施工合同协议书(双方有关工程的洽商、变更等书面协议或文件视为施工合同协议书的组成部分);
(2)中标通知书;
(3)投标书及附件;
(4)施工合同专用条款;
(5)施工合同通用条款;
(6)标准、规范及有关技术文件;
(7)图纸;
(8)工程量清单;
(9)工程报价单或预算书。

双方有关工程的洽商、变更等书面协议或文件视为协议书的组成部分。上述合同文件应能够互相解释、互相说明。当合同文件中出现不一致时,上面的顺序就是合同的优先解释顺序。当合同文件出现含糊不清或者当事人有不同理解时,按照合同争议的解决方式处理。在不违反法律、行政法规的前提下,当事人可以通过协商变更施工合同。此变更的协议或文件,效力高于其他合同文件,签署在后的协议或文件高于在先的。招标文件其实应是最高的,不响应招标文件早就是废标了。所以招标文件不在"施工合同"的解释顺序里,但可以在施工合同中约定招标文件为合同的组成部分。

《建设工程施工合同》通用条款第2条列明了组成合同的文件内容和优先解释顺序,承发包双方也可以在专用条款对合同文件组成和优先解释顺序进行调整或增减。该条款确定总的原则是:以顺序在先的文件约定或规定为准,解释顺序在后的相关条款无效。争议解决过程中,当合同文件内容含糊不清或不相一致时,工程师、仲裁员、法官会依据该款约定对适用文件优先性作出判断。

承包人在约定合同文件组成和解释顺序时应参照《建设工程施工合同》通用条款第2条规定,同时应注意以下几个问题:

(1)合同履行中双方有关工程的洽商、变更等书面协议或文件的解释顺序。《建设工程施工合同》通用条款第2条列明了9项文件后,注明"合同履行中,发包人承包人有关工程的洽商、变更等书面协议或文件视为本合同的组成部分",但对其解释顺序并没有明确,因此合同承发包双方应当在专属条款中给予明确。因其形成时间在后,更能反映双方履行合同的权利义务关系,因此建议将其放在上述列明文件的首位。

另一个冲突表现在分包协议中的条款与工程主合同(协议)有一些规定上的不同,如果在分包协议中注明"优先性条款",则该条款将高于与之矛盾的主合同条款优先适用。

(2)招标文件是否成为合同组成部分。实践中一些合同,承发包双方在专属条款中将招标文件约定为合同组成文件。一般来说,将招标文件约定为合同组成文件符合《建设工程施工合同》通用条款第2条规定,同时也不违反法律的强制性规定,不应该产生争议。况且每个工程有其特殊性,不能一概而论,对其加以限制。

招标文件之所以很少被当作合同组成文件,有两点理由:

①理论界将它视为"要约邀请",属于发包人单方意思表示,只有要约和承诺才可以算作合同内容,这种解释明显不能成立,只要要约邀请符合一定的条件,就可以构成合同的内容。

②投标文件是对招标文件实质性响应,反映了双方合意,既然投标文件作为合同组成文件,就没有必要将招标文件列入。但由于招标文件部分内容反映发包人行为的合法与否,且其中很多程序性内容不能全部体现在投标文件和合同中,承包人从保护自身合法权益角度,将招标文件作为证据约定在合同中也无可厚非,相反发包人也可以从这个角度理解。

鉴于上述分析,笔者认为招标文件可以成为合同组成部分由承发包双方在合同中约定。

(3)由谁对合同组成文件进行解释。《建设工程施工合同》通用条款第2.2条规定了解释主体问题。在没有特别约定时监理工程师根据2.2条有权解释,但其解释不是最终的。那么,合同双方如果约定对合同文件组成及适用顺序争议由监理工程师做最终解释,其效力如何?

①这种约定是双方真实的意思表示,应当得到双方自觉遵守。

②如果因该问题出现争议,此约定会阻碍仲裁行为,任何一方不能请求仲裁机构解决,即使合同专用条款40.1条约定争议由某仲裁机构解决。

③不能对抗诉讼行为,但并不代表诉讼结果不支持监理工程师的意见。

二、合同双方的责任

1. 港口与航道工程发包人责任

建设单位应按合同有关约定承担下述责任:

(1)提供场地条件:负责办理土地、水域征用、青苗、树木赔偿,房屋拆迁,清除地面、地下、架空、水上和水下障碍物等工作。按合同专用条款中约定的时间、位置、面积和高程向施工单位提供施工场地。

(2)提供水电和交通条件:负责按合同专用条款中约定的时间、地点开通公共通道与施工场地间的道路,提供供水、供电、通信等线路接点及施工船舶临时停泊水域,并保证施工期间的畅通。

(3)提供施工条件:办理征地红线,航行通告,抛泥区许可证和码头岸线审批等施工所需各种手续。向施工单位提供本工程征地范围和地形图,办理临时用地审批手续。协助解决对施工单位施工有干扰的外部条件。

(4)提供技术资料:按合同专用条款约定的时间和数量向施工单位提供工程地质报告以及水准点、坐标控制点等技术资料,并组织进行设计交底及现场交验。建设单位对其提供的上述资料的真实性负责,施工单位则对上述资料的理解和应用负责。

(5)任命建设单位代表:建设单位应在合同协议书签署后7天内任命代表,行使合同约定的建设单位权利,负责履行合同约定的建设单位义务,并将此任命书面通知施工单位。建设单位更换其代表时,应提前7天通知施工单位。

(6)付款:按本合同约定的期限和方法向施工单位支付工程款。

(7)发布工程指令:按本合同的约定,及时向施工单位发布工程指令,签发图纸,确认工程进度报表,检查隐蔽工程并办理各种验收或签认手续。

(8)竣工验收:按本合同约定及时组织竣工验收,办理竣工结算。

2. 港口与航道工程承包方责任

施工单位应按本合同有关约定承担下述责任:

(1)施工准备:负责施工现场的布置和临时设施的施工,在本合同约定的期限内向监理工程师提交详细的施工组织设计、施工进度计划及开工申请报告。按合同约定的时间、规格和数量及时到位施工船机和设备。

(2)提交报告及报表:根据工程施工情况及监理工程师的指令及时向监理工程师提交隐蔽工程验收通知、工程质量自检报告、竣工验收申请报告及工程事故报告等,并按时提交月度、季度施工作业计划、用款计划及工程完成情况统计表。

(3)确保工程进度和质量:按设计文件、技术标准以及批准的施工组织设计的要求进行施工和材料检验,建立健全施工质量保证体系。

(4)提供条件:按招标书或合同专用条款的约定,为监理工程师的现场工作提供办公、住宿、交通和通信条件。

(5)负责工程的保护和保修:对已完工的建筑物和已安装的设备,在交付建设单位前应负责保护,保护期间发生损坏,由施工单位无偿予以修复。若因建设单位提前使用造成损坏,修复费用由建设单位承担。工程竣工验收合格后,在合同约定的保修期内,对属于施工单位责任造成的任何缺陷,施工单位应无偿修复。

(6)任命施工单位代表:在合同协签署时任命代表(即项目经理),施工单位代表应具有国家或交通部颁发的项目经理资质证书并常驻工程现场,负责履行合同约定的施工单位义务和管理本合同工程的施工。施工单位更换其代表时,应事先征得建设单位同意并提前7天通知监理工程师。

(7)遵守政府法令和规章:施工过程中应遵守政府的各项法令和规章,特别是交通、卫生、安全、消防及环境保护等方面的法令和规章。

(8)接受工程监理:接受监理工程师在建设单位授权范围内依据本合同对施工的监督和管理,执行监理工程师发布的工程指令,参加监理工程师或建设单位主持的工程会议。

(9)临时停泊设施:自行解决施工船舶临时停泊设施,并按有关部门批准的位置和方式停放。

（10）沉没物品处理：采取一切措施，防止施工船舶、设备及材料的沉没。若发生沉没时，对妨碍交通和其他部门正常作业的均应立即向海事部门报告，并设置浮标或障碍指示灯，直至打捞工作完成为止，所发生费用由责任方承担。

三、港口与航道工程施工期规定的特点

1. 开工

施工单位应在合同专用条款中约定的期限内，向监理工程师提交开工申请报告，经监理工程师审查，并报建设单位批准后，监理工程师应在合同专用条款中约定的期限内发布开工令。施工单位应在开工令中指定的日期内开工。

2. 延期开工

施工单位因故不能按期开工时，应在接到开工令后3天内向监理工程师提出延期开工申请报告，监理工程师应在接到施工单位报告后3天内作出答复。若监理工程师在3天内未予答复，则视为同意施工单位要求，竣工日期相应顺延；若监理工程师不同意延期要求，或施工单位未在规定的时间内提出延期开工要求，则竣工日期不予顺延。

建设单位征得施工单位同意以书面形式通知施工单位后可推迟开工日期，因此给施工单位造成的直接经济损失由建设单位承担，竣工日期相应顺延。

3. 施工期延长

出现下列情况时，经监理工程师确认并报建设单位，施工期可以延长。

(1) 设计变更或工程量增加造成工程延误；

(2) 不可抗力或地质条件变化造成工程延误；

(3) 建设单位原因造成工程延误；

(4) 合同专用条款中约定的其他情况。

凡发生上述情况之一，施工单位应在5天内就延误的内容、天数和因此发生的费用支出向监理工程师提出报告，监理工程师在收到报告后5天内报建设单位确认并予以答复，以确定施工期延长的天数和费用。若监理工程师逾期未予答复，则视同为施工单位的要求已被建设单位确认。

非上述原因，工程不能按期竣工，施工单位承担违约责任。

4. 施工暂停

在确有必要时，监理工程师可以通知施工单位暂停施工，并在24小时内向施工单位提出具体处理意见，施工单位应按监理工程师的要求暂停施工。施工单位在落实监理工程师的处理意见后，并接到监理工程师提出复工通知后，才能继续施工。

停工责任在施工单位时，停工损失由施工单位承担，施工期不予延长。若由于监理工程师的指令错误或停工责任在建设单位时，施工单位停工的经济损失由建设单位承担，由此影响的施工期相应延长。

5. 提前竣工

建设单位如果希望工程提前竣工，可在合同专用条款中约定奖励条件。如果在本合同执行中，建设单位要求工程提前竣工，应与施工单位继续协商，并签署提前竣工协议，施工单位应

按此修订施工进度计划,报监理工程师申批后实施。

6. 阶段工期

若有阶段工期要求的,应在合同专用条款中约定。

四、港口与航道工程合同价款与支付

1. 合同价款的结算和支付

本合同工程的承包方式、合同价款的计算与支付应按合同专用条款中约定的办法执行。

2. 合同价款的调整

除合同专用条框另有约定外,发生下列情形之一的合同条款可作调整:

(1)经监理工程师确认,建设单位批准的工程量增减或设计变更;

(2)国家或地方工程造价部门公布的价格和费率调整;

(3)一周内非施工单位原因造成的停水、停电、停气累计超过 8 小时,使施工单位受到损失时;

(4)合同约定的提起增减或调整。

施工单位应在上述情况发生后 14 天内,将调整的原因和金额通知监理工程师。监理工程师在接到施工单位通知后 7 天内予以确认并报经建设单位批准答复,建设单位应在监理工程师接到施工单位通知后 10 天内予以答复,逾期未予答复,可视为施工单位的要求已被建设单位批准。

3. 工程预付款支付

建设单位应按合同专用条款约定的期限和数额,向施工单位支付工程预付款,并按合同专用条款中的期限和比例从预付款中逐次扣回。建设单位未按合同支付预付款时,施工单位可在约定预付款到达 10 天后向建设单位发出催付款通知,若建设单位收受到通知后,仍不能按要求付款,施工单位可在发出通知 10 天后暂停施工,建设单位从应付款之日起向施工单位支付应付款项的利息,并承担违约责任及施工单位的停工损失。

4. 工程量确认

施工单位应按合同专用条款约定的期限,向监理工程师提交已完成工程量的报表。监理工程师收到报表后 3 天内审核签认,若监理工程师收到报表后 3 天内未提出异议,施工单位所报工程量视为已被监理工程师确认。

若监理工程师对施工单位所报工程量有异议,施工单位应协助监理工程师对已完成工程量进行核实,并重新核报。若施工单位拒绝协助监理工程师对已完成工程量继续核实或不重新核报,则以监理工程师核实的工程量为准。

5. 进度款支付

建设单位根据合同专用条款约定的时间和方法,依据监理工程师确认的工程量向施工单位支付工程进度款,若建设单位在合同约定的支付日期后 10 天内未予以支付,施工单位可向建设单位发出催付款的通知,建设单位在收到施工单位通知后仍不能按要求支付,施工单位可在发出通知 10 天后暂停施工,建设单位承担延期支付的利息和违约责任及施工单位的停工损失。

6. 延期支付工程款

如经施工单位同意并签订延期付款协议,建设单位可延期支付工程价款。

五、港口与航道工程建设变更

1. 由建设单位提出的变更

建设单位对工程提出设计变更时,应将变更方案送交设计单位审查,设计单位审查同意后,由监理工程师向施工单位发出变更通知。施工单位应根据变更图纸落实施工方案并组织施工。若变更涉及设计规模和设计标准的改变,则应事先与施工单位协商。

2. 由施工单位提出的变更

施工单位提出的设计变更应征得监理工程师的同意并经设计单位审查,设计单位审查同意后,报建设单位批准后方可实施。若由此导致工程费用增减或施工期变化,建设单位、施工单位双方应协商处理。但施工单位为便于组织施工或为了施工方便,避免自身干扰等原因而提出的变更,增加的费用由施工单位承担。

3. 设计造成的变更

在施工中若出现设计图纸有误或地质条件与设计出入较大或其他严重不合理设计时,监理工程师应在3天内提出处理意见。施工单位取得修改图纸后按监理工程师指令组织施工,由此增加的费用由建设单位承担,延误的施工期予以延长。

4. 确定变更价款

发生上述变更后,按下述方法计算其变更工程价款:

(1)合同中有适用于变更工程的单价,按合同已有的单价计算;

(2)合同中有类似于变更工程的单价,以此单价作为基础确定变更单价;

(3)合同中没有适用和类似的单价时,由建设单位、施工单位双方商定变更单价;

(4)合同专用条款约定的其他计算方法。

属由建设单位承担的费用,施工单位应在双方商定的时间内,按上述方法提出变更价款,报监理工程师审查,经建设单位同意后调整合同价款和竣工日期;若建设单位不同意施工单位提出的变更价款,应在施工单位提出后14天内与施工单位协商,若协商不成,双方可提请工程造价管理部门裁定。

第三节 工程项目施工合同担保

工程担保属于工程保障机制的范畴,是工程合同履约风险管理的有效手段,通过工程担保,在被担保人违约、失败、负债时,使债权人的权益得到保障。

工程担保包括投标担保、履约担保、工程预付款担保、工程保修担保、工程质量担保及业主支付担保等。建设部为推进建设领域担保制度建设,于2005年5月11日印发了《工程担保合同示范文本》(试行),推出了由投标委托保证合同、投标保函;业主支付委托保证合同、业主支付保函;承包商履约委托保证合同、承包商履约保函;总承包商付款(分包)委托保证合同、总承包商付款(分包)保函;总承包商付款(供货)委托保证合同、总承包商付款(供货)保函等10种保函组成的《示范文本》,以进一步规范工程担保的秩序。

担保的形式很多,主要有银行保证书、第三者保证书、保险公司的担保书、不可撤销的银行备用信用证等,其中银行保证书是最普遍、最常见和容易被对方接受的备用的信用担保凭证。港航工程施工由承包商提供的担保主要类型有以下几种:

1. 投标担保

投标保证书或担保书主要用于保证投标人在决标签约之前不撤销其投标书。投标保证书或担保书随同投标书一起递交给招标人。保证书或担保书一旦开出,在其有效期内不可撤销。保证书或担保书的金额通常在招标文件中规定,其有效期一般应超过投标有效期的30天,通常在投标须知中规定。在下列情况下,招标人有权凭保证书或担保书从银行提取担保的款项:

(1)投标人在投标有效期内撤回投标文件;
(2)中标的投标人未能按招标文件的要求提交履约担保;
(3)由于中标的投标人的原因未能或拒绝签订合同协议书。

2. 履约担保

施工合同的担保即履约担保,系指一家银行、保险公司或其他当事人(即担保人)应承包商(即本人)的请求,或按照另一家银行、保险公司或其他当事人根据本人(即指示人)的请求所发出的指示,向发包人(受益人)所作出的义务。根据此项义务,担保人承担因本人不履行本人与受益人之间的合同(下称合同)而发生违约事件时,在规定的金额限度内向受益人付款,或者如果担保文书上有规定,亦可由担保人选择由其安排履行合同。其有效期通常截止为承包商完成工程施工和工程缺陷修复之日起一段时间。中标人收到中标通知书后,须在规定时间内签署合同协议书,连同履约担保一并送交业主,然后再与业主正式签订承包合同。履约担保一般有三种方式:

(1)由银行提供履约保函,一旦承包商不能履行合同,银行要按照合同约定对业主进行赔偿。

(2)由担保人提供担保书,一旦承包商不能履行合同,担保人将承担担保责任。具体方式有三:一是向该承包商提供资金及技术援助,使其能继续履行合同;二是由担保人直接接管该工程或另觅经业主同意的其他承包商完成合同的剩余部分,业主只按原合同支付工程款;三是担保人按合同约定,对业主蒙受的损失进行补偿。

(3)中标人可按照招标文件的规定,向业主交纳履约保证金(可以是质押现金也可以是支票或银行汇票)。当承包商履约后,业主即退还保证金;若中途毁约,业主则没收保证金。

履约保函、担保书或保证金的担保金额应在工程合同中规定,一般为合同总金额的10%,有些项目规定的履约保证书或担保书的金额是一个规定的金额数。

履约担保的有效期不能短于合同工期。由于工程竣工后往往还需要进行清理和结算,所以履约保证书或担保书有效期通常比合同工期略长一些,以免以后办理延期手续的麻烦。

履约担保只有在工程全面竣工并验收合格后才能退还。如工程出现工期拖延,不管是什么原因,承包商都应当与业主协商,并通过银行将履约保证书或担保书的时间适当延长,以防业主因有效期到期而借故提款。

在工程施工期间,如果承包商中途毁约,或任意中止供货,或宣布破产、倒闭等,业主有权要求银行支付保证书或担保书的全部担保金额。如果承包商严重拖延工期,或者质量不合格等,业主可向银行索付保证书或担保书的担保金额。

业主无故或借故向银行凭保证书或担保书提款的情况也可能发生,承包商应事先采取防范措施,善于识别可能发生的欺诈行为,避免这种风险损失。

3. 预付款担保

预付款担保主要用于担保承包商按合同规定偿还业主预付金额。通常情况下业主是从应付款中扣回预付款的,但承包商中途毁约、中止工程等,业主就不能从应付工程款中扣回预付款,这时业主作为保证书或担保书的受益人有权凭保证书或担保书向银行索偿该保证书或担保书的担保金额。

预付款保证书的担保金额一般与业主所付的预付款等值。通常情况下业主是从应付工程款中扣还,因此,预付担保的担保额也应随扣还后的余额减少,承包商在通过银行开出此种保函时,应当在保函上写明这一点。在施工期间,应当按月或按季从业主处取得同意此保函减值的函件送交银行确认。可由承包商凭业主付款凭证中写明的扣还预付款数额,写明保函减值通知书,并取得业主和银行的共同确定。

承包商全部还清预付款后,业主退回预付款保函,承包商将其退回银行注销。

4. 工程保修担保

工程保修担保主要用于确保承包商对完工后的工程缺陷进行维修。

建设部和财政部于2005年1月12日颁布了《建设工程质量保证金管理暂行办法》,以规范建设工程质量保证金(保修金)管理,落实工程在缺陷责任期内维修责任。规定如下:

建设工程质量保证金(保修金)(以下简称保证金)是指发包人与承包人在建设工程承包合同中约定,从应付的工程款中预留,用以保证承包人在缺陷责任期内对建设工程出现的缺陷进行维修的资金。

缺陷实质建设工程质量不符合工程建设强制性标准、设计文件,以及承包合同的约定。缺陷责任期一般为6个月、12个月或24个月,具体可由发、承包双方在合同中约定。

发包人应当在招标文件中明确保证金预留、返还等内容,并与承包人在合同条款中对涉及保证金的下列事项进行约定:

(1)保证金预留、返还方式;

(2)保证金预留比例、期限;

(3)保证金是否计付利息,如计付利息,利息的计算方式;

(4)缺陷责任期的期限及计算方式;

(5)保证金预留、返还及工程维修质量、费用等争议的处理程序;

(6)缺陷责任期内出现缺陷的索赔方式。

缺陷责任期内,实行国库集中支付的政府投资项目,保证金的管理应按国库集中支付的有关规定执行。其他政府投资项目,保证金可以预留在财政部门或发包方。缺陷责任期内,如发包方被撤销,保证金随交付使用资产一并移交使用单位管理,由使用单位代行发包人职责。

社会投资项目采用预留保证金方式的,发、承包双方可以约定将保证金交由金融机构托管;采用工程质量保证担保、工程质量保险等其他保证方式的,发包人不得再预留保证金,并按照有关规定执行。

缺陷责任期从工程通过竣(交)工验收之日起计。由于承包人原因导致工程无法按规定期限进行竣(交)工验收的,缺陷责任期从实际通过竣(交)工验收之日起计。由于发包人原因导致工程无法按规定期限进行竣(交)工验收的,在承包人提交竣(交)工验收报告90天后,工程自动进入缺陷责任期。

工程竣工结算后,发包人应按照合同约定及时向承包人支付工程结算价款并预留保证金。全部或者部分使用政府投资的建设项目,按工程价款结算总额5%左右的比例预留保证金。社会投资项目采用预留保证金方式的,预留保证金的比例可参照执行。缺陷责任期内,由承包人原因造成的缺陷,承包人应负责维修,并承担鉴定及维修费用。如承包人不维修也不承担费用,发包人可按合同约定扣除保证金,并由承包人承担违约责任。承包人维修并承担相应费用后,不免除对工程的一般损失赔偿责任。

由他人原因造成的缺陷,发包人负责组织维修,承包人不承担费用,且发包人不得从保证金中扣除费用。缺陷责任期内,承包人认真履行合同约定的责任,到期后,承包人向发包人申请返还保证金。

发包人在接到承包人返还保证金申请后,应于14天内会同承包人按照合同约定的内容进行核实。如无异议,发包人应当在核实后14天内将保证金返还给承包人,逾期支付的,从逾期之日起,按照同期银行贷款利率计付利息,并承担违约责任。发包人在接到承包人返还保证金申请后14天内不予答复,经催告后14天内仍不予答复,视同认可承包人的返还保证金申请。

发包人和承包人对保证金预留、返还以及工程维修质量、费用有争议,按承包合同约定的争议和纠纷解决程序处理。

建设工程实行工程总承包的,总承包单位与分包单位有关保证金的权利与义务的约定参照本办法中发包人与承包人相应的权利与义务的约定执行。

工程保修担保主要用于确保承包商对完工后的工程缺陷进行维修,在缺陷责任期内,如果业主发现工程缺陷,应当通知承包商进行维护修理。假若证明是承包商的责任而承包商拒绝或无力维修时,业主可以凭保函向银行提取保修担保的金额,自己组织维修。

保修担保的金额根据合同文件的规定办理,其有效期与保修期相同,保修期开始日期为工程竣工验收合格之日。

保修担保的金额根据合同文件的规定办理,全部或者部分使用政府投资的建设项目,按工程价款结算总额5%左右的比例预留保证金。社会投资项目采用预留保证金方式的,预留保证金的比例可参照执行。其有效期与保修期相同,保修期开始日期为竣工验收合格之日起。

承包商在保修期内圆满完成维修任务,或根本没有发生任何需要维修的缺陷,业主应签发解除保修证书,并将保修保函退还。

第四节 合同争议

一、合同争议产生的原因和争端范围

在港航工程施工合同履行过程中,不可避免地会出现一些违约时间,致使产生各种纠纷和争议。其主要原因是港航工程施工合同涉及的问题比较广泛和复杂,它包括地质勘探、工程测量、波浪潮汐、物资供应、现场施工、竣工验收、缺陷责任及其修复过程,而每一个过程也都可能涉及劳务、进度、监理、计量和付款等。同时,港航工程施工期较长,难免会遇到客观环境条件、

法律法规、经济政策的变化。由于这些变化,使得合同存在某些不足和不周,或使得双方理解不一致,而这些将影响到业主和承包商的权利、义务和经济利益,致使合同双方彼此产生分歧、争议和争端。

凡是当事人对合同是否成立、成立的时间、合同内容的解释、合同的履行、违约的责任及合同的变更、中止、转让、解除、终止等发生分歧和争执,另外包括对监理工程师的任何意见、指示、决定、证书或估价方面不同意见,均为争端的内容。

业主与承包商因合同发生争议时,一般采取下述方式解决:
(1)向合同条款约定的机构或人员要求调解;
(2)向合同条框约定的仲裁机构申请仲裁;
(3)向有管辖权的法院起诉。

二、争议的处理程序

(1)首先应由监理工程师进行协调;
(2)协调不成可请(自愿)工程所在地的合同管理机构,一般指工商行政管理部门进行行政调解;
(3)调解不成或在规定的期限内不能作出调解时,任何一方可在规定的期限后提请约定仲裁机构进行仲裁或向法院起诉。

三、争端的解决方法

在实行监理的过程中,业主与承包商发生争议时,双方的任何一方可立即将争议提交监理工程师,要求其作出决定。由监理工程师作出决定可较快、较经济地解决争端。实际上,绝大部分的争议都可以通过监理工程师进行协商解决。FIDIC 合同条件对此也作出明确规定。

此协调工作一般由总监理工程师(总监)进行,对于有法律性质的争议,总监若听取法律专家的咨询意见后再做决定,将会使问题的解决更合理、更完善。

进行协商的工作程序和要求如下:
(1)当事人的一方和双方就有争议的事宜作出书面报告提交给总监,副本提交给对方。总监对所提问题进行调查核实、取证。
(2)总监根据合同文件及有关的施工过程中形成的有关文件和记录以及相关的法律、法规、规范、标准等进行分析、评价,确定争议双方各自的责任。
(3)分别听取双方的意见,摆明事实,进行反复的劝解和协调工作。
(4)作出监理工程师的协调决定。

FIDIC 合同条件要求监理工程师在接到争议书后的 48 小时内作出决定。FIDIC 还规定最终解决途径,也是最后的手段,换句话说,FIDIC 条款不提倡诉讼的手段,但是也有的国际工程合同在专用条款中选择了诉讼作为解决合同纠纷的最终手段,也是符合裁审自择的国际惯例。

诉讼解决合同纠纷,必须在合同专用条框中明确适用哪一国法律,在哪一国法院进行诉讼活动,该诉讼活动要按该国诉讼的规定进行。

我国《合同法》第 128 条规定,凡是合同中没有订立仲裁条款,事后又没有达成书面仲裁协议的,当事人可以向人民法院起诉。

人民法院审理合同纠纷案件时,适用《中华人民共和国民事诉讼法》。审判程序如下:
(1)起诉与受理;
(2)诉讼保全;
(3)调查研究搜集证据;
(4)调解与审判;
(5)执行。

思 考 题

一、案例分析1

1.背景

某航道施工单位承包了7.5千米的航道疏浚工程任务。要求将现有的航道水深由7.5米浚深为9.0米。并从当地测绘局取得当地海底高程的最新测绘图。按常规在合同中约定了双方的责任(合同中没有其他特别的约定),及时向当地的海事局办理了水上水下施工许可证,按期开工,但施工进行1周后,接到海事局的停工令,其原因是没有发布航行通告,没有办理抛泥区许可证。为此,航道施工单位被迫停工8天。上述手续办齐后继续施工,10天后,当监理进行水深检查时,发现已经浚深完成部分的航道水深只有8.5米,后经检查发现,当地测绘局的最新测绘图说明中指出,其海底高程的起算面为黄海平均海平面,同时在图的备注中说明,当地的理论深度基准面在黄海平均海平面下0.5米。为此,航道施工单位对10天来认为已浚深完成的部分航道要返工,需再浚深0.5米。

2.问题

(1)因为没有发布航行通告,没有办理抛泥区许可证,施工单位被迫停工8天造成的工期和费用损失应由哪个单位承担?为什么?

(2)施工单位对10天完成工作量的返工,因效率降低或超挖造成的工期和费用损失应由哪个单位承担?为什么?

二、案例分析2

1.背景

某施工单位承担了5万吨级高桩码头的施工任务,采用直径1000毫米的钢管桩作为码头基桩,合同约定,由建设单位指定某钢结构厂提供钢管桩,送桩到现场,供施工单位沉桩,建设单位与供桩厂签订了合同。码头沉桩施工中,由于供桩不及时和部分桩质量不合格被监理退回,造成工期延和施工单位窝工的费用损失,施工单位就此提出了工期延长和费用索赔。

2.问题

(1)施工单位就此提出工期延长和费用索赔是否可行?为什么?

(2)就背景材料所述,存在怎样的索赔关系?

第三章 港口与航道工程项目质量管理

> **学习要求:**
> 　　了解对违反水运工程质量监督规定的处罚,港口与航道工程施工企业总承包资质等级划分标准和承包的工程范围、港口与航道工程施工企业专业承包资质等级划分及承包的工程范围。
> 　　掌握水运工程质量监督机构职责,水运工程质量监督内容,水运工程质量监督程序,港口工程质量检验有关分项、分部和单位工程的划分规定,港口工程质量等级标准及质量评定工作程序和组织,航道整治工程质量检验有关分项、分部和单位工程的划分规定,航道整治工程质量等级标准及质量评定工作程序和组织,疏浚工程质量检验评定及其程序。

第一节　水运工程质量监督的有关规定

一、水运工程质量监督机构职责

水运工程由交通部实行行业管理,政府监督的执行者是国家和县级以上人民政府的交通建设主管部门及其委托的水运(交通)工程质量监督机构。他们在政府监督方面的主要职责如下:

1. 受交通部委托,交通部基本建设质量监督总站水运工程质量监督的主要职责

(1)执行国家有关工程质量管理的法律、行政法规、规章和强制性技术标准;

(2)承担质检站及质监人员资质考核、发证及业务知道;

(3)负责对水运工程监理工作进行监督管理,承担水运工程监理单位、监理工程师的资质管理;

(4)承担水运工程试验检测机构、仪器设备计量检定机构及人员的资质管理及工程试验检测机构计量认证的管理;

(5)负责水运工程质监人员、监理人员和试验人员的业务员培训管理;

(6)承担水运工程质量管理工作,对参建单位的质量保证体系进行监督;

(7)承担国家和部属重点水运工程建设项目的工程质量监督检查工作,组织重点水运工程(竣工)质量鉴定;

(8)组织或参与部级和国家优质工程审核工作;

(9)参与水运工程竣工验收;

(10)受理水运工程质量监督控告、检举,参与重大水运工程质量事故的调查处理;

(11)发布水运工程质量动态信息;

(12)承办交通部委托的其他事项。

2. 受交通部委托,交通部派出机构设立的质检站的主要职责

(1)执行国家有关工程质量管理的法律、行政法规、规章和强制性技术标准;
(2)负责水运工程质量管理,对参建单位的质量保证体系进行监督;
(3)负责管辖范围内水运工程建单位和监理工程师的资质管理;
(4)负责管辖范围内水运工程试验检测机构及人员的资质管理;
(5)检查水运工程参建单位的资质,组织水运工程质量监督检查;对运工程使用的原材料、中间产品和设备的质量进行监督检查;
(6)负责已完工的水运工程的质量鉴定;
(7)负责已竣工验收的水运工程的质量评定;
(8)组织或参与水运工程质量事故的调查处理;监督有关整改意见的落实;
(9)受理水运工程质量缺陷、质量事故的控告、检举;
(10)参与优质工程的评审工作。

3. 地方质监机构水运工程质量监督的主要职责

由省级交通部门参照质监总站的主要职责规定。地方质监机构的主要职责一般有以下几点:

(1)贯彻执行国家和上级交通主管部门颁发的水运工程监理和工程质量监督的方针、政策和法规,制定本地区的水运工程监理和工程质量监督的实施办法和实施细则;
(2)指导和管理本地区的水运工程监理工作;
(3)规划、管理本地区水运工程质量监督、工程监理工作;负责下级质监站及其人员的考核发证工作;参加交通主管部门组织的申报监理单位和监理工程师资格报告的审查工作,根据有关规定组织小型水运工程专项监理工程师的资质考核工作;
(4)监督检查现场监理机构、施工单位的工程质量保证体系及其人员的工作;
(5)参与对投标单位的资质审查和对未实行监理的工程项目的《开工报告》审查,参加重大工程项目的设计文件审查和施工图设计交底工作;
(6)负责完工工程质量鉴定和质量等级核定,组织竣工验收活动中对工程质量的评定工作;
(7)组织、参与一般工程质量事故(主要指影响结构安全,改变结构型式,影响结构耐久性等方面的事故)的调查处理,督促事故上报及检查事故处理方案的执行情况;
(8)组织工程质量检查,定期发布工程质量动态;
(9)参与本地区行业优秀勘察、优秀设计、优质工程的评审工作,负责对申报省(部)、国家级优质工程的项目进行质量鉴定;
(10)组织本地区、本部门质量监督、工程监理工作经验交流和组织质监人员和监理人员的业务培训等。

二、水运工程质量监督内容

交通主管部门或其委托质监机构在水运工程质量监督期,对参与水运工程建设的单位、勘察单位、设计单位、施工单位、监理单位(以下简称参建单位)和有关人员,根据国家对有关当

事人必须履行工程质量义务的规定,在以下方面实施监督:

(1)水运工程参建单位和人员的资质进行监督;

(2)有关水运工程参建单位执行国家和行业强制性标准的情况进行监督;

(3)水运工程参建单位的工程质量保证体系进行监督;

(4)水运工程项目试验检测工作的规范性、准确性、客观性进行监督;

(5)水运工程使用的材料、中间产品、设备及施工工艺进行监督;

(6)对水运工程实体质量进行监督,作出工程质量鉴定和评定;

(7)对水运工程质量缺陷、质量事故依照有关规定进行调查处理;

(8)对有关单位的水运工程质量档案资料的完整性、规范性、客观性进行监督。

三、水运工程质量监督程序

(1)建设单位在领取施工许可证或者办理开工报告前,应当向交通主管部门或其委托的质监机构提交《水运工程质量监督申请书》,办理水运工程质量监督手续,并按规定的时间分阶段向质监机构提供下列文件和资料:

①初步设计的批复文件,地质水文勘察资料,设计文件;

②招标文件,设计、施工、监理的合同副本;

③勘察、设计、施工监理、检测单位的资质、资信证明材料;

④施工组织设计,施工单位质量自检程序和施工工地试验室装备清单;监理规划、监理程序和监理工地试验装备清单;

⑤被监督工程的主要设计人员、施工技术负责人、施工质量自检人员、工程监理人员、施工和监理工地试验人员、施工单位项目经理的名单及资格证书;

⑥工程质量自评资料及有关工程竣工验收质量资料;

⑦国家规定必须提供的其他文件和资料;

⑧未办理工程质量监督手续的,交通主管部门不得批准开工。

(2)交通主管部门或其委托的质监机构自收到《水运工程质量监督申请书》和有关文件、资料之日起15日内,对所收到的文件和资料及施工现场进行核实,确定该水运工程监督计划和质监人员,并向建设单位和其他有关单位发送《水运工程质量监督通知书》。

(3)水运工程建设项目开工后,交通主管部门或其委托的质监机构应当按照《水运工程质量监督通知书》和以下规定的内容实施质量监督:

①检查水运工程现场监理机构的监理程序和监理质量;

②抽查基础工程、主体工程以及其他影响使用功能、安全性能的重要部位、重要部件、主要施工工序;

③检查工地试验室及试验检测方法;

④检查国家规定必须检查的内容。

交通主管部门或其委托的质监机构在工程质量监督检查或抽查中,如发现质量缺陷,应当及时向建设单位发送《水运工程质量监督意见书》。

建设单位应当按《水运工程质量监督意见书》提出的要求,采取有效措施,改进质量缺陷,消除质量隐患。

(4)水运工程单位工程完工后,交通主管部门或其委托的质监机构应当对该单位工程进行质量鉴定,并签发《水运工程质量鉴定书》。未经交通主管部门或其委托的质监机构进行单位工程质量鉴定或鉴定不合格的,不能组织竣工验收。

(5)对工期较长、结构复杂的水运工程单位工程,可分阶段进行工程质量鉴定。

(6)水运工程竣工验收前,交通主管部门或者委托的质监机构应当对该工程进行全面核查,提出《水运工程质量监督报告》,送建设单位和有关部门。对需要整改的,监督报告应当包含整改意见。建设单位必须按《水运工程质量监督报告》中的整改意见进行整改,并在规定的时间内将整改情况向交通主管部门或其委托的质监机构报告。

(7)水运工程竣工验收后,由交通主管部门或其委托的质监机构签发《水运工程质量证书》。

(8)交通主管部门或其委托的质监机构作出水运工程质量鉴定和评定,应当审查参建单位所提供的质量保证资料、质量检查资料、质量自评资料,并对水运工程实体进行抽查、检测。

交通主管部门或其委托的质监机构必须对其出具的鉴定、评定和监督报告的客观性、公正性负责。

(9)水运工程发生质量事故,有关单位应当在24小时内向当地交通主管部门或其委托的质监机构报告。

交通主管部门或其委托的质监机构收到质量事故报告后,应当督促有关单位保护现场,采取有效措施防止损失进一步扩大,并初步判定事故质量,及时向上级交通主管部门报告有关情况。

水运工程质量事故的调查程序按国家有关规定执行。

(10)质监人员进入施工现场及其他有关场所检查或者向有关单位和人员进行调查时,应当出示《交通行政执法证》。

(11)有关单位和个人对交通主管部门或其委托的质监机构作出的水运工程质量鉴定、评定和监督报告有异议,可以在收到水运工程质量鉴定、评定和监督报告之日起30天内向作出水运工程质量鉴定、评定和监督报告的交通主管部门或其委托的质监机构申请复核,交通主管部门或其委托的质监机构应当自收到复核申请之日起30天内作出复核决定,并通知有关单位。

交通主管部门或其委托的质监机构对有关复核申请,经复查,认为原水运工程质量鉴定、评定和监督报告不适当的,应当变更或者撤销。

(12)交通主管部门或其委托的质监机实施水运工程质量监督使用的文书、证书应当符合交通部规定的统一式样。

四、违反水运工程质量监督规定的处罚

(1)对违反水运工程质量监督规定,建设单位未按照国家规定办理工程质量监督手续的,由交通主管部门或其委托的质监机构按《建设工程质量管理条例》第五十六条的规定,责令改正,处20万元以上50万元以下的罚款。

(2)水运工程质量监督行政处罚程序,按交通部发布的《交通行政处罚程序规定》执行。

(3)质监机构不按规定履行质量监督职责,发生重大质量事故的,视情节轻重,给予通报批评,责令整改。

(4)质监人员玩忽职守、滥用职权、徇私舞弊,构成犯罪的,依法追究刑事责任;尚不构成犯罪的,依法给予行政处分。

第二节　港口与航道工程施工企业资质管理的有关规定

一、港口与航道工程施工企业总承包资质等级划分标准和承包的工程范围

港口与航道工程施工总承包企业资质分为特级、一级、二级。

1. 特级资质标准

1)企业资信能力

(1)企业注册资本金5亿元以上。

(2)企业净资产6亿元以上。

(3)企业近3年上缴建筑业营业税均在5000万元以上。

(4)企业银行授信额度近3年均在5亿元以上。

2)企业主要管理人员和专业技术人员要求

(1)企业经理具有15年以上从事工程管理工作经历。

(2)技术负责人具有15年以上从事工程技术管理工作经历,且具有工程序列高级职称及一级注册建造师或注册工程师执业资格;主持完成过两项及以上施工总承包一级资质要求的代表工程的技术工作或工程合同额2亿元以上的工程总承包项目。

(3)财务负责人具有高级会计师职称及注册会计师资格。

(4)企业具有注册一级建造师50人以上,其中:港口与航道工程专业25人以上。

3)科技进步水平

(1)企业具有省部级(或相当于省部级水平)及以上的企业技术中心。

(2)企业近3年科技活动年经费支出平均达到营业额的0.5%以上。

(3)企业具有国家级工法或部级一级水运工法3项以上;近5年具有与工程建设相关的,能够推动企业技术进步的专利3项以上,累计有效专利8项以上。

(4)企业近5年获得过国家级科技进步奖项或主编过工程建设国家或行业标准。

(5)企业已建立内部局域网或管理信息平台,实现了内部办公、信息发布、数据交换的网络化;已建立并开通了企业外部网站;使用了综合项目管理信息系统和人事管理系统、工程设计相关软件,实现了档案管理和设计文档管理。

4)企业自有主要机械设备

企业应具有以下5种施工船舶中3种及以上,且总数不少于5艘:

(1)架高80米及以上打桩船;

(2)500吨及以上起重船;

(3)举力4000吨级及以上半潜驳;

(4)9000立方米及以上舱容耙吸式挖泥船;

(5)总装机功率10000千瓦及以上的绞吸式挖泥船。

5)企业工程业绩

企业近 5 年承担过下列 11 项中的 6 项及以上工程施工,工程质量合格:

(1)沿海 10 万吨级或内河 3000 吨级及以上码头;

(2)10 万吨级及以上船坞;

(3)水深>5 米的防波堤 600 米及以上;

(4)沿海 10 万吨级或内河 3000 吨级及以上航道工程;

(5)3000 吨级及以上船闸或 300 吨级及以上升船机;

(6)500 万立方米及以上疏浚工程;

(7)1000 万立方米及以上吹填造地工程;

(8)沿海 20 万平方米或内河 10 万平方米及以上港区堆场工程;

(9)1000 米及以上围堤护岸工程;

(10)5 万立方米及以上水下炸礁、清礁工程;

(11)单项合同额沿海 5 亿元及以上或内河 1 亿元及以上的港口与航道工程。

2. 一级资质标准

1)企业资信能力

(1)企业注册资本金 1 亿元以上。

(2)企业净资产 1.2 亿元以上。

(3)企业近 3 年实缴建筑业营业税平均在 1000 万元以上。

(4)企业银行授信额度近 3 年均在 1 亿元以上。

2)企业主要管理人员和专业技术人员要求

(1)企业经理具有 10 年以上从事工程管理工作经历或高级职称。

(2)技术负责人具有 10 年以上从事工程技术管理工作经历,且具有工程序列本专业高级职称及一级注册建造师或注册工程师执业资格;主持完成过 2 项及以上施工总承包一级资质要求的代表工程的技术工作或甲级设计资质要求的代表工程或合同额 2 亿元以上的工程总承包项目。

(3)财务负责人具有高级会计师职称及注册会计师资格。

(4)企业具有注册一级建造师 30 人以上,其中港口与航道工程专业 15 人以上。

(5)企业具有中高级工程技术人员 70 人以上,其中高级工程技术人员 20 人以上。

(6)企业具有中高级经济管理人员 15 人以上。

3)科技进步水平

(1)近 3 年科技活动经费年支出平均达到 50 万元。

(2)已建立内部局域网或管理信息平台,实现了内部办公、信息发布、数据交换的网络化;已建立并开通了企业外部网站。

(3)企业具备下列条件之一:

①近 10 年主编过 1 项或参编过 2 项及以上水运工程建设国家或行业标准;

②企业具有水运建设行业工法 2 项及以上;

③近 10 年具有与水运工程建设相关的能够推动企业技术进步的专利;

④近 5 年获得过水运工程省部级及以上工程质量奖;

⑤近 5 年获得过水运建设行业及以上科技进步奖。

4)企业自有主要机械设备

企业应具有以下 5 种施工船舶 3 种及以上,且数量不少于 4 艘:

(1)架高 60 米及以上打桩船;

(2)200 吨及以上起重船;

(3)3000 吨级及以上半潜驳;

(4)2000 立方米及以上舱容耙吸式挖泥船;

(5)总装机功率 5000 千瓦及以上的绞吸式挖泥船。

5)企业工程业绩

企业近 5 年承担过下列 11 项中的 6 项及以上工程施工,工程质量合格:

(1)沿海 5 万吨或内河 3000 吨级及以上码头;

(2)5 万吨级及以上船坞;

(3)水深>5 米的防波堤 600 米及以上;

(4)沿海 5 万吨或内河 1000 吨级及以上航道工程;

(5)1000 吨级及以上船闸或 300 吨级及以上升船机;

(6)500 万立方米及以上疏浚工程;

(7)400 万立方米及以上吹填造地工程;

(8)沿海 15 万平方米或内河 10 万平方米及以上港区堆场工程;

(9)1000 米及以上围堤护岸工程;

(10)5 万立方米及以上水下炸礁、清礁工程;

(11)单项合同额沿海 2 亿元及以上或内河 5000 万元及以上的港口与航道工程。

3. 二级资质标准

1)企业资信能力

(1)企业注册资本金 3000 万元以上。

(2)企业净资产 3600 万元以上。

(3)企业近 3 年实缴建筑业营业税平均在 300 万元以上。

2)企业主要管理人员和专业技术人员要求

(1)企业经理有 10 年以上从事工程管理工作经历或中级职称。

(2)技术负责人具有 10 年以上从事工程技术管理工作经历,并具有工程序列本专业高级职称;主持完成过两项及以上施工总承包二级资质要求的代表工程的技术工作或乙级设计资质要求的代表工程或合同额 1 亿元以上的工程总承包项目。

(3)财务负责人具有中级会计师职称。

(4)企业具有一级注册建造师 10 人以上,其中港口与航道工程专业 5 人以上。

(5)企业具有中高级工程技术人员 50 人以上,其中高级工程技术人员 10 人以上。

(6)企业具有中高级经济管理人员 10 人以上。

3)企业自有主要机械设备

企业应具有以下 4 种施工船舶中的 2 种及以上,且总数不少于 3 艘:

(1)架高 40 米及以上打桩船;

(2)80 吨及以上起重船;

(3)1000立方米及以上舱容耙吸式挖泥船；

(4)总装机功率2000千瓦及以上的绞吸式挖泥船。

4)企业工程业绩

企业近5年承担过下列11项中的6项及以上工程施工,工程质量合格：

(1)沿海1万吨或内河1000吨级及以上码头；

(2)1万吨级及以上船坞；

(3)水深>3米的防波堤300米及以上；

(4)沿海2万吨或内河300吨级及以上航道工程；

(5)300吨级及以上船闸或50吨级及以上升船机工程；

(6)200万立方米及以上疏浚工程；

(7)150万立方米及以上吹填造地工程；

(8)沿海10万平方米或内河5万平方米及以上港区堆场工程；

(9)500米及以上围堤护岸工程；

(10)3万立方米及以上水下炸礁、清礁工程；

(11)单项合同额沿海5000万元及以上或内河2000万元及以上的港口与航道工程。

4.水运工程施工总承包企业承包工程范围

1)特级企业

取得施工总承包特级资质的企业可承担本类别各等级水运工程施工总承包、设计及开展工程总承包和项目管理业务。

2)一级企业

可承担各类水运工程的施工。工程内容包括码头、防波堤、堤防、护岸、堆场道路和陆域构筑物、筒仓、船坞、船台、滑道、船闸、升船机、航电枢纽、地基及基础、土石方、海上灯塔、航标、栈桥、人工岛及平台、海岸与近海工程、港口装卸设备安装、通航建筑设备安装、河海航道整治与渠化工程、疏浚与吹填造地、水下开挖与清障、水下炸礁等。

3)二级企业

可承担单项合同额不超过企业注册资本金5倍的下列工程的施工：沿海5万吨级和内河3000吨级及以下码头、水深<6米的防波堤、5万吨级及以下船坞船台和滑道工程、1000吨级及以下船闸和300吨级及以下升船机工程、沿海5万吨级和内河1000吨级及以下航道工程、700万立方米及以下疏浚工程或陆域吹填工程、20万平方米及以下港区堆场工程、1500米及以下围堤护岸工程、5万立方米及以下水下炸礁、清礁工程,以及与其相对应的道路与陆域构筑物、筒仓、地基及基础、土石方、航标、栈桥、海岸与近海工程、港口装卸设备安装、通航建筑设备安装、水下开挖与清障等工程。

二、港口与航道工程施工企业专业承包资质等级划分及承包工程范围

港口与海岸工程专业承包企业资质分为一级、二级、三级。

1.一级资质标准

1)企业资信能力

(1)企业注册资本金6000万元以上。

(2) 企业净资产 7000 万元以上。

(3) 企业近三年上缴建筑业营业税均在 500 万元以上。

2) 企业主要管理人员和专业技术人员要求

(1) 企业经理具有 10 年以上工程管理工作经历或具有高级职称。

(2) 技术负责人具有 10 年以上从事工程施工技术管理工作经历并具有工程序列本专业高级职称，主持完成过 2 项以上港口与海岸工程专业一级及以上资质要求的代表工程的技术工作。

(3) 总会计师具有中级会计师以上职称。

(4) 企业具有港口与航道工程专业一级注册建造师 10 人以上。

(5) 企业具有中高级工程技术人员 50 人以上，其中高级工程技术人员 15 人以上。

(6) 企业具有中高级经济管理人员 10 人以上。

3) 企业工程业绩

企业近 5 年承担过下列 5 项中 3 项以上工程施工，工程质量合格：

(1) 沿海 5 万吨或内河 3000 吨级以上码头；

(2) 5 万吨级以上船坞；

(3) 水深 >5 米防波堤 600 米以上；

(4) 1000 米以上围堤护岸工程；

(5) 单项合同额沿海 2 亿元及以上或内河 5000 万元及以上的港口与海岸工程。

4) 企业自有主要机械设备

企业应具有以下 4 种施工船舶中的 2 种及以上：

(1) 架高 60 米及以上打桩船；

(2) 200 吨及以上起重船；

(3) 3000 吨级及以上半潜驳；

(4) 8 立方米及以上斗容的挖泥船。

2. 二级资质标准

1) 企业资信能力

(1) 企业注册资本金 3000 万元以上。

(2) 企业净资产 3500 万元以上。

(3) 企业近 3 年上缴建筑业营业税均在 150 万元以上。

2) 企业主要管理人员和专业技术人员要求

(1) 企业经理具有 10 年以上从事工程管理工作经历或具有中级以上职称。

(2) 技术负责人具有 10 年以上从事工程施工技术管理工作经历并具有工程序列本专业高级职称，主持完成过 2 项以上港口与海岸工程二级专业资质要求的代表工程的技术工作。

(3) 财务负责人具有中级以上会计职称。

(4) 企业具有港口与航道工程专业一级注册建造师 5 人以上。

(5) 企业具有中高级工程技术人员 40 人以上，其中高级工程技术人员 10 人以上。

(6) 企业具有中高级经济管理人员 5 人以上。

3) 企业工程业绩

企业近 5 年承担过下列 5 项中的 3 项以上工程施工，工程质量合格：

(1)沿海1万吨或内河1000吨级以上码头；
(2)1万吨级以上船坞；
(3)水深>3米防波堤300米以上；
(4)500米以上围堤护岸工程；
(5)单项合同额沿海4000万元及以上或内河2000万元及以上的港口与海岸工程。

4)企业自有主要机械设备

企业应具有以下3种施工船舶中的2种以上：
(1)架高40米及以上的打桩船；
(2)80吨及以上的起重船；
(3)4立方米及以上斗容的挖泥船。

3．三级资质标准

1)企业资信能力

(1)企业注册资本金1000万元以上。
(2)企业净资产1500万元以上。

2)企业主要管理人员和专业技术人员要求

(1)企业经理具有8年以上工程管理工作经历或初级以上职称。
(2)技术负责人具有10年以上从事工程施工技术管理工作经历并具有工程序列本专业高级以上职称，主持完成过两项以上港口与海岸工程专业二级资质要求的代表工程的技术工作。
(3)财务负责人具有中级以上会计师职称。
(4)企业具有港口与航道工程专业一级注册建造师5人以上。
(5)企业具有中高级工程技术人员20人以上，其中高级工程技术人员5人以上。
(6)企业具有中高级经济管理人员5人以上。

3)企业自有主要机械设备

企业具有以下施工船舶中的1种以上：
(1)打桩船；
(2)起重船。

4．承包工程范围

1)一级企业

可承担单项工程额不超过企业注册资本金5倍的下列工程的施工：各类港口与海岸工程的施工，包括码头、防波堤、堤防、护岸、陆域构筑物、筒仓、船坞、船台、滑道、土石方、海上灯塔、航标与警戒标志、栈桥、人工岛及平台、海岸与近海工程等。

2)二级企业

可承担单项工程额不超过企业注册资本金5倍的下列工程的施工：沿海5万吨级及内河3000吨级及以下码头、水深小于6米的防波堤、5万吨级及以下船坞船台及滑道工程、1500米及以下围堤护岸工程，以及相应的陆域构筑物、堤防、筒仓、土石方、海上灯塔、航标与警戒标志、栈桥、人工岛及平台、海岸与近海工程等。

3)三级企业

可承担单项工程额不超过企业注册资本金5倍的下列工程的施工：沿海1万吨级及内河

1000吨级及以下码头、水深小于4米的防波堤、1万吨级及以下船坞船台及滑道工程、700米及以下围堤护岸工程,以及相应的陆域构筑物、堤防、土石方、航标与警戒标志、栈桥、海岸与近海工程等。

第三节 港口与航道工程质量检验评定

一、水运工程质量检验有关分项、分部和单位工程的划分规定

《水运工程质量检验标准》(JTS 257—2008)规定:水运工程质量检验应按单位工程、分部工程和分项工程及检验批进行划分。

1. 单位工程

单位工程应按工程使用功能和施工及验收的独立性进行划分。

1)疏浚与吹填工程的单位工程

可按下列规定划分:

(1)港口工程中的航道、港池、泊位和锚地的疏浚工程各为一个单位工程;

(2)内河航道整治工程中的疏浚工程按河段划分单位工程;

(3)长度较长的航道疏浚工程按合同标段或节点要求划分单位工程;

(4)分期实施的疏浚工程按施工阶段划分单位工程;

(5)陆域形成的吹填工程按合同或设计文件划分的区域划分单位工程。

2)码头工程的单位工程

可按下列规定划分:

(1)码头按泊位或座划分单位工程;

(2)两侧靠船的栈桥或窄突堤码头按主靠船侧泊位划分单位工程;

(3)宽突堤码头的横头作为一个单位工程;

(4)长度超过500米的附属栈桥或引堤作为一个单位工程。

3)防波堤和护岸工程的单位工程

可按下列规定划分:

(1)防波堤、导流防砂堤和独立护岸按座或合同标段划分单位工程,长度较长时以长度为1000~2000米划分单位工程;

(2)兼做码头的防波堤和独立护岸,其码头部分按码头工程的规定划分单位工程;

(3)码头、船坞、船台和滑道等工程的附属护岸作为所属工程的一个分部工程。

4)堆场与道路工程的单位工程

可按下列规定划分:

(1)港区堆场按设计单元划分单位工程;

(2)港区或厂区内的道路按设计单元划分单位工程;

(3)工程量较小的附属堆场与道路作为所属工程的一个分部工程。

5)码头配套接卸及输送系统构筑物的单位工程

可按下列规定划分:

(1)翻车机房按座划分单位工程,翻车机房地下廊道作为一个单位工程;
(2)输送转运机房按座或系统划分单位工程;
(3)输送廊道、钢架和设备与支架的基础按系统、结构类别或转运区段划分单位工程。

6)船闸工程的单位工程

可按下列规定划分：
(1)船闸主体作为一个单位工程;
(2)上、下游引航道及导靠船建筑物各组成一个单位工程;
(3)闸阀门制作与安装和启闭机安装组成一个单位工程;
(4)船闸的电气与控制系统安装组成一个单位工程。

7)干船坞、船台与滑道的单位工程

可按下列规定划分：
(1)干船坞、船台主体和独立滑道按座划分单位工程;
(2)坞门、防水闸门的制作与安装各组成一个单位工程;
(3)船坞、船台与滑道的设备安装工程各作为一个单位工程。

8)航道整治工程的单位工程

可按下列规定划分：
(1)堤坝、护岸、固滩和炸礁工程按座或合同标段划分单位工程;
(2)较长的整治建筑物按合同标段或以长度2~5公里划分单位工程;
(3)分期实施的整治建筑物和炸礁工程按合同规定的施工阶段划分单位工程;
(4)长河段航道整治工程按单滩划分单位工程。

9)航标工程的单位工程

可按下列规定划分：
(1)灯塔、塔型岸标、灯桩和海区导标按座划分单位工程;
(2)杆形岸标、内河导标和立标、浮标、标志牌、信号标志和航行水尺等各组成一个单位工程;
(3)遥测监控系统按一个遥测监控中心及遥测终端组成单位工程。

10)码头设备安装工程的单位工程

可按下列规定划分：
(1)起重、装卸设备按台划分单位工程;
(2)输送设备和管道工程等按类别和系统划分单位工程;
(3)电气、控制、消防和环保设备等按系统划分单位工程,当工作量较小时,组成一个单位工程。

2.分部工程

分部工程应按工程的部位进行划分。设备安装工程可按专业类别划分分部工程。

3.分项工程

分项工程应按施工的主要工种、工序、材料、施工工艺和设备的主要装置等进行划分。施工范围较大的分项工程宜将分项工程划分为若干检验批。检验批可根据施工及质量控制和检验的需要按结构变形缝、施工段或一定数量等进行划分。

二、水运工程质量等级标准

(1)检验批质量合格应符合下列规定:主要检验项目的质量经检验应全部合格。一般检验项目的质量经检验应全部合格。其中允许偏差的抽查合格率应达到80%及其以上,且不合格点的最大偏差值对于影响结构安全和使用功能的不得大于允许偏差值的1.5倍,对于机械设备安装工程不得大于允许偏差值的1.2倍。

(2)分项工程质量合格应符合下列规定:分项工程所含的检验批均应符合质量合格的规定。分项工程所含检验批的质量检验记录应完整。当分项工程不划分为检验批时,分项工程质量合格标准应符合上一条的规定。

(3)分部工程质量合格应符合下列规定:分部工程所含分项工程的质量均应符合质量合格的规定。质量控制资料应完整。地基与基础、主体结构和设备安装等分部工程有关安全、功能的检验和抽样检测结果应符合有关规定。

(4)单位工程质量合格应符合下列规定:所含分部工程的质量均应符合质量合格的规定。质量控制资料和所含分部工程有关安全和主要功能的检验资料应完整。主要功能项目的抽查结果应符合本标准的相应规定。观感质量应符合本标准的相应要求。

(5)建设项目和单项工程质量合格应符合下列规定:所含单位工程的质量均应符合质量合格的规定。工程竣工档案应完整。

(6)质量控制资料核查、安全和主要功能的检验资料核查、主要功能抽查记录和观感质量检查应符合本标准的相应规定。

(7)当分项工程及检验批和分部工程的质量不符合本标准质量合格标准要求时,应按下列规定进行处理:经返工重做或更换构配件、设备的应重新进行检验。经检测单位检测鉴定能够达到设计要求的,可认定为质量合格;经检测鉴定达不到设计要求但经原设计单位核算认可能够满足结构安全和使用功能的,可认定为质量合格。经返修或加固处理的分项、分部工程,虽然改变外形尺寸但仍能满足安全使用要求,可按技术处理方案和协商文件进行验收。通过返修或加固仍不能满足安全使用要求的分部工程和单位工程,不得验收。

(8)水运工程质量检验记录和质量控制资料应符合下列规定:检验批、分项工程、分部工程、单位工程、单项工程和建设项目质量检验记录、工程质量控制资料核查记录和有关安全与主要功能抽测记录应按《水运工程质量检验标准》的附录B的规定填写。主要材料进场复验抽样试验和现场检验项目抽样的组批原则应符合《水运工程质量检验标准》的附录C的规定。

三、水运工程质量评定工作程序和组织

工程项目开工前,建设单位应组织施工单位、监理单位对单位工程、分部工程和分项工程进行划分,并报水运工程质量监督机构备案。工程建设各方应据此进行工程质量控制和质量检验。

(1)分项工程及检验批的质量应由施工单位分项工程技术负责人组织检验,自检合格后报监理单位,监理工程师应及时组织施工单位专职质量检查员等进行检验与确认。

(2)分部工程的质量应由施工单位项目技术负责人组织检验,自检合格后报监理单位,总监理工程师应组织施工单位项目负责人和技术、质量负责人等进行检验与确认。其中,地基与

基础等分部工程检验时,勘察、设计单位应参加相关项目的检验。

(3)单位工程完成后,施工单位应组织有关人员进行检验,自检合格后报监理单位,并向建设单位提交单位工程竣工报告。单位工程中有分包单位施工时,分包单位对所承包的工程项目应按本标准规定的程序进行检验,总包单位应派人参加。分包工程完成后,应将工程有关资料交总包单位。

(4)建设单位收到单位工程竣工报告后应及时组织施工单位、设计单位、监理单位对单位工程进行预验收。单位工程质量预验收合格后,建设单位应在规定时间内将工程质量检验有关文件,报水运工程质量监督部门申请质量鉴定。

(5)建设项目或单项工程全部建成后,建设单位申请竣工验收前应填写建设项目或单项工程工程质量检查汇总表,报送质量监督部门申请质量核定。

思 考 题

一、案例分析1

1. 背景

乍浦港二期多用途件杂货码头工程,位于浙江省平湖市乍浦镇西南杭州湾北岸。水工工程由栈桥及码头两部分组成。码头长336米,宽35米。设计为一个泊位。结构形式为高桩梁板式结构。桩基为直径1200毫米预应力大管桩,现浇桩帽,现浇横梁,预制安装纵梁、面板,现浇面层。栈桥长417.8米,宽16米,结构形式为高桩板梁立柱式。桩基为60厘米×60厘米预应力混凝土方桩,现浇墩台、立柱、帽梁,安装预应力空心板,现浇面层。

本工程码头单位工程分项工程的划分见表3-1。

码头单位工程分项工程划分表　　　　　　表3-1

单位工程名称:乍浦港二期多用途件杂货码头工程

序 号	分部工程		分项工程	备 注
1		1	预制直径1200mm预应力大管桩	
		2	沉直径1200mm预应力大管桩	
		3	现浇桩帽	
2		1	预制靠船构件	
		2	预制水平撑	
		3	预制纵梁	
		4	预制电缆沟箱梁	
		5	预制面板	
		6	预制踏步板	
		7	安装靠船构件	
		8	安装水平撑	
		9	安装码头纵梁	
		10	安装码头电缆沟箱梁	

续上表

序号	分部工程		分项工程	备注
2		11	安装面板	
		12	安装踏步板	
		13	脱浇横梁	
		14	现浇轨道梁	
		15	现浇轨道梁	
		16	现浇踏步梁	
		17	现浇面层混凝土	
		18	钢引桥制作	
		19	钢引桥安装	
3		1	QU100 钢轨安装	
		2	系船柱制作与安装	
		3	护舷制作与安装	
		4	系网环制作与安装	
		5	铁爬梯制作与安装	
		6	栏杆制作与安装	
		7	现浇护轮槛	

注：本单位工程无基槽及岸坡开挖、挡土结构及回填而各分部工程。

2. 问题

(1) 对本工程进行单位工程划分。

(2) 对码头单位工程进行分部工程划分。

(3) 写出码头单位工程主要分部、分项工程名称。

二、案例分析 2

1. 背景

长江中游××航道整治工程，该整治工程主要工程内容为筑坝、护岸和疏浚。建设单位在工程开工前组织监理，施工单位划分了单位、分部、分项工程，经工程质量监督机构同意后，据此划分进行工程质量检验评定。施工单位先后完成了系结压载软体排护底分项工程、护底分部工程和护岸单位工程。

2. 问题

系结压载软体排护底分项工程、护底分部工程、护岸单位工程的质量评定该如何进行？

第四章　港口与航道工程项目进度管理

学习要求：
了解港口与航道工程施工组织设计的概念和设计的原则。
熟悉港口与航道工程进度计划实施与检查，港口与航道工程进度计划分析与调整。
掌握港口与航道工程施工组织设计编制内容及方法，港口与航道工程进度计划的编制。

第一节　港口与航道工程施工组织设计

一、工程施工组织设计的概念

(一) 概念

港口与航道工程施工组织设计是指导施工全过程的技术、经济文件,是对施工全过程实行科学管理的重要手段。通过施工组织设计的编制,可以全面的分析施工条件;拟定合理的施工方案;确定施工顺序、施工方法、劳动组织,制定技术组织措施;统筹合理安排施工进度计划;预计施工中可能出现的问题,可以把设计与施工、总包与分包、技术与经济、质量与进度、总体与局部、专业与辅助灯各方的关系协调好。实践证明,施工组织设计编制的合理,并在施工过程中认真贯彻的执行,可使工程质量、进度、安全达到合同规定的要求,可使工程成本得到有效控制。

(二) 港口与航道工程施工组织设计的主要内容
(1) 编制依据；
(2) 工程概况；
(3) 施工组织管理机构；
(4) 施工总体部署和主要施工方案；
(5) 施工进度计划；
(6) 各项资源需求和供应计划；
(7) 施工总平面布置；
(8) 技术、质量、安全管理和保证措施；
(9) 文明施工与环境保证；
(10) 主要技术经济指标；
(11) 附图。

(三)港口与航道工程施工组织设计的编制原则和方法

(1)施工组织设计的编制应贯彻统筹规划的原则,充分体现施工合同的总体要求,力求达到技术先进、措施可靠、组织严密、关系协调、经济合理。

(2)施工组织设计应在全面研究合同条件、设计文件及对现场条件的调查分析基础上,从拟建施工全过程的人力、物力、时间、空间和技术组织五要素着手编制。

(3)施工组织设计的编制,应针对工程特点、技术关键和施工难点,采取有针对性的技术和经济措施。

(4)施工组织设计的编制应在宣布中标后,在项目经理领导下,由项目总工程师组织项目经理部人员分工编写,总工程师汇总、协调,以保证各项内容的正确性及其相互关系的协调性。

(5)施工组织设计经过项目经理审查后,应报企业审定,在开工前将经过企业法定代表人签发批准的施工组织设计报送给业主或工程监理单位。

(6)报送的施工组织设计,经过总监理工程师组织监理工程师审核批准后,加以确认,才能正式批准开工。

(7)项目经理应组织有关人员学习和落实,贯彻落实实施施工组织设计文件。

二、高桩码头工程施工组织设计

(一)编制依据

包括招投标文件;施工承包合同及设计文件;施工规范、验收标准;有关会议纪要等。

(二)工程概况

1. 工程项目主要情况

工程名称、建设地点、建设规模、总工期、质量要求、主要工程量、分包队伍的选择、施工流程和工艺特点、新技术、新材料等。工程规模主要阐述表示工程特征的代表值、停靠船型和等级、码头及引桥的数量、主要尺度、标高、主要结构形式、码头前沿水深、后方道路堆场的数量和面积、主要装卸设备的规格和数量等。

2. 自然条件

(1)岸线及水深:拟建工程使用岸线情况、施工可占用岸线部位、水深条件和施工船舶可抛锚作业条件。

(2)水位:设计水位、施工用的高水位、低水位、平均水位,最高潮和最低潮出现的时间和历时,防汛水位和地方政府对防汛的要求。

(3)潮流:包括水流和潮流的流速和流向。

(4)风:常风向、强风向和台风的方向和天数。

(5)气温:高温和低温出现的时间和历时。

(6)降雨:年降雨量和降雨天数,暴雨和大暴雨出现的频率和雨量。

(7)地质资料:按地质报告,将与施工有关的资料列入,并应列表表示。表中包括土层名称、厚度、层顶和层底标高、重力密度、天然含水量、内摩擦角、粘聚力、压缩系数、标准贯入击数和静力触探值等。附钻孔位置图和地质柱状图,分析施工中应注意的事项。

3. 技术经济条件

(1) 建设项目地区的施工能力及条件：预制构件加工、机械设备租赁、劳动力市场情况；

(2) 资源供应情况：钢材、木材、水泥、黄砂和石子等大宗建材供应情况；

(3) 交通与水电等条件。

4. 施工特点分析

高桩码头施工工序主要有施工挖泥、沉桩、构件安装、现浇混凝土和岸坡施工等方面。沉桩是保证工程质量、进度的关键工序，与其他工序相比，技术上比较复杂。岸坡受沉桩和棱体等施工影响时应考虑岸坡稳定。分析和确定施工特点是施工的关键，施工准备的目的是选择合理的施工方案，采取有效措施。

(三) 施工的组织管理机构

项目部组织机构及主要成员，管理网络图。

(四) 施工总体部署和主要施工方案

1. 施工的总体部署

(1) 全工程总体安排；

(2) 各单位工程施工顺序及衔接关系；

(3) 主要施工任务安排；

(4) 劳动力配备；

(5) 机船配备；

(6) 预制件加工、运输；

(7) 分期分批竣工安排；

(8) 单位/分部/分项工程 划分；

(9) 临时设施；

(10) 施工流程。

2. 施工方案应着重编写的内容

(1) 影响整个工程施工的分部、分项工程；

(2) 复杂施工技术或新工艺、新技术；

(3) 对工程质量及工期起关键作用的分部、分项工程；

(4) 不熟悉的特殊结构或特殊专业工程等。

高桩码头施工方案的主要内容有：挖泥、测量、构件预制和安装、模板工程、钢筋工程、混凝土工程、土石方工程、设备安装工程、附属设施安装工程等。

测量施工方案中包括施工测量控制网点的布置，定位方法和控制方案，沉桩桩位平面和高程控制，建筑物和岸坡沉降和位移观测。设计所采用的坐标系统及与国家坐标系统的关系，施工坐标系统与设计坐标系统及国家坐标系统的关系和换算，水准点位置、高程、数量、埋设情况，必须注意设计所用零点与当地零点的关系，做好标高的换算。将所用的控制坐标点列表并应画出施工控制点位置图，注明控制点来源。

沉桩施工方案包括障碍物的探摸清除，确定沉桩顺序，编制运桩图和落驳图，锤、桩船、桩垫木和替打的选用，锚缆和地拢的布设，桩的运输和堆放，斜坡上沉桩技术措施及岸坡稳定，桩的高应变和低应变动测。

构件预制及安装方案包括桩、梁、板、靠船构件预制加工地点和方法,运输条件和现场堆存条件,起重船机选择,构件安装顺序。

模板工程包括现浇构件模板设计计算,模板加工和拼装场地。

钢筋工程包括钢筋加工场地的安排,大型钢筋笼的运输和吊装方法,预应力钢筋的张拉和锚固。

混凝土工程包括现场搅拌混凝土和使用商品混凝土,水上搅拌船的选用,大体积混凝土施工工艺。

大型土石方工程包括挖掘和运输机械的选择,挖掘方法和运输道路。

(五)施工进度计划

施工进度计划是在既定施工方案的基础上,根据规定工期和各种资源供应条件,按照施工过程的合理施工顺序及施工组织原则,采用横道图或网络图形式表达。对一个工程从开始施工到工程全部竣工,确定其全部施工过程及分阶段进度节点的要求,在时间上和空间上的安排和相互配合关系。

(六)各项资源需求和供应计划

各项资源的需用计划主要包括包括劳动力、材料、施工用船舶、预制构件及半成品需用计划和资金需用计划等。

1. 劳动力需用计划

主要是作为安排劳动力的平衡、调配和衔接,劳动力耗用指标、安排生活设施的依据,其编制方法是将施工进度计划表内所列各施工过程需用工人人数按工种汇总而得。

2. 材料需用计划

材料需要量计划是备料、供料和确定仓库、堆场面积及组织运输的依据,其编制方法是对施工进度表中各施工过程的工程量,按材料品种、规格、数量、使用时间计算汇总而得。

3. 施工船舶和机械需用量计划

施工船舶、机械需要量计划主要用于确定施工船舶、机械类型、数量、进场时间,据此落实施工船舶、机械来源、组织进场。编制方法为将过程施工进度表中每一个施工过程,每天所需的船舶,机械类型、数量和施工日期进行汇总而得。

4. 预制构件和半成品需用计划

预制构件和半成品需用计划主要用于落实加工单位,并按照所需规格、数量、时间、组织加工、运输和确定堆场,可根据施工图和施工进度计划编制而得。

(七)施工总平面布置

根据施工方案及施工进度要求,正确处理永久性建筑、拟建工程和临时设计间的空间关系,合理的布置施工现场的道理交通、生产与生活设施、临时码头、避风锚地、临时水电管线。

(八)技术、质量、安全管理和保证措施

建立技术、质量、安全管理体系。对难度大、技术复杂的工程项目,必须提出质量保证措施。针对具体工程情况提示安全措施。制定冬、夏季及雨季施工技术措施。

(九)文明施工与环境保护

现场应有文明施工要求并有环境保护措施。

(十)主要技术经济指标

包括有关质量、成本、安全事故、利润等方面的指标。

(十一)附图

包括施工总平面图、临时设施布置图、测量控制点及基线布置图、沉桩施工顺序图、模板结构图和构件安装作业图等。

案例 4-1:上海洋山深水港区一期码头工程,处于杭州湾东北部,上海南汇芦潮港东南的崎岖列岛海区。距山海芦潮港约 32km,距宁波北仑港 90km,一期码头工程总长 1.6km,由码头(宽 37m)和驳岸(13m、18m)两个部分组成,后方堆场有 160 万平方米,由北、东、西围堤和一期码头驳岸所组成挡土结构,填砂加固形成港区陆域。一期建成后,集装箱年吞吐量 200 万TEU,能接纳第五代集装箱船泊位 5 个。

一期码头工程为高桩梁板式结构,排架间距为 10m,顶高标高 +8.10m,桩基为 $\phi1200$mm 钢管桩、支撑桩和 $\phi1700$mm 钢管桩的板桩墙,其中 195m 为抛石堤沉箱结构。

本工程施工特点如下:本工程属于典型的孤岛施工,岛外交通不便,因征地未能先期完成,外界干扰会对施工进度和组织带来影响。本工程施工水位影响很大,桩帽、横梁均需要候潮作业,势必增加人力资源的投入,施工区域潮流较急,海底粉砂层较易冲刷,施工现场边界条件变化较快,应对边界条件进行观测,以指导施工。码头与陆域形成同步施工,施工船舶较多,作业面相对较窄,指挥部应当给予总体协调。现浇混凝土采用 C45 高性能混凝土,应进行典型施工。

1. 问题

(1)本工程施工的总体构思如何考虑?
(2)本工程施工组织设计应着重编写的主要施工工艺有哪些?
(3)本工程施工组织设计中质量和安全技术措施应包括哪些内容?

2. 分析与答案

(1)本工程施工的总体构思如下:工程先期完全依靠水上施工,钢桩、砂桩、人造基床的施工分区推进,尽快形成多个施工流水作业面。抓住沉桩、嵌岩桩、抛石等关键线路,合理调度水上船舶交叉作业,采用合理的工艺措施,实现多段施工平衡推进的总体目标。

(2)本工程施工组织设计中应该着重编写的主要施工工艺有:测量工程、钢管桩施工、嵌岩桩施工、砂桩施工、构件的预制、模板、钢筋施工、现浇混凝土施工、构件安装、驳岸施工、沉箱预制和安装、附属设施的施工。

(3)本工程施工组织设计中质量和安全技术措施包括:

①质量目标:工程质量优良,争创国优工程。
②质量管理体系和质量责任制。
③专项质量管理措施:QC 小组、典型施工、新技术应用等。
④单位工程、分部工程、分项工程的划分。
⑤安全生产目标:杜绝死亡、沉船、火灾事故,减少重伤、轻伤和一般事故。
⑥安全管理体系和安全责任制。
⑦专项安全管理措施。
⑧制定安全生产管理计划书、安全培训与交底、防台防汛工作预案等。

三、重力式码头工程施工组织设计

(一) 编制依据

包括施工承包合同及设计文件；施工规范、验收标准；有关会议纪要等。

(二) 工程概况

包括工程名称、建设地点、建设规模、总工期、质量要求、主要工程量、码头的泊位数及主要尺度、标高、主要结构形式、码头前沿水深、后方道路堆场的数量和面积、主要装卸设备的规格和数量、施工环境与自然条件(水文、气象、过程地质概况)、项目管理特点等。

(三) 施工的组织管理机构

项目部组织机构、主要成员及其职责。

(四) 施工总体部署和主要施工方案

施工的总体部署：明确项目管理全工程总体安排、施工任务的组织分工和协调关系、明确组织机构，统一决策指挥体系，确定综合和专业的施工组织；划分各施工单位的项目。

施工方案：施工方案的拟定、比选与优化、单位工程、分部、分项工程的划分，总的施工程序，主导工程的施工流水等。

主要施工方法：根据设计要求和施工现场的具体所选定的主要施工工序及施工法，拟采用的新技术、新工艺、新材料、施工的船机装备等。

质量安全目标与措施：明确质量与安全目标，并针对工程的结构、施工的环境与季节等制定实现质量与安全目标的具体措施。

1. 重力式码头工程一般的施工流程图(图4-1)
2. 主要施工工艺

(1) 施工前的准备工作。

(2) 基槽挖泥。

(3) 基床抛石。

(4) 基床夯实(粗平→夯船定位→试夯→夯实→复夯验收)。

(5) 基床整平。

采用方驳定位、供料，潜水员水下下钢轨、拉刮道、摆铺石料的导轨刮道法进行整平。对于大面积的水下整平，已开始应用整平船进行水下机械化作业。

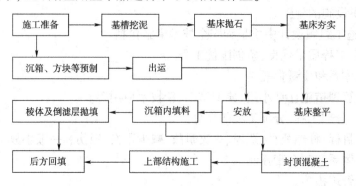

图4-1 重力式码头施工流程图

(6) 重力式结构预制(沉箱、方块、扶壁、大圆筒)、出运、安放。

重力式码头的沉箱、方块、扶壁、大圆筒等大型构件多在预制场预制。大型沉箱的水平运输有纵横轨道台车运输、气垫、水垫、气囊法运输;利用滑道、半潜驳、浮船坞出运下水;沉箱就位安装有锚缆法、起重船辅助吊装法。小型沉箱可直接用起重船出运吊装。在沉箱灌水下沉及箱内填料时,相邻隔舱的水位及抛填标高要保持平衡,以免压裂隔墙混凝土。

(7) 抛石棱体及倒滤层抛填。

抛填顺序应从墙后开始,避免将岸坡淤泥挤入棱体下。

(8) 封顶混凝土和结合腔混凝土的浇筑及上部结构施工。

(五)施工进度计划

包括施工总体进度计划、单位工程施工进度计划横道图、施工网络图。编制要求同高桩码头。

(六)各项资源需求和供应计划

主要包括材料、劳动力、船机设备、资金等的准备。编制要求同高桩码头。

(七)施工总平面布置

包括施工总平面布置图及说明;施工总平面管理规划。编制要求同高桩码头。

(八)技术、质量、安全管理和保证措施

包括进度目标、质量目标、安全目标、成本目标的控制措施;保证季节(冬期、雨期、夜间)施工的措施;各项措施中应有技术、组织、经济和合同的措施等。编制要求同高桩码头。

(九)文明施工与环境保护

现场应有文明施工要求并有环境保护措施。编制要求同高桩码头。

(十)主要技术经济指标

包括指标的确定及对指标的分析和评价;实现该指标的难点和对策等。这些指标有:工期指标、质量指标、安全指标、成本指标、劳动生产率指标、技术进步与创新等。技术经济指标是编制施工组织设计要实现的最终效果和目的。编制要求同高桩码头。

(十一)附图

包括施工总平面图、临时设施布置图、测量控制点及基线布置图以及主要施工工艺图等。编制要求同高桩码头。

四、疏浚工程施工组织设计

(一)编制依据

包括施工合同及设计文件;施工规范、验收标准;有关会议纪要等。编制要求同高桩码头。

(二)工程概况

(1) 工程名称、工程位置、工程规模、范围和工程量;

(2) 工程技术规格和质量要求,包括疏浚、吹填区位置、设计尺度、吹填标高、预留沉降量和施工允许偏差,以及平面的控制的坐标系统和高程基准;

(3) 疏浚土的处理区的位置、面积、水深、容泥量;取土区的位置、水深、土质、取土面积、深度和土源储量;

(4) 合同的主要规定:包括工期要求、双方责任和义务、工程变更、工程验收方法和标准、

合同总价及单价、费用支付方法、违约罚款、奖惩制度等;

(5)施工条件:包括现场自然条件(水文、气象、工程地质概况等)和施工组织条件(交通、补给、修船、燃料备配件供应等)。水文资料中应明确特征潮位及与工程基准面的关系;气象资料中应明确影响船舶施工的大风风级次数或频率等;地质概况中应根据钻探报告将疏浚土进行分类等。

(三)施工的组织管理机构

项目部组织机构及主要成员。

(四)施工总体部署和主要施工方案

(1)工程量计算:应按现行行业标准《疏浚工程土石方计量标准》、《疏浚工程技术规范》规定的方法和要求,计算实际的疏浚工程量(应考虑超深、超宽)和吹填工程量(应考虑沉降量、流失量、泥土固结和预留超高量)。

(2)施工船舶选择与配套:应根据合同要求和现场施工条件,结合本单位施工船舶性能,选择经济合理和技术可行的挖泥船及配套船舶。

(3)施工方法:应根据不同船型,结合本工程特点,确定疏浚的分条、分层、分段以及吹填的分区、分层、管线的布置,合理选择挖泥船工作参数。

(4)泥土处理:应按设计要求制定施工措施。

(5)附属工程设计:如吹填区围堰、泄水口、水陆排泥管线、水位站等。

(6)其他。

(五)施工进度计划

(1)挖泥船的生产率和时间利用率等指标应根据不同船型,参照有关规定进行计算,并结合类似工程经验确定;

(2)工程进度应以网络图、横道图表示,并应标明关键线路和节点工期;

(3)工程进度应包括现场准备、施工和竣工验收三个阶段。

(六)各项资源需求和供应计划

(1)工程所需的燃油种类、数量和单耗、易磨、易损备配件用量和附属工程的主要材料用量计划;

(2)工程所需的资金、人员配备以及当地劳动力使用计划。

(七)施工总平面布置

施工总平面布置图应标明挖泥船施工区、抛泥区、吹填区等的主要位置和布置。

(八)技术、质量、安全管理和保证措施

(1)制定本工程的质量目标、质量保证体系和质量保证措施;

(2)制定本工程的安全目标和安全保证措施。

(九)文明施工与环境保护

现场应有文明施工要求并有环境保护措施。

(十)主要技术经济指标

包括有关质量、成本、安全事故、利润等方面的指标。

(十一)附图

(1)工程位置图;

(2)施工总平面图;
(3)挖泥区、吹填区设计图和土方计算表;
(4)吹填临时设施结构设计图;
(5)挖泥区、吹填区钻孔平面图、柱状图、地质剖面图和有关土质资料;
(6)用网络图或横道图表示的工程进度表;
(7)主要燃、材料和备配件计划表。

五、航道整治工程施工组织设计

(一)编制依据

包括设计文件及批复,招标文件,合同文件,国家、地方或行业有关工程建设政策、法规和规范资料,现场施工条件,设备、技术状况和类似工程施工经验、行业技术新成果等。

(二)工程概况

包括工程名称,建设地点,整治河段自然特征,整治目的和措施,整治建筑物类型、功能、规模和结构型式,工程总成本、总工期和质量等级,主要工程量,有关资源、交通、环境等施工条件,工程的建设、勘察设计、总承包和分布单位,质量监督及工程监理单位名称、组织结构和资质等状况。

(三)施工的组织管理机构

项目部的组织机构及主要成员。

(四)施工总体部署和主要施工方案

施工的总体部署:明确项目管理组织体系及各承包单位的施工项目,确定总体施工程序或施工顺序及分期或分阶段实施的工程项目内容,工程施工总进度安排及主要项目程序,并对主要控制工期作必要的说明,划分项目施工阶段界线,确定分期交工的项目组成,并根据交工期限要求确定各单项工程竣工时间。

施工方案:说明不同施工阶段的程序安排及单位工程内部各分部(分项)工程之间的先后次序。

主要施工方法:叙述施工采用的方法。针对工程量大,技术质量要求高、难度大,采用新材料、新工艺、新结构的关键项目,详细描述其施工方法等技术措施。

1. 筑坝工程

1)一般施工流程(图4-2)

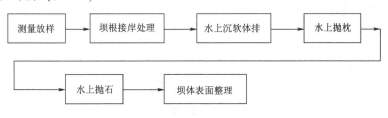

图4-2 筑坝工程一般施工流程

2)主要施工工艺

(1)测量放样;
(2)坝根接岸处理;

(3)水上沉软体排,工艺流程见图4-3;

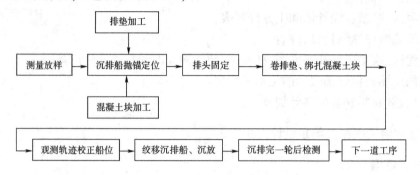

图4-3 水上沉软体排工艺流程图

(4)水上抛枕,工艺流程见图4-4;

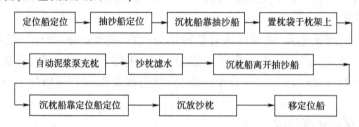

图4-4 水上抛枕工艺流程图

(5)水上抛石;
(6)坝体表面整理。

2.护岸工程

1)一般施工流程(图4-5)

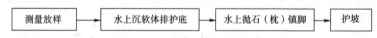

图4-5 护岸工程一般施工流程图

2)主要施工工艺
(1)测量放样;
(2)水上沉软体排护底;
(3)水上抛石(枕)镇脚;
(4)护坡,工艺流程见图4-6。

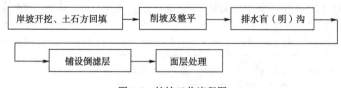

图4-6 护坡工艺流程图

3.护滩带工程

1)一般施工流程图(图4-7)
2)主要施工工艺

(1)测量放样;
(2)滩面处理;
(3)干滩铺软体排护滩,工艺流程图见图4-8;

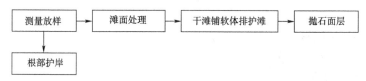

图4-7 护滩带工程一般施工流程图

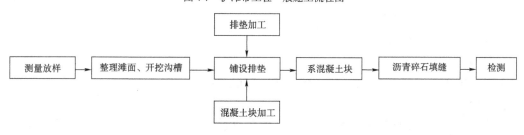

图4-8 干滩铺软体排护滩工艺流程图

(4)根部护岸。

(五)施工进度计划

包括施工总进度计划和施工总进度保证措施,单位工程施工进度计划图及其说明,主要分部(分项)工程施工网络计划及其说明,施工进度控制措施。

(六)各项资源需求和供应计划

包括施工劳动力需要量计划、主要材料和预制品需用计划及施工船机设备需要量计划等。

(七)施工总平面布置

包括施工总平面布置图及说明。施工总平面布置图一般应包括建设项目范围内水上水下地形等高(或等深)线,陆上、水下已有和拟建构筑物及其他设施位置和尺寸,控制坐标网,以及为建设项目服务的生产、生活临时设施等。对于长江河段的航道整治项目来说,受图幅比例限制时可采用示意图,并对有关建(构)筑物或临时设施情况加以列表反映。

(八)技术、质量、安全管理和保证措施

包括进度、质量、投资控制措施,项目组织机构内部质量、安全保证体系及主要质量、安全措施,各项措施中应用组织保证、技术保证、经济保证、合同保证等措施。

(九)文明施工与环境保护

现场应有文明施工要求并有环境保护措施。

(十)主要技术经济指标

包括施工工期、施工成本、施工质量、施工安全和施工效率以及其他技术经济指标。

(十一)附图

包括施工总平面图、临时设施布置图、测量控制点及基线布置图等。

案例4-2:

1.背景

长江下游某航道整治工程施工组织总设计。

1) 编制说明

本施工组织总设计的编制依据是：

(1) 招标的有关文件；

(2) 总包合同；

(3) 长江下游某航道整治工程施工图设计；

(4) 有关的技术标准及规范；

(5) 有关的法律、法规。

2) 工程概况

(1) 工程名称

长江下游某航道整治工程。

(2) 工程平面位置

本工程位于某水道南港，为长江下游的重点碍航河段之一。

(3) 工程结构

工程结构为护岸、护滩两种形式，护岸工程在原岸线的基础上平顺守护。以航行基面上3m为界，分为陆上和水下两部分。护滩带工程结构为干滩铺软体排护滩。

(4) 主要工程项目的工程量(略)

3) 施工自然条件

(1) 气象条件

①气温：年平均最高气温33℃，年平均最低气温3.8℃，历年最低气温-10℃。

②风：年常风向为东北风。年最大风速达9~20m/s，瞬时最大风速达37.1m/s。

③雾：年平均起雾日为8天，多发生11月至次年4月，最多一年出现15天。

④雪：发生在12月中旬至次年2月，年平均降雪9天。

(2) 水位和流量

①水位

历年最高平均水位15.65m，最低枯水位5.99m，最高水位出现在7~8月份，最低水位发生在1~2月份。

②流量

上游来水来沙的多年平均流量为22466m^3/s，径流量为7980亿立方米。年内最大流量和最高水位一般出现在7~9月份，最小流量和最低水位一般出现在12月份及次年的1、2月份，故主要施工期只有3个月。

(3) 工程地质

全部由全新世松散沉积物组成。

4) 施工组织

(1) 施工组织机构(略)

(2) 施工平面布置

①布置原则

本护岸、护滩工程施工季节性强、施工布置首先满足施工强度要求，尽可能利用施工现场的有利条件。

②总平面布置

在护滩带岸上平坦滩地及渡口水泥路上布设 4000m² 混凝土预制场,其中有 1000m² 混凝土块堆场,200m² 砂、砌石堆场。100m² 水泥堆场;30m² 发电房,500m² 民工生活设施。项目经理部租用当地民房,距 R1,R2 号护滩带约 1.5km。在渡口水泥马路与护滩带之间修一条临时道路,用以运输排布与混凝土块。

③预制场的准备

预制场设有水泥库房和粗细骨料的堆场、发电房、锅炉房及预制块的堆场。预制场浇筑在原渡口水泥马路上进行,堆场、生活设施在就近的滩地上布置。预制场上设置 2 台 JDY-350L 型搅拌机和 1 台卧式搅拌机进行混凝土搅拌。同时配备混凝土块钢模板 100 套。

④材料检验

施工前将材料送到具有资质的试验室抽样检验,合格后才能进入施工现场。施工中按监理和规范要求随机抽样检验。不合格的材料不能进入现场。

⑤施工放样及测量

根据设计方提供的控制点,将护岸基护滩带的控制点放出。同时在岸边进行控制点加密,并将所有控制点联网复测,保证平面控制精度,同时采用全站仪将所用控制点联网,往返测量两次后再平差,保证高程控制精度,平面控制和高程控制的成果形成资料,经监理认可后再作为施工控制依据。

开工前,在监理工程师和业主代表的监督下,请第三方进行施工区域水下地形测量,得到监理工程师和业主代表认可,并以此作为计量依据。

5)施工技术方案

(1)护岸工程

(2)护滩工程

6)施工工期

计划工程开工日期:(略)

计划工程完工日期:(略)

主体工程完工日期:(略)

7)工程质量

(1)本工程施工所遵循的规范及验收标准。

(2)质量保证措施。

8)施工安全措施

(1)安全组织机构

本工程严格贯彻"安全第一,预防为主"的方针,严格遵守国家、建设部颁发的各项劳动法规,建立以项目经理为安全第一责任人,项目部设专职安全员,各施工队设兼职安全员的安全管理组织体系。

(2)安全保证措施

9)文明施工、环境保护及文物保护

现场文明施工、环境保护及文物保护由项目经理负责,副经理主管。

10)工程进度网络计划

(1)施工总进度横道图和网络图(略)
(2)劳动力使用量计划表

施工管理人员的安排上,由局抽调一名有丰富施工经验、二级项目经理资质的管理人员担任项目经理,项目经理部人员共 10 人。施工期劳动力平均 200 人,最高峰达 350 人。具体分布见劳动力使用量计划表(略)。

(3)资金使用计划(略)

2. 问题

(1)请画出本工程护岸工程和护滩工程的施工工艺流程图。
(2)请制定本工程的质量保证措施。
(3)请制定本工程的安全保证措施。

3. 分析与答案

1)护岸工程和护滩工程施工工艺

护岸工程的施工工艺流程见图 4-9。

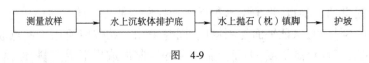

图 4-9

护滩工程的施工工艺流程见图 4-10。

图 4-10

2)本工程的质量保证措施

(1)以建一流工程为宗旨,靠优质、高效、诚信树立形象,科学管理,文明施工,100%满足业主对质量的要求,为顾客提供满意的服务和优良工程产品。

(2)组成以项目经理为组长,项目总工为副组长的质量管理领导小组,负责组织、推动、决策质量创优工作。项目组长对工程项目创优工程组织实施,对工程项目创优负责。

(3)认真编写施工组织设计,制定具体的施工工艺、方法及标准,严格按施工组织设计组织施工。

(4)施工前作好技术交底,对各施工工艺中的技术难点、重点、施工程序进行详细的技术交底,使施工人员心中有数。

(5)施工中认真执行"三检",严把"五关",发现问题及时以书面形式报监理、设计单位和甲方驻工地代表,以求尽快解决。

(6)认真推行全面质量管理,积极开展 QC 活动、PDCA 循环,提高工程质量管理水平。

(7)派专人作好施工内业资料的搜集、编号、保存、签认、发放、回收等项工作,以便于工程竣工后,文件整理工作同步结束。

(8)重点抓好脚槽、沉排、枯水平台、削坡、砌石护面等关键工序或关键部位的质量控制。

(9)积极配合监理工程师的工作,及时将施工中出现的问题呈报监理工程师,并严格执行监理工程师的指令,每完成一项分项工程必须经监理工程师签字后,方可进行下一道工序。

(10)加强检查工作,对工程中使用的设备、检测仪器按计量规定进行定期检验。

(11)加强对原材料的质量控制,需送检的材料需经国家批准的专业检测合格后方可使用。

3)本工程的安全保证措施

(1)牢固树立"预防为主,安全第一"的思想。安全生产目标是:无船舶交通、机损等级事故,无人身伤亡,无火警火灾。

(2)完善各种事故安全设施和安全规章制度,施工期间严格按操作规范作业,落实安全责任制。

(3)建立安全技术检查制度。

(4)开工前发布施工通告。办理《水上、水下施工作业许可证》,加强同港、航监督部门与建设指挥部的联系工作,确保工程安全施工。

(5)施工船舶应按《内河避碰规则》的要求悬挂号型、号灯。施工进度调整时与航道部门联系及时调标,确保行船及自身安全。

(6)根据施工进度及部位,调整安全防范重点工作。船上作业应备足救生、消防设备。临水作业必须穿救生衣。

(7)坚持上岗培训,提高职工素质。

第二节 港口与航道工程施工进度控制

一、工程施工进度控制的概念

(一)工程施工进度控制工作的内容

工程施工进度控制工作的内容包括:明确控制施工进度的目标;目标的分解、落实;建立施工进度控制体系;对施工进度目标实施动态控制。

(二)工程施工进度控制的依据、目标和目标的分解

1. 工程施工进度控制的依据

主要是批准的进度计划,项目经理应对编制好的进度计划进行审核。

2. 目标

项目进度控制应以实现施工合同约定的竣工日期为最终目标。

3. 目标的分解

项目进度控制总目标应进行分解,以便按单位工程或者按施工阶段、按专业、按节点制定更具体、更可落实的、更有保证的措施,以加强进度控制,以分解后局部项目、阶段的进度控制,保证项目进度总目标的实现。项目进度控制总目标可以按以下原则进行分解:

(1)按单位工程分解为完工的分目标;

(2)按承包专业或施工阶段分解为各完工分目标;

(3)按年、季、月进度计划,分解为时间分目标。

(三)建立进度控制机构(体系)

1. 目的

建立工程施工进度控制体系的目的是为了实施进度控制。

2. 体系逐层

以项目经理为责任主体,参加者为各子项目负责人、计划人员、调度人员、作业队长、班组长。

(四)项目经理部实施对工程施工进度的动态控制

(1)根据施工合同约定的开工日期、竣工日期及总工期,确定施工进度目标,明确计划开工日期、计划竣工日期和计划总工期,并确定项目分期、分批的开工、竣工日期。

(2)编制施工进度计划。进度计划应根据工艺关系、组织关系、搭接关系、起止时间、劳动力计划、材料计划、船机设备计划及其他保证性计划等因素综合确定。

(3)向监理工程师提出开工申请,按监理工程师的开工令指定的日期开工。

(4)实施进度计划,检查实际进度,与计划进度对比、分析,出现偏差时可及时调整,预测未来进度状况。

(5)全部任务完成后,应进行进度控制总结,并编写进度控制报告。

二、港口与航道工程施工进度计划的编制

港口与航道工程的施工进度计划应根据工艺关系、组织关系、搭接关系、起止时间、劳动力计划、材料计划、船机设备计划及其保证性计划等因素综合确定进行编制。

施工进度计划应包括施工总进度计划和单位工程施工进度计划。

(一)施工总进度计划的编制

1. 施工总进度计划的编制依据

(1)项目的工程承包合同

合同中所规定的施工进度目标、工期要求,所规定的开工、竣工日期,工期定额等是编制施工总进度计划的根本依据。

(2)项目的施工组织设计

基于工程的特点、施工方案、施工的总体部署、施工资源投入、施工的组织等所编制的施工组织设计,是确定施工各节点工期的基础。

(3)设计的进度计划

施工的进度计划必须与设计的进度计划相衔接,根据各部分图纸提交时间,安排相应部位的施工工期。

2. 施工总进度计划的内容

应包括编制说明,施工总进度计划表;分期、分批的子项目开工、完工及工期一览表,资源需求量及供应平衡表。

3. 编制步骤

(1)收集编制依据;

(2)确定工程进度控制目标;

(3)计算工程量;
(4)安排各单位工程搭接关系;
(5)确定各单位工程施工期限及开、竣工日期;
(6)编制进度计划及说明书。

(二)单位工程进度计划的编制

1.编制依据

包括项目管理目标责任书;施工总进度计划;施工方案;主要材料、设备供应能力;施工人员素质、效率;现场条件;平均可工作天数;已建同类工程的有关指标。

2.单位工程施工进度计划的内容

包括编制说明书;进度计划图表;风险分析及控制措施。

3.编制方法

单位工程的施工进度计划是以既定施工方案为基础,按总进度计划规定的工期及资源供应,对单位工程中各分部、分项工程的先后顺序、搭接关系进行合理的安排,步骤如下:

(1)划分工作项目;
(2)确定各项工作的顺序及搭接关系;
(3)计算工程量;
(4)确定各项工作的持续时间;
(5)绘制进度计划表。

4.常用表达方法

目前,常用的施工进度计划图的表达方法有横道图法和网络图法。在编制工程网络计划及绘制施工进度计划网络图时应符合国家现行标准《网络计划技术》(GB/T 13400.1~3—92)及行业标准《工程网络计划技术规程》(JGJ/T 121—99)的规定。

三、工程施工进度计划的实施与检查

(一)工程施工进度计划的实施

1.总进度计划目标的分解

对总进度计划进行分解:可以按施工阶段分解。例如:重力式码头工程可按基槽挖泥—基床抛石—基床整平—沉箱安放—沉箱内抛填—沉箱封顶—沉箱后方棱体抛填及倒滤层—后方回填—上部结构分解进度计划;也可按施工单位分解;还可按专业工种分解等。项目的施工进度计划应通过编制年、季、月、旬、周的施工进度计划来实现。

当项目的计划总工期跨年度时,应编制年、季度控制性进度计划。月、旬施工进度计划是实施性的作业计划,应在月、旬末由项目经理部提出,经工地例会协调后编制,逐级落实,最后通过"施工任务书"由班组实施。

落实分包的施工进度计划,分包的施工进度计划必须依据总包的施工进度计划编制,总包应将分包的进度计划纳入总进度计划的控制范畴。总包、分包之间必须互相协调,处理好进度计划执行过程中的关系。分包过程的进度计划由分包人编制并负责组织实施。项目经理部应协助分包人解决项目进度控制中的相关问题。

2. 落实施工条件

网络进度计划中已经表明,任何一道工序开始的必要条件是它所有之前工作的全部完成。但是事实上很难把所有的施工条件都在网络图上表示。如图纸、场地、劳力、机械、材料、能源、交通、环境等各种施工条件。在计划确定后,施工组织者的首要任务,就是落实已列入计划和尚未列入计划的各种施工条件,以保证施工进度计划的顺利完成。

3. 组织资源供应

在进度控制中,为保证进度计划的实现,应制定资源计划。应经常定期对资源计划的目标值与实际值比较,如发现差异,如发现资源供应出现中断、供应数量不足或供应时间不能满足要求;由于工程变更引起资源需求的数量变更或品种变化等,必须立即分析原因,采取措施,及时调整计划。对于发包人提供的资源供应发生变化不能满足施工进度要求时,应及时督促发包人执行原计划,并对造成工期延误及经济损失的要及时索赔。

4. 落实承包责任制,充分调动各方面的积极性

进度计划交底后,进度控制措施应具体落实到执行人,使其明确目标、任务、检查方法、考核方法及指标等。特别要指出网络计划中的关键线路、关键工作、关键资源及条件,下达计划任务书,落实承包责任制,充分调动各方面的积极性,促进施工进度计划的顺利实施。

(二) 工程施工进度计划的检查

1. 实施过程中的跟踪检查与调度

随着计划实施的进程,施工组织者要定期检查计划实施的实际情况,项目经理部应对施工作业效率、周(旬)、月作业进度分别进行检查,对施工作业完成的情况在计划图上作出实际进度记录,并跟踪记载每个施工过程的开始日期、完成日期,记录每日完成数量、施工现场的情况,干扰排除的情况。跟踪形象进度对工程量、总产值、耗用的工时、材料和船机台班等的数量进行统计与分析,编制统计报表,提出"进度执行情况的综合描述"将实际情况与原计划进行比较,如果出现偏差,研究、分析其原因,及时决策,通过组织协调即"调度调整措施"使施工进度计划顺利实施,调度措施的主要任务是掌握计划实施情况,协调各方面的关系,采取措施,解决矛盾,实现动态平衡,保证作业计划和进度目标的实现。项目经理部要执行施工合同中对进度、开工及延期开工、暂停施工、工期延误、工程竣工的承诺。

2. 施工进度计划的检查(日检查、定期检查)

对施工进度计划的检查应依据施工进度计划实施记录进行,应采取日检查或定期检查的方法进行,检查的内容有:

(1) 检查期内实际完成的工程量和累计完成工程量;
(2) 动用的人、机、船数量及其效率;
(3) 窝工的人、机数及原因;
(4) 进度管理情况、进度偏差情况和影响进度的原因分析。

检查后,应提出月施工进度报告,报告内容有:

(1) 进度执行情况的综合叙述、实际施工进度图,进度偏差的状况及原因分析;
(2) 工程变更、价格调整、索赔及工程款收支;
(3) 解决问题采取措施及调整计划的意见。

四、工程施工进度计划的分析与调整

(一)港航工程进度计划分析与调整应遵循的步骤

(1)在工程进度计划的实施过程中,要定期跟踪检查、统计,全面真实地了解实施情况,取得信息;

(2)及时进行对比发现与确定偏离计划的情况,研究、分析,找出偏离计划的原因;

(3)及时决策,采取针对性的反馈措施,进行调度调整调整,争取好的结果。

(二)港航工程进度计划分析与调整的具体内容

1. 在计划实施过程中的跟踪检查、统计

项目施工是一种微观的经济行为。计划的分析、进度的控制与调整,需要以实际值与计划值进行比较。为了掌握实际值,就要运用统计工具,跟踪施工,及时、准确、全面、系统地检查、搜集、整理与分析项目施工的各种资料。其中主要内容有:工程形象进度完成情况及周计划的对比;计划期实际完成及累计完成的工程量、工作量占计划指标的百分率;计划期实际参加施工人员、船机设备数量级生产率;计划期发生的对施工进度有重要影响的特殊事项及原因等。

进度统计是计划控制、分析、调整的基础和根本。

(1)工程形象进度的统计

工程形象进度反映了施工的进展情况,可以反映项目的总进度。工程形象进度一般以某施工阶段的完成程度来表示,即相当于双代号网络图工序结束的节点,一般按施工阶段、工程部位、工序表示。在港航工程中,因其工程量大、工期长、干扰因素多,所以工程形象进度的统计量比较大,常按工种、工序统计,也可按实际完成的实物工程量和百分比来统计和反映。

(2)实物工程量统计

实物工程量即是以实物形式表示的工程产品数量,如挖泥、抛石方量,基床整平的面积、沉箱预制、安装的个数等。

实物工程量也是检查施工工期计划完成情况的基本数据,正确统计实物工程量对控制进度、加强计划管理具有重要作用。

在进行进度计划检查与进度控制的时候,应该更偏重于从已花费的劳动量和消耗的施工工时的角度来统计实物工程量。

(3)施工产值的统计

施工产值又称为以货币表现的施工工作量,是反映施工生产活动成果的综合性指标。

在过程项目管理中,施工产值是反映项目施工进度、检查进度计划完成情况的重要指标。统计施工产值要以工程形象进度统计和已完成实物工程量为依据进行计算。

2. 进度计划的比较分析

随着计划实施的进程,施工组织者在上述检查和统计的基础上,将实现情况与原定计划进行比较,分析研究出现的偏差及其原因,并预测其发展变化的趋势,以便采取措施。

在上述检查和统计之后,应提出月进度施工报告,该报告应包括:进度计划执行情况的综合描述;实际的施工进度图;进度偏差的状况及产生偏差的原因分析;解决问题的措施及计划调整的意见等。

在港口与航道工程的施工中,由于受到自然条件的干扰和制约的因素太多,实际进度原计

划进度发生偏差的情况很普遍,所以这种及时跟踪的动态检查、统计和分析就更为重要。

常用的分析比较方法有以下几种:

1)列表比较法

适用于采用非时标网络图进度计划的分析比较,这种方法是记录检查日期应该进行的工作名称,及其已经作业时间,然后列表计算有关时间参数,并根据计划总时差进行实际与计划的比较。

2)横道图法

是将项目实施中的实际进度数据,经加工整理后用横道线直接画在原计划横道线处,分析比较下,可以直观反映实际进度与计划间的关系。例如:某码头胸墙混凝土,三段,模板、钢筋、混凝土各只有一个班,工作内容及所需时间如表4-1、表4-2 和图4-11所示。

表 4-1

分段	一段			二段			三段		
工作	模板 A1	钢筋 B1	混凝土 C1	模板 A2	钢筋 B2	混凝土 C2	模板 A3	钢筋 B3	混凝土 C3
时间(周)	4	4	2	6	6	2	4	4	2

表 4-2

段 工作		进度时间(周)										
		1	3	5	7	9	11	13	15	17	19	21
模板 A1	一											
模板 A2	二											
模板 A3	三											
钢筋 B1	一											
钢筋 B2	二											
钢筋 B3	三											
混凝土 C1	一											
混凝土 C2	二											
混凝土 C3	三											

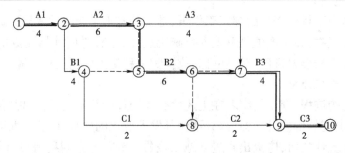

图 4-11

C1 耽误 3 周,不影响总工期,因为 C1 有 6 周的时差。总工期 22 周。

B1 耽误 3 周,使总工期延长 1 周,总工期为 23 周。因此 B1 可利用的时差为 2 周。

3)前锋线法及时标网络图法

即在带时标的原网络计划图上标画出实际进度的前锋线,该实际进度前锋线的功能是:

(1)描述实际进度:将该实际进度前锋线与计划进度前锋线相比,形象地表达出了进度计划的实际执行状态对原计划的目标偏差,揭示计划中的问题,或者可以看出原计划制定中的某些不足;

(2)预测进度变化趋势:通过对现时刻和过去某时刻前锋线的对比,可以在一定的范围之内对工程未来的进度和变化趋势作出预测和判断;

(3)揭示调整计划的方向和解决问题的最佳途径。

例如,某分部工程施工网络计划,在第4天下班时检查,C工作完成了该工作的 工作量,D工作完成了该工作的工作量,E工作已全部完成该工作的工作量,则实际进度前锋线如图4-12上点划线构成的折线。

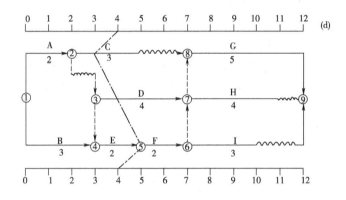

图4-12 某网络计划前锋线比较图

通过比较可以看出:

(1)工作C实际进度拖后1天,其总时差和自由时差均为2天,既不影响总工期,也不影响其后续工作的正常进行;

(2)工作D实际进度与计划进度相同,对总工期和后续工作均无影响;

(3)工作E实际进度提前1天,对总工期无影响,将使其后续工作F、I的最早开始时间提前1天。

综上所述,该检查时刻各工作的实际进度对总工期无影响,将使工作F、I的最早开始时间提前1天。

3.进度计划的调整

1)施工进度计划的调整必须依据对计划执行情况的检查、统计结果进行。

2)调整的内容包括:施工内容、工程量、起止时间、持续时间、工作关系、资源供应等,并应编制调整后的施工进度计划。

3)调整的原则:

(1)对落后的关键线路;落后过多(已超过前方可利用时差)的非关键线路;现时虽落后不多,但在可预见未来会落后更多、将妨碍关键线路进展(那时,它将成为新的关键线路)的非关键线路,必须采取措施使之加快;

(2)对暂时落后,但其前方有足够的时差可以利用,或从其变化趋势可预见在允许的未来时段内很快会赶上来的线路,可不予调整;

(3)对过于领先的非关键线路,可能受其他线路发展的制约,中途不得不临时停工,造成窝工浪费,应及时预见,通过进度调整,予以避免。

思 考 题

1. 施工组织设计有哪些作用?其内容和编制依据是什么?
2. 高桩码头施工组织设计的主要内容有哪些?
3. 重力式码头工程一般的施工流程如何?
4. 疏浚工程施工组织设计的施工总体部署和主要施工方案包括哪些内容?
5. 施工进度控制的内容和依据分别是什么?
6. 施工进度动态控制的程序如何?
7. 施工总进度计划的内容和编制步骤是什么?
8. 单位工程施工进度计划的编制依据、计划内容和编制步骤是什么?
9. 施工进度计划分析的方法是什么?出现进度落后如何进行调整?

第五章 港口与航道工程项目费用管理

> **学习要求：**
> 熟悉港口与航道工程投标项目的成本估计与风险预测；港口与航道工程项目的费用控制。
> 掌握港口与航道工程的计量和工程价款的变更；港口与航道工程项目的工期索赔与费用索赔。

第一节 港口与航道工程的计量和工程价款的变更

一、工程的计量

(一)港口与航道工程计量的标准

港口与航道工程计量的标准有《疏浚岩土分类标准》(JTJ/T 320—96)、《疏浚工程土石方计量标准》(JTJ/T 321—96)、《淤泥质港口维护性疏浚工程土方计量技术规程》(JTJ/T 322—99)、《内河航运水工建筑工程定额》(1998)、《沿海港口水工建筑工程定额》(2004)、《水运工程混凝土和砂浆材料用量定额》(2004)等。

(二)港口与航道工程计量的程序

1. 施工合同(示范文本)约定的程序

按照施工合同规定，工程计量的一半程序是：承包人按合同专用条款约定的时间向监理提交已完工程量报告；监理工程师收到报告后3天内，按设计图纸核实工程量；若监理工程师收到报表后3天内未提出异议，施工单位所报的工程量视为已被监理工程师确认。若监理工程师对施工单位所报工程量有异议，在计量核实前24小时应通知承包人，承包人应派人参加，为计量提供方便。若施工单位拒绝协助监理工程师对已完工程量继续核实或不重新核报，则以监理工程师核实的工程量为准。

2. FIDIC施工合同约定的工程计量程序

按照FIDIC施工合同约定，当工程师要求测量工程的任何部分时，应向承包商代表发出合理通知，承包商代表接通知后亲自或派合格代表参加，协助工程师测量，如未参加，则工程师一方测量有效，视为准确予以认可；承包商代表方应提供工程师要求的任何具体材料。

如果承包商未能到场或未派代表，工程师(或其代表)所作测量应作为准确予以认可。

除合同另有规定外，凡需根据记录进行测量的任何永久工程，此类记录应由工程师准备。承包商应根据或被提出要求时，到场与工程师对记录进行检查和协商，达成一致后应在记录上签字。如承包商未到场，应认为该记录准确，予以认可。如果承包商检查后不同意该记录，或不签字表示同意,承包商应向工程师发出通知,说明认为该记录不准确的部分。工程师收到通知后,应审查记录,进行确认或更改。如果承包商被要求检查记录 14 天内,没有发出此类通知,该记录作为准确予以认可。

(三) 工程计量的依据

(1) 合同文件;

(2) 验收记录;

(3) 签证的变更资料;

(4) 设计图纸;

(5) 合同约定的其他有关文件。

工程量清单中开列的工程量是根据本工程的设计提供的预计工程量,不能作为承包人在履行合同义务中应予以完成工程的实际和准确的工程量。

(四) 计量的对象

工程计量的对象为经监理工程师确认质量合格的以下项目:

(1) 工程量清单中所列的项目;

(2) 合同文件中规定的项目;

(3) 工程变更项目。

(五) 工程计量方法

根据 FIDIC 合同条件规定,一般可按照以下方法进行计量:

1. 均摊法

所谓均摊法,就是对清单中某些项目的合同价款,按合同工期平均计量。如:为监理工程师所提供的宿舍,保养测量设备,保养气象记录设备,维护工地清洁和整洁等。这些项目都有一个共同点,即每月均有发生。所以可以采用均摊法进行计量支付。

2. 凭据法

所谓凭据法,就是按照承包商提供的凭据进行计量支付。如建设工程险保险费、第三者责任险保险费、履约保证金等项目,一般按凭据法进行计量支付。

3. 估价法

所谓估价法,就是按照合同文件的规定,根据监理工程师估算的已完成的工程价值支付。如为监理工程师提供办公设施和生活设施,为监理工程师提供用车,为监理工程师提供测量设备、天气记录设备、通信设备等项目。这类清单项目往往要购买几种仪器设备,当施工单位对于某一项清单项目中规定购买的仪器设备不能一次性购进时,则需要采用估价法进行计量支付。

4. 断面法

断面法主要用于取土坑或填筑路堤土方的计量。对于填筑土方工程,一般规定计量的体积为原地面线与设计断面所构成的体积。采用这种方法计量,在开工前施工单位需要测绘原地形的断面,并需要经监理工程师检查,作为计量的依据。

5. 图纸法

在工程量清单中,许多项目采取按照设计图纸所示的尺寸进行计量。如混凝土构筑物的体积,钻孔桩的桩长等。

6. 分解计量法

所谓分解计量法,就是将一个项目,根据工序或部位分解为若干子项。对完成的各子项进行计量支付。这种计量方法主要是为了解决一些包干项目或较大的工程项目的支付时间过长,影响承包商的资金流动等问题。

二、港口与航道工程价款的变更的依据和方法

1. 港口与航道工程(包括土石方)工程价款变的依据
(1)经监理工程师确认甲方批准的设计变更或工程量增减达到约定的幅度;
(2)工程造价管理部门公布价格或费用调整;
(3)一周内非乙方原因造成停水、停电、停气累计超过8小时,使乙方受到损失;
(4)合同约定的其他增减或调整。

2. 港口与航道工程(包括土石方)工程价款变更的单价与计算
(1)合同中有适用的单价,按合同已有的单价计算;
(2)合同中有类似于变更工程的单价,可以此为基础确定变更单价;
(3)合同中无适用及类似的单价时,由甲、乙双方协商确定变更单价;
(4)合同专用条款约定的其他计算方法。

案例 5-1:某堤防工程项目业主与承包商签订了工程施工承包合同。合同中估算工程量为 5300 m^3,单价为 180 元/m^3。合同工期为 6 个月。有关付款条款如下:

(1)开工前业主应向承包商支付估算合同总价 20% 的工程预付款;
(2)业主自第一个月起,从承包商的工程款中,按 5% 的比例扣留保修金;
(3)当累计实际完成工程量超估算工程量的 10% 时,对超过部分进行调价,调价系数为 0.9;
(4)每月签发付款最低金额为 15 万元;
(5)工程预付款从乙方获得累计工程款超过估算合同价的 30% 以后的下一个月起,至第 5 个月均匀扣除。

承包商每月实际完成并经签证确认的工程量见表 5-1。每月实际完成工程量。

表 5-1

月份	1	2	3	4	5	6
完成工程量(m^3)	800	1000	1200	1200	1200	500
累计完成工程量(m^3)	800	1800	3000	4200	5400	5900

问题:
1)估算合同总价为多少?
2)工程预付款为多少?工程预付款从哪个月起扣留?每月应扣工程预付款为多少?
3)每月工程量价款为多少?应签证的工程款为多少?应签发的付款凭证金额为多少?

分析与答案:
1)估算合同总价为:0.53 × 180 = 95.40 万元
2)计算如下:
(1)工程预付款金额为:95.4 × 20% = 19.08 万元

(2)工程预付款应从第 3 个月起扣留,因为第 1、2 两个月累计工程款为:
0.18×180 = 32.40 万元 > 95.4×30% = 28.62 万元
(3)每月应扣工程预付款为:19.08÷3 = 6.36 万元
3)计算如下:
(1)第 1 个月工程量价款为:0.08×180 = 14.40 万元
应签证的工程款为:14.40×0.95 = 13.68 万元 < 15 万元
第 1 个月不予付款。
(2)第 2 个月工程量价款为:0.1×180 = 18.00 万元
应签证的工程款为:18.00×0.95 = 17.10 万元
应签发的付款凭证金额为:13.68 + 17.10 = 30.78 万元
(3)第 3 个月工程量价款为:0.12×180 = 21.60 万元
应签证的工程款为:21.60×0.95 = 20.52 万元
应扣工程预付款为:6.36 万元
20.52 - 6.36 = 14.16 万元 < 15 万元
第 3 个月不予签发付款凭证。
(4)第 4 个月工程量价款为:0.12×180 = 91.60 万元
应签证的工程款为:21.60×0.95 = 20.52 万元
应扣工程预付款为:6.36 万元。
应签发的付款凭证金额为:14.16 + 20.52 - 6.36 = 28.32 万元
(5)第 5 个月累计完成工程量为 5400m^3,比原估算工程量超出 100m^3,但未超出估算工程量的 10%,所以仍按原单价结算。
第 5 个月工程量价款为:0.12×180 = 21.60 万元
应签证的工程款为:21.60×0.95 = 20.52 万元
应扣工程预付款为:6.36 万元。
20.52 - 6.36 = 14.16 万元 < 15 万元
第 5 个月不予签发付款凭证。
(6)第 6 个月累计完成工程量为 5900m^3,比原估算工程量超出 600m^3,已超出估算工程量的 10%,对超出的部分应调整单价。
应按调整后的单价结算的工程量为:5900 - 5300×(1 + 10%) = 70m^3
第 6 个月工程量价款为:70×180×0.9 + (500 - 70)×180 = 88740 元 = 8.874 万元
应签证的工程款为:8.874×0.95 = 8.43 万元
应签发的付款凭证金额为:14.16 + 8.43 = 22.59 万元。

第二节 港口与航道工程投标项目的成本估计与风险预测

一、投标项目的成本估计

投标报价是投标工作的核心问题。准确计算投标项目的成本并确定合理的报价,是施工企业能否中标并获利的关键。

(一)成本估计的主要依据

(1)设计图纸、地质资料、工程情况;

(2)工程量清单;

(3)合同条件(工期、支付、外汇比例等);

(4)有关法规;

(5)施工组织设计、施工方案、船机设备、施工进度计划等;

(6)施工规范;

(7)预定定额;

(8)材料、工资标准;

(9)有关间接费的影响因素。

(二)计算步骤和内容(单价合同项目)

成本估计按以下步骤进行:

(1)要仔细研究招标文件:明确承包责任及报价范围、技术要求,重点是合同条件、设计文件、工程量清单和规范、标准,明确需要澄清的问题。

(2)现场考察自然环境、交通、经济、社会条件以及可能影响质量、工期和成本的因素;对境外项目尚需了解工程所在地的社会、政局、外汇支付能力和规定、相关的法律、宗教民俗等。确定材料单价、船机设备台班费、工资及施工管理费水平等。

(3)复核工程量:高清工程量清单中各细目的内容,按图纸及实际情况详算。

(4)编制施工规划:包括施工方法、施工组合。

(5)计算工程费用:分别计算国际工程费用及国内工程费用。国际工程费用组成:直接费(人工、材料、船机费用,分包费)、间接费(投标费、保函手续费、保险费、施工管理费、临时设施费、业务费、贷款利息、税金)、暂定金额(属于备用金)、企业管理费(总成本的3%~5%)、盈余及风险金(5%~10%及4%~6%)。国内工程费用包括:工程直接费、间接费(其他费用)、计划利润和税金、专项费用。

(6)确定投标报价,编制投标文件。

二、投标项目的风险预测

(一)投标风险

风险:客观存在的损失的发生具有不确定性的状态称为风险。

风险因素:可能发生风险的各类问题及原因。

风险预测:对将来可能的风险事件的推测。

(二)投标项目风险预测的意义和目的

工程承包时充满风险的(包括低报价、不利的合同条款、计量失误、经营不善、不利的客观条件等),对预测可能出现的风险加以防范,可将风险损失降至最低,甚至可利用风险获利。

通过风险预测,发现投标文件中可能存在的风险,有利于合同谈判中解决或减少风险;将一些不清楚的问题作为投标阶段重点调查研究的问题,通过深入的调研,确定各风险因素的权值,决定是否投标,确定估价中风险系数的高低,确定风险费用及总报价。

(三) 投标项目的风险预测

1. 港航工程投标项目风险因素分类

(1) 政治风险：包括战乱、国有化、没收征用、拒付债务、制裁与禁运、对外关系、社会风气等。

(2) 经济风险：包括业主经济实力与能力、资金来源、通货膨胀、汇率变化、税收歧视等。

(3) 技术风险：包括地质、气象、水文、材料供应、设备供应、技术规范以及标准、图纸提供、工程变更、外文条款翻译、运输、施工期安全、水下作业干扰、不可预见的回淤等。

(4) 公共关系：包括参建各方关系。

(5) 管理风险：包括领导班子、合同管理、项目经理等。

2. 风险预测方法

常用的风险预测方法有调查分析法、专家打分法、层次分析法、蒙特卡罗法、敏感性分析法、模糊数学法、控制区间与记忆模型法(CIM)、决策树法、效用分析法等。其中，专家打分法是将各风险因素按风险程度排序并赋予相应的权值(如从 0~10 之间，以 0 代表无风险，10 代表风险最大)，而后将各风险权值相加，并与风险评价基准比较，判断项目的风险水平是否可以接受。

第三节 港口与航道工程投标项目的费用控制

一、港口与航道工程项目的成本预测

港口与航道工程项目的成本预测是在分析项目的施工过程中，各种经济、技术要求对成本升降的影响的基础上，推算成本水平变化的趋势与规律。通过成本预测对影响成本水平的因素进行分析，可推测未来哪些因素将对项目成本产生影响。成本预测可使项目经理在满足业主及合同要求下，选用成本低、效益好的方案，并可在施工中针对薄弱环节事先采取措施控制成本。

1. 成本预测的过程

成本预测的过程如下：

(1) 制定预测计划。

(2) 搜集整理预测资料。

(3) 选择预测方法。常用的预测方法有定性方法(专家会议、主观概率法、德尔菲法等)和定量方法(移动平均法、指数平滑法、回归分析法等)。

(4) 成本的初步预测：根据定性方法及横向的成本资料的定量观测，对施工项目成本初步估计。

(5) 对影响成本水平的因素预测(如物价变化、劳动生产率、物料消耗、办公费开支等)。

(6) 成本预测，根据第(1)、(2)项结果，确定施工项目的直接费估计。

(7) 分析成本预测的误差。

2. 成本预测的方法

1) 定性预测法

(1) 专家会议法：集合意见。

(2)专家调查法(德尔菲法):包括发调查表、综合整理、反馈、再预测意见,以求得趋于一致的结果。

(3)主观概率法:将专家会议法与专家调查法结合,先请专家提出几个预测估计值,评定各值可能出现的概率,再计算各专家预测值的期望值,最后求取各专家平均值作为结果。

定性预测法经常用于:对预测对象的数据资料掌握不充分,或影响因素复杂难以用数字描述以及对主要影响因素难以进行数量分析时。

2)定量预测法(统计预测法)

先依历史统计数据,用数学方法加工整理,找出有关变量间的关系,推测未来的发展变化。优点是在数量上作出准确的描述,受主观因素影响小;而且可用现代化计算方法,求出变化最佳曲线。缺点是对资料信息要求高,不易灵活掌握。

二、港口与航道工程项目费用控制

在成本形成的过程中,对生产经营消耗的人力、物质资源、费用开支等进行指导、监督、限制,及时纠正发生的偏差,将各项费用控制在计划的成本范围内,保证成本目标的实现,称为成本控制。

1. 成本控制的原则

成本控制的原则包括:开源与节流相结合;全员、全过程的全面控制;中间(过程)控制;目标管理;节约;例外管理(原则下的灵活性);责、权、利相结合(统一)。

2. 成本控制的实施

1)施工前期的成本控制

(1)投标阶段

包括:在分析项目施工过程中各种经济技术要求对成本升降的影响基础上,推算出其成本水平变化趋势及规律性进行成本预测;制定投标策略(分析招标文件、现场条件、市场情况等);中标后组建项目经理部,确定项目的成本目标(以施工合同、设计图纸、有关技术资料等为依据)。

(2)施工准备阶段

包括:制定满足合同要求、成本最低的施工方案;项目经理部根据企业下达的成本目标,以分部分项工程实物工程量为基础,依据各种资源消耗的节约计划、施工方案,编制成本计划;对施工方法、顺序、机械设备选择、技术组织措施按部门、施工队、班组分工,作为成本考核依据。

(3)间接费预算的编制与落实

按工期及工程规模编制间接费预算;明细分解,以项目经理部有关部门(人员)责任成本的形式落实,作为成本考核的依据。

(4)分包项目成本控制

分包合同额应不小于相应分部、分项工程的目标成本(应减分包管理费)。

2)施工期间的成本控制

(1)以施工预算控制成本支出:按施工预算"以收定支(量入为出)"为最有效的方法之一,控制人工、材料、机械设备的使用和周转设备使用、分包费等。

(2)以施工预算控制人力和物质资源消耗。

(3) 建立资源消耗台账,实行资源消耗的中间控制;资源消耗数量的货币表现就是成本费用,资源消耗减少就等于成本费用的节约。

(4) 对成本和进度同步跟踪,控制分部、分项工程成本。

(5) 建立项目成本审核签证制度,控制成本支出。

(6) 加强质量管理,控制质量成本。质量成本指项目为保证和提高产品质量而支出的一切费用,以及未达到质量标准而产生的一切损失费用之和。质量成本组成见图5-1。

$$\text{质量成本} \begin{cases} \text{控制成本} \begin{cases} \text{预防成本} \\ \text{鉴定成本} \end{cases} (\text{属于质量保证成本,与质量水平成正比}) \\ \text{故障成本}(\text{属于损失性费用,与质量水平成反比}) \end{cases}$$

图 5-1

(7) 现场管理标准化,堵塞浪费。

(8) 定期开展项目经济核算"三同步"(统计核算、业务核算、会计核算)的检查,防止项目成本盈亏异常。

(9) 监理项目月度财务收支计划制度,以"用款计划"控制成本费用支出。

(10) 应用成本控制的财务方法(成本分项表)控制项目成本。

3) 竣工验收阶段的成本控制

3. 降低成本的措施

降低成本的措施如下:

(1) 认真会审图纸,提出修改意见。

(2) 加强合同预算管理,增创收入。

(3) 制定积极合理施工方案。

施工方案制定的过程包括施工方法的确定、施工机具的选择、施工顺序的安排和流水施工组织设计过程;施工方案不同,施工工期就会不同,所用的施工机具也不同,发生的成本费用也不同。

(4) 落实技术组织措施。

(5) 组织均衡施工,加快进度。

(6) 降低材料成本:材料成本在整个项目成本中所占的比重最大,一般可达70%左右,有较大的节约潜能,往往在其他成本项目出现亏损时,要靠材料成本的节约来弥补。

(7) 提高船机利用率。

第四节　港口与航道工程项目的工期索赔和费用索赔

一、索赔

(一) 索赔的基本概念

建设工程中,索赔通常是在指合同实施过程中,根据法律、合同、惯例,合同一方对于非自身原因或对方不履行或未能正确履行合同而受到损失后,通过一定的合法程序,向对方提出给予补偿的要求。索赔属于经济补偿性质,而不是惩罚。索赔方受伤害与被索赔方行为不一定存在法律上的因果关系。导致索赔事件的发生,可以是一定的行为造成的,也可能是不可抗力事件引起的,可以是对方当事人的行为后果原因,也可能是任何第三方的行为所导致的索赔是双向的,当事各方均有此权利。索赔分为工期索赔和费用索赔。

(二)产生索赔事件的原因

工程实施过程中产生索赔的原因是多种多样的,依据港口与航道工程项目的自身性质和特点,主要有以下原因:

(1)施工延期;

(2)不可抗力因素,如恶劣的自然条件地震、洪水、战争、禁运等;

(3)合同变更,如合同双方签订新的变更协议、备忘录、修正案,发包人下达工程变更指令等;

(4)合同矛盾与缺陷,包括合同文件中的错误、矛盾或遗漏,设计图纸、技术规范错误等;

(5)监理工程师错误指令;

(6)其他承包商干扰及第三方原因;

(7)政策、法律的变化;

(8)货币及汇率的变化。

(三)索赔成立的条件

(1)与合同对照,索赔事件造成当事人一方实际的额外费用增加或工期损失;

(2)造成费用增加或工期损失的原因,根据合同约定不属于索赔人的行为责任,也不是索赔人应承担的风险责任;

(3)索赔人按合同约定的时间和程序提出索赔意向通知和索赔的报告。

(四)索赔的分类

1.按索赔当事人分类

(1)承包人与发包人之间索赔;

(2)承包人与分包人之间索赔;

(3)承包人与供货人之间索赔;

(4)承包人与保险人之间索赔。

2.按索赔事件的影响分类

(1)工期拖延索赔。由于发包人未能按合同规定提供施工条件,如未及时交付设计图纸、技术资料、场地、道路等;或非承包人原因发包人指令停止工程实施;或其他不可抗力因素作用等原因,造成工程中断;或工程进度放慢,使工期拖延,承包人对此提出索赔。

(2)不可预见的外部障碍或条件索赔。如果在施工期间,承包人在现场遇到一个有经验的承包人通常不能预见到的外界障碍或条件,例如地质情况与预计的(发包人提供的资料)不同,出现未预见到的岩石、淤泥或地下水等。

(3)工程变更索赔。由于发包人或工程师指令修改设计、增加或减少工程量、增加或删除部分工程、修改实施计划、变更施工次序,造成工期延长和费用损失,承包人对此提出索赔。

(4)工程终止索赔。由于某种原因,如不可抗力因素影响、发包人违约,使工程被迫在竣工前停止实施,并不再继续进行,使承包人蒙受经济损失,因此提出索赔。

(5)其他索赔。如货币贬值、汇率变化、物价和工资上涨、政策法令变化、发包人推迟支付工程款等原因引起的索赔。

3.按索赔要求分类

(1)工期索赔。即要求发包人延长工期,推迟竣工日期。

(2)费用索赔。即要求发包人补偿费用损失,调整合同价格。

4.按索赔所依据的理由分类

(1)合同内索赔。即索赔以合同条文作为依据,发生了合同规定给承包人以补偿的干扰事件,承包人根据合同规定提出索赔要求。这是最常见的索赔。

(2)合同外索赔。指工程过程中发生的干扰事件的性质已经超过合同范围。在合同中找不出具体的依据,一般必须根据适用于合同关系的法律解决索赔问题。

(3)道义索赔。指由于承包人失误(如报价失误、环境调查失误等),或发生承包人应负责的风险而造成承包人重大的损失。

5.按索赔的处理方式分类

(1)单项索赔。单项索赔是针对某一干扰事件提出的。索赔的处理是在合同实施过程中,干扰事件发生时,或发生后立即进行。它由合同管理人员处理,并在合同规定的索赔有效期内向发包人提交索赔意向书和索赔报告。

(2)总索赔。又叫一揽子索赔或综合索赔。这是在国际工程中经常采用的索赔处理和解决方法。一般在工程竣工前,承包人将工程过程中未解决的单项索赔集中起来,提出一份总索赔报告。合同双方在工程交付前或交付后进行最终谈判,以一揽子方案解决索赔问题。

(五)索赔的依据

1.合同文件

合同文件是索赔的最主要的依据,包括:合同协议书;中标通知书;投标书及其附件;合同专用条款;合同通用条款;标准、规范及有关技术文件;图纸;工程量清单;工程报价单或预算书。

合同履行中,发包人承包人有关工程的洽商、变更等书面协议或文件视为该合同的组成部分。

2.订立合同所依据的法律法规

(1)适用法律和法规。建设工程合同文件适用国家的法律和行政法规;需要明示的法律、行政法规,由双方在专用条款中约定。

(2)适用标准、规范。双方在专用条款内约定的适用国家标准、规范的名称。

3.相关的证据

(1)证据是指能够证明案件事实的一切材料。在企业维护自身权利的过程中,根本目的是要明确对方的责任和自身的权利,减轻自己的责任和减少,甚至消除对方的权利。但是这一切必须要依法进行。

(2)可以作为证据使用的材料有以下7种:

①书证。是指以其文字或数字记载的内容起证明作用的书面文书和其他载体,如合同文本、财务账册、欠据、收据、往来信函以及确定其有关权利的判决书、法律文件等。

②物证。是指以其存在、存放的地点外部特征及物质特性来证明案件真实真相的证据,如

购销过程中封存的样品,被损坏的机械、设备,有质量问题的产品等。

③证人证言。是指知道、了解事实真相的人所提供的证词,或向司法机关所作的陈述。

④视听材料。是指能够证明案件真实情况的音像资料,如录音带、录像带等。

⑤被告人的供述和有关当事人的陈述。包括:犯罪嫌疑人、被告人向司法所作的承认犯罪并交代犯罪事实的陈述或否认犯罪或具有从轻、减轻、免除处罚的辩解、申诉,被害人、当事人就案件事实向司法机关所作的陈述。

⑥鉴定结论。是指专业人员就案件有关情况向司法机关提供的专门性的书面鉴定意见,如损伤鉴定、痕迹鉴定、质量责任鉴定等。

⑦勘验、检验笔录。是指司法人员或行政执法人员对与案件有关的现场物品、人身等进行勘察、试验、实验或检查的文字记载,这项证据也具有专门性。

(3)在工程索赔中的证据

①招标文件、合同文本及附件,其他的各种签约(备忘录,修正案等),发包人认可的工程实施计划,各种工程图纸(包括图纸修改指令),技术规范等。

②来往信件,如发包人的变更指令,各种认可信、通知、对承包人问题的答复信函等。

③各种会谈纪要。

④施工进度计划和实际施工进度记录。

⑤施工现场的工程文件。

⑥工程照片。

⑦气候报告。

⑧工程中的各种检查验收报告和各种技术鉴定报告。

⑨工地的交接记录(应注明交接日期,场地平整情况,水、电、路情况等),图纸和各种资料交接记录。

⑩建筑材料和设备的采购、订货、运输、进场、使用方面的记录、凭证和报表等。

⑪市场行情资料,包括市场价格、官方的物价指数、工资指数、中央银行的外汇比率等公布材料。

⑫各种会计核算资料。

⑬国家法律、法令、政策文件。

二、工程索赔的方法

工程施工中承包人向发包人索赔、发包人向承包人索赔以及分包人向承包人索赔的情况都有可能发生,涉及对方的经济利益,是一项烦琐、细致、耗费精力和时间的过程。因此,合同双方必须严格按照合同规定办事,按合同规定的索赔程序工作,才能获得成功的索赔。

下面说明在实际工作中承包人向发包人索赔的一般程序和方法。

(一)索赔意向通知

在工程实施过程中,一旦发生索赔事件,承包商应在规定的时间内及时向发包人或工程师提出索赔意向通知,目的是要求发包人及时采取措施消除或减轻索赔起因,以减少损失,并促使合同双方重视收集索赔事件的情况和证据,以利于索赔的处理。

索赔意向的提出是索赔工作程序中的第一步,其关键是抓住索赔机会,及时提出索赔意向。

我国建设工程施工合同条件及 FIDIC 合同条件都规定：承包商应在索赔时间发生后的 28 日内，将其索赔意向通知工程师。如果承包商没有在规定的期限内提出索赔意向或通知，承包商则会丧失在索赔中的主动和有利地位，发包人和工程师也有权拒绝承包商的索赔要求，这是索赔成立的有效和必备条件之一。因此，承包商应避免合理的索赔要求由于未能遵守索赔时限的规定而导致无效。

（二）索赔资料的准备

当索赔事件发生后，承包商就应该进行索赔处理工作，直到正式向工程师和发包人提交索赔报告。这一阶段包括许多具体复杂的工作，主要有：

（1）事态调查，即寻找索赔机会。通过对合同实施的跟踪、分析、诊断，发现了索赔机会，则应对它进行详细的调查和跟踪，以了解事件经过、前因后果、掌握事件详细情况。

（2）损害事件原因分析，即分析这些损害事件是由谁引起的，它的责任应由谁来承担，一般只有非承包商责任的损害事件才有可能提出索赔。在实际工作中，损害事件的责任常常是多方面的，故必须进行责任分解，划分责任范围，按责任大小承担损失。

（3）索赔根据，即索赔理由，主要指合同文件。必须按合同判明这些索赔事件是否违反合同，是否在合同规定的赔偿范围之内，只有符合合同规定的索赔要求才有合法性、才能成立。例如，某合同规定，在工程总价 15% 范围内的工程变更属于承包商承担的风险，则发包人指令增加工程量在这个范围内，承包商就不能提出索赔。

（4）损失调查，即对索赔事件的影响分析。它主要表现为工期的延长和费用的增加。如果索赔事件不造成损失，则无索赔可言。损失调查的重点是收集、分析、对比实际和计划的施工进度、工程成本和费用方面的资料，在此基础上计算索赔值。

（5）收集证据。索赔事件发生，承包商就应抓紧收集证据，并在索赔事件持续期间一直保持有完整的当时记录。同样，这也是索赔要求有效的前提条件。如果在索赔报告中提不出证明其索赔理由、索赔事件的影响、索赔值的计算等方面的详细资料，索赔要求是不能成立的。在实际工程中，许多索赔要求都因为没有或缺少书面证据而得不到合理的解决。所以承包商必须对这个问题有足够的重视。通常，承包商应按工程师的要求做好并保持当时记录，并接受工程师的审查。

（6）起草索赔报告。索赔报告是上述各项工作的结果和总括。它表达了承包商的索赔要求和支持这个要求的详细依据，决定了承包商索赔的地位，是索赔要求能否获得有利和合理解决的关键。

（三）索赔文件的提交

索赔意向通知提交后的 28 日内，或工程师可能同意的其他合理时间内，承包商应递送正式的索赔报告。如果索赔事件的影响持续存在，28 日内还不能算出索赔额和工期展延天数时，承包商应按工程师合理要求的时间间隔（一般为 28 日），定期陆续报出每一个时间段内的索赔证据资料和索赔要求，在该项索赔事件的影响结束后 28 日内，报出最终详细报告，提出索赔论证资料和累计索赔额。否则将失去该事件请求补偿的索赔权利。

索赔报告的具体内容，随着索赔事件的性质和特点而有所不同，但从报告的必要内容与文字方面而论，一个完整的索赔报告应包括以下四部分内容：

1. 总论部分

一般包括：序言；索赔事项概述；具体索赔要求；索赔报告编写（即审核人员）名单。总论部分的阐述要简明扼要、说明问题。

2. 根据部分

该部分主要说明自己具有的索赔权利，这是索赔能否成立的关键。根据部分的内容主要来自该工程项目的合同文件，并参照工程项目业主所在国的法律法规。该部分承包商应引用合同的具体条款，说明自己理应获得经济补偿或工期延长。

根据部分的具体内容随着各个索赔事件的特点而不同。一般来说，根据部分应包括以下内容：索赔事件的发生情况；已提交索赔意向书的情况；索赔事件的处理过程；索赔要求的合同依据；所附的证据资料。

3. 计算部分

索赔计算的目的，是以具体的计算方法和计算过程说明自己应得到的经济补偿的款项或延长的时间。如果说根据部分的任务是解决索赔能否成立，则计算部分的任务就是决定应得到多少索赔额或工期延长时间。

在款额计算部分，承包商应阐明：索赔款的要求总额；各项索赔款的计算，如额外开支的人工费、材料费、设备费、管理费和所失利润；指明各项开支的计算依据及证据资料。

承包人应注意采用合适的计算方法。至于采用哪一种计价法，应根据索赔事件的特点即自己所掌握的证据资料等因素来确定。其次，应注意每项开支款的合理性，并指出相应的证据资料的名称及编号，切忌采用笼统的计价方法和不实的开支款额。

4. 证据部分

证据部分应该包括索赔事件所涉及的一切证据资料，以及对这些证据的说明。证据是索赔报告的重要组成部分，没有翔实可靠的证据，索赔是不能成功的。

索赔证据资料的范围很广，可能包括工程项目实施过程中所涉及的有关政治、经济、技术、财务资料。如工程所在国家政治经济资料、施工现场记录报表及来往函件、工程财务报表等。

在引用证据时，要注意该证据的效力或可信程度。为此，对重要的证据资料最好附以文字证明或确认件。

索赔报告是具有法律效力的正规书面文件，对于重大的索赔，最好在律师或索赔专家的指导下进行。编写索赔报告的一般要求有以下几个方面。

（1）索赔事件应该真实。索赔报告中所提出的干扰事件必须有可靠的证据来证明。对索赔事件的叙述，必须明确、肯定，不包含任何估计和猜测。

（2）责任分析应该清楚、准确、有根据。索赔报告应认真仔细分析事件的责任，明确指出索赔所依据的合同条款或法律文件，且说明承包人要求索赔是完全按照合同规定程序进行的。

（3）充分论证事件造成承包人的实际损失。索赔的原则是赔偿由事件引起的承包人所遭受的实际损失，所以索赔报告中应强调由于事件影响使承包人在实施工程中所受到干扰的严重程度，如致使工期拖延，费用增加；充分论证事件影响与实际损失之间的直接因果关系。报告中还应说明承包人为了避免和减轻事件影响和损失已尽了最大的努力，采取了所能采取的措施及其成果。

（4）索赔计算必须合理、正确。要采用合适的计算方法和数据，正确地计算出应取得的经济补偿款额或工期延长。计算应力求避免漏项或重复,不出现计算上的错误。

(5)文字要精炼、条理要清楚、语气要中肯。索赔报告应简洁明了,条理清楚,结论明确,有逻辑性;索赔证据和索赔值的计算应详细、清晰,没有差错而又不显烦琐,语气措辞应中肯;在论述事件的责任即索赔根据时,所用词语要肯定,忌用大概、一定程度、可能等词汇;在提出索赔要求时,语气要恳切,忌用强硬或命令式的口气。

(四)索赔文件的审核

对于承包人向发包人的索赔请求,索赔文件首先应该交由工程师审核。工程师根据发包人的委托或授权,对承包人索赔的审核工作主要分为判定索赔事件是否成立和审查承包人的索赔计算是否正确、合理两个方面,并可在授权范围内作出判断;初步确定处理意见要提交发包人。工程师在28日内未予答复或未对承包人作进一步要求,视为该项索赔已经认可。

(五)发包人审查

如果索赔额度超过了工程师权限范围时,应由工程师将审查的索赔报告报请发包人审批,并与承包人谈判解决。发包人首先根据事件发生的原因、责任范围、合同条款审核承包商的索赔申请和工程师的处理报告,再依据工程建设的目的、投资控制、竣工投产期要求以及针对承包人在施工中的缺陷或违反合同规定等的有关情况,决定是否批准工程师的处理意见。索赔报告经发包人批准后,工程师即可签发有关证书。

(六)协商

通常,工程师的处理决定不是终局性的,对发包人和承包人都不具有强制性的约束力。在收到工程师的"索赔处理决定"后,无论发包人还是承包人,如果认为该处理决定不公正,都可以在合同规定的时间内提示工程师重新考虑。工程师不得拒绝这种要求。

一般来说,对工程师的处理决定,业主不满意的情况很少,而承包人不满意的情况较多。承包人如果有异议,应提供进一步的证明资料,向工程师进一步说明为什么其决定是不合理的;有时候甚至需要重新提交索赔申请报告,对原报告作一些修正、补充或作进一步让步。如果工程师仍然坚持原来的决定,或承包人对工程师的新决定仍不满意,则可以按合同中的仲裁条款提交仲裁机构仲裁。

(七)承包人接受

承包人接受最终的索赔处理决定,索赔事件的处理即告结束。如果承包人不同意,就会导致合同争议。应强调,合同各方应争取友好协商的方式解决索赔问题,不要轻易提交仲裁或上诉。因为对工程争议的仲裁或上诉往往是非常复杂的,要花费大量的人力、物力、财力和时间,对工程建设会带来不利,有时甚至是严重的影响。

三、港口与航道工程工期索赔

要求批准延长合同工期的索赔,称为工期索赔。工期索赔要求被批准后,承包人可以免除承担因拖期违约被罚款的责任,而且还可能因工期提前得到奖励。因此,工期索赔的目的最终反映在经济收益上。

(一)合同规定承包人有权提出工期索赔的内容

1. 任何形式的额外或附加工程

这是指当项目法人与承包人的施工承包合同签订后,在施工过程中,由于设计变更或其他条件的变化,项目法人提出增加合同外的工程项目或附加工程,从而使承包人增加工作,延长了工程的竣工时间。如某承包人在土方施工中,经过实际计量,石方数量比合同中工程量清单上的数量多很多,由此造成了工程进度的拖延,这时,承包人可以要求延期。

2. 未能给出占有权

这是指项目法人未能按合同规定的时间给承包人提供现场占有权和出入权,并导致承包人延误了工期。如承包人按施工进度计划的安排占用某部分土地,并在此时间到来之前已书面向监理工程师和项目法人提出使用此块土地的申请,而监理工程师和项目法人在此时间后超过 4 个星期才移交土地,从而造成承包人在工地的等待。这时,根据 FIDIC 条第 44 条的规定,承包人有权获得延长工期。

3. 化石的处理

这是指承包人在工程现场施工中发现有化石、文物、建筑结构,以及地质考古价值的遗物时,应及时通知监理工程师进行处理。如由于监理工程师在处理这些问题时,造成了承包人工期的延误,此时,监理工程师应同意延期。

4. 图纸、指令等的延误发出

这是指项目法人和监理工程师未能在合理的时间内,按承包人提出的通知的要求给承包人提供施工图纸或指令,从而耽误了承包人的施工,造成了工期的延期。

5. 工程的暂时停工

这是指根据项目法人和监理工程师的指示,承包人暂时停止施工。当暂时停止施工的原因除了合同中另有规定,或由于承包人一方的失误或违约导致的,或属于承包人应对其负责的,或由于现场天气条件导致的及为了工程的合同施工或其任何部分的安全所需的暂停之外,且造成了承包人不能按期竣工时,监理工程师和项目法人应给予承包人延长工期的权力。

6. 样品与试验

在过程抽查中,如果监理工程师要求做的检验属于:

(1)合同中未曾指明或未作规定的;

(2)合同中没有特别说明的;

(3)合同中虽然已说明或作了规定,但监理工程师要求做的检验是在被检验的材料或设备的制造、装配或准备地点场地以外的其他地方进行。

如果检验结果表明操作工艺、材料符合合同规定的要求,且耽误了施工进度,则监理工程师在与项目法人和承包人协商之后给予承包人延长工期。

7. 不利的实物障碍

这是指在施工过程中,承包人遇到了现场气候条件以外的,即使一个有经验的承包人也无法合理预见到的外界障碍(如水下障碍物、海底沉船、炸弹、海底管道、水下电缆等)则承包人应立即通知监理工程师。如果监理工程师认为此类障碍或条件,确实不可能为一个有经验的承包人所合理预见,且承包人为此耽误了进度,造成了工期的拖延,则监理工程师可考虑给予承包人延期。

8. 异常恶劣的气候条件

这是指在过程施工过程中,承包人在现场遇到了特别异常恶劣的气候条件,如台风、风暴潮等,且是一个有经验的承包人也无法预见的情况,造成了工期的延长,此时,监理工程师可考虑给予延期。

9. 项目法人造成的延误、障碍等

这是指项目法人在过程施工过程中,违反了合同规定而未尽到应负的责任而导致了工程的延期,如由项目法人负责采购的材料、设备未能按合同要求按时交付给承包人,项目法人不能按期支付工程进度款而使承包人因缺乏资金而无法进行施工等造成的工程延期;或由于项目法人在现场对承包人指挥失误而导致施工秩序混乱引起的工程延期。

10. 任何其他的特殊情况

这是指除以上原因外,属于项目法人、设计单位、监理工程师等的责任或不可抗力所造成的工程延期。如由于战争、叛乱、军事政变或内战;离子放射或放射性污染;因工程设计不当而造成的损失或破坏;因项目法人使用或占用部分已交的永久工程不当造成的损失或破坏;一个有经验的承包人通常也无法预测和防范的任何自然力量的破坏;监理工程师未及时批复承包人的有关请示文件;监理工程师未及时检测验收等。

对于合同规定承包人可以有权获得工程延期的情况,承包人应以书面形式实事求是地提出有关工程延期的要求,并提供充分的证据,以供监理工程师和项目法人审批。

(二) 工期索赔的计算

在计算一个或多个延误引起的工期索赔时,通常可采用如下三种分析方法:

1. 网络分析法

网络分析方法通过分析延误发生前后网络计划,对比两种工期计算结果,计算索赔值。

分析的基本思路为:假设工程施工按网络计划确定的施工顺序和工期进行。现发生了一个或多个延误,使网络中的某个或某些活动受到影响,如延长持续时间,或活动之间逻辑关系变化,或增加新的活动。将这些活动受影响后的持续时间代入网络中,重新进行网络分析,得到一个新工期。则新工期与原工期之差即为延误对总工期的影响,即为工期索赔值。通常,如果延误在关键线路上,则该延误引起的持续时间的延长即为总工期的延长值。如果该延误在非关键线路上,受影响后仍在非关键线路上,则该延误对工期无影响,则不能提出工期索赔。

这种考虑延误影响后的网络计划又作为新的实施计划,如果有新的延误发生,则再次基础上可进行新一轮分析,提出新的工期索赔。网络分析方法是一种科学、合理的分析方法,适用于各种延误工期的索赔。

2. 比例类推法

在实际工程中,延误事件常常仅影响某些单项工程、单位工程,或分部分项工程的工期,要分析它们对总工期的影响,可以采用更为简单的比例类推法。

(1) 按造价进行比例类推

工期索赔值 =(附加或新增工程量价格/原合同总价)× 原合同总工期

(2) 按工程量进行比例类推

工期索赔值 =(额外或新增工程量/原工程量)× 原合同工期

案例 5-2:某工程合同总价 2000 万元,总工期为 12 个月,现业主指定增加额外工程 100 万元。问为完成业主增加的额外工程,承包商是否可以提出工期索赔?说明理由并计算承包商可以提出的工期索赔值?

分析与答案：

(1) 根据规定，承包商可以提出工期索赔。因为是业主指定的增加额外工程100万元，从而使承包人增加工作，延长了工程的竣工时间，因此承包人可以提出工期索赔。

(2) 承包人可以提出的工期索赔值 = (附加或新增工程量价格/原合同总价) × 原合同总工期 = (100/2000) × 12 = 0.6月

3. 其他方法

在实际工程中，工期的补偿天数的确定方法是多样的，例如在延误发生前由双方商讨，在变更协议或其他附加协议中直接确定补偿天数；或按实际工期延长记录确定补偿天数。

四、港口与航道工程费用索赔

(一) 费用索赔的概念

费用索赔是指合承包商由于对方原因或双方不可控的因素发生变化而遭受损失的情况下，向业主提出补偿经济损失的要求。费用索赔是整个合同索赔的重点，也是最终目标。工期索赔在很大程度上也是为了费用索赔。对于费用索赔，首先要从总体上了解承包商可以提出的费用索赔的费用及费用的构成。一般来看，承包商的费用索赔可分为：损失索赔和额外工作索赔。

1. 损失索赔

损失索赔主要是由于业主违约或监理工程师指令错误所引起，按照法律原则，对损失索赔，业主应当给予损失的补偿，包括实际损失和可得利益或所失利益。这里的实际损失是指承包商多支出的额外成本。所失利益是指如果业主或监理工程师不违约，承包商本应取得的，但因业主等违约而丧失了的利益。

2. 额外工作索赔

额外工作索赔主要是因合同变更及监理工程师下达变更令引起的。对额外工作的索赔，业主应以原合同中的合适价格为基础，或以监理工程师确定的合理价格予以价款。

计算损失索赔和额外工作索赔的主要差别在于，损失索赔的费用计算基础是成本，而额外工作索赔的计算基础价格是成本和利润，甚至在该工作可以顺利列入承包商的工作计划，不会引起总工期延长，从而事实上承包商并未遭受到利润损失时也可计算利润在索赔款额内。

(二) 索赔费用组成

索赔费用的主要组成部分同工程款的内容相似，按国际惯例一般包括直接费、间接费和利润。直接费包括人工费、材料费和机械费；间接费包括工程管理费、保险费、利息和总部管理费等。

(三) 索赔费用的计算

1. 索赔费用计算的原则

索赔费用都以赔(补)偿实际损失为原则，在索赔费用计算中主要体现以下两个方面：

(1) 索赔的费用应反映实际损失，即索赔事件对承包人工程成本和费用的实际影响，这个实际影响也就是费用索赔值。

(2) 证明实际损失是索赔事件引起的。

2. 计算内容和方法

1) 人工费

对于索赔费用中的人工费用部分而言,是指完成合同之外的额外工作所花费的人工费用和由于非承包人责任的功效降低所增加的人工费。在以下几种情况下,承包商可以提出人工费的索赔:

(1) 因业主增加额外工程,或因业主或工程师原因造成工程延误,导致承包商人工单价的上涨和工作时间的延长。

(2) 工程所在国家法律、法规、政策等变化而导致承包商人工费用方面的额外增加,如提高当地雇佣工人的工资标准、福利待遇或增加保险费用等。

(3) 若由于业主或工程师原因造成的延误或对工程的不合理干扰打乱了承包商的施工计划,致使承包商劳动生产率降低,导致人工工时增加的损失,承包商有权向业主提出生产率降低损失的索赔。

2) 材料费

材料费在过程造价中占据较大比重,也是重要的可索赔费用。材料费索赔包括材料耗用量增加和材料单位成本上涨两个方面。在以下几种情况下,承包商可提出材料费的索赔:

(1) 由于业主或工程师要求追加额外工作、变更工作性质、改变施工方法等,造成承包商的材料耗用量增加,包括使用数量的增加和材料品种或种类的改变。

(2) 在过程变更或业主延误时,可能会造成承包商材料库存时间延长、材料采购滞后或采用代用材料等,从而引起材料单位成本的增加。

(3) 由于客观原因引起的材料价格大幅度上涨。

材料费中应包括运输费、仓储费以及合理的损耗费用。

3) 船机使用费

船机使用费的索赔包括:

(1) 由于完成额外工作承包人只能增加的船机使用费;

(2) 非承包人责任工效降低增加的船机使用费;

(3) 由于项目法人或监理工程师原因导致船机的窝工费。

4) 分包费

分包费用索赔指的是分包人的索赔费,一般也包括人工、材料、船机使用费的索赔。分包人的索赔应如数列入总承包人的索赔款总额以内。

5) 工地管理费

索赔款中的工地管理费是指承包人完成额外工程索赔事项工作以及工程延期的工地管理费,包括管理人员工资、办公费等。但如果对部分工人窝工损失索赔时,因其他工程仍然进行,可不予计算工地管理费索赔。

6) 利息

在索赔款额的计算中,经常包括利息。利息的索赔通常发生于下列情况:

(1) 延期付款的利息;

(2) 由于工程变更和工程延误增加投资的利息;

(3) 索赔款的利息;

(4)错误扣款的利息。

至于这些利息的具体利率是多少,在实践中可采用不同的标准,主要有这样几种规定:按当时的银行贷款利率;按当时的银行透支利率;按合同双方协议的利率。

7)总部管理费

索赔款中的总部管理费主要指的是工程延误期间所增加的管理费。这项索赔的计算目前没有统一的方法。在国际工程施工索赔中总部管理费的计算有以下几种:

(1)按照投标书中总部管理费的比例计算

总部管理费=合同中总部管理费比率(%)×(直接费索赔款项+工地管理费索赔款额等)

(2)按照公司总部统一规定的管理费比率计算

总部管理费=公司管理费比率(%)×(直接费索赔款项+工地管理费索赔款额等)

(3)以工程延期的总天数为基础,计算总部管理费得索赔额。计算步骤如下:

该工程向总部上缴的管理费=同期内公司的总管理费×该工程的合同额/同期内公司的总合同额

该工程的每日管理费=该工程向总部上缴的管理费/合同实施天数

索赔的总部管理费=该工程的每日管理费×工程延期的天数

8)利润

一般来说,由于工程范围的变更和某些项目的实施施工条件变化引起的索赔,承包人是可以列入利润的。但对于工程延误的索赔,由于利润通常包括在每项实施的工程内容的价格之内,而延误工期并未影响削减而导致利润减少,所以,一般的费用索赔部包括利润。

索赔利润的款额计算通常是与原报价单中的利润百分率保持一致,即以直接费乘以原报价单中的利润率作为该项索赔的利润。

案例5-3:某防波堤工程项目由于发包人修改设计,监理工程师下令承包商工程暂停一个月。试分析在这种情况下,承包商可索赔哪些费用?

分析与答案:

可索赔如下费用:

(1)人工费。对于不可辞退的工人,索赔人工窝工费,应按人工工日成本计算;对于可以辞退的工人,可索赔人工上涨费。

(2)材料费。可索赔超期储存费用或材料价格上涨费。

(3)施工机械使用费。可索赔机械窝工费或机械台班上涨费。自有机械窝工费一般按台班折旧费索赔;租赁机械一般按实际租金和调进调出的分摊费计算。

(4)分包费用。是指由于工程暂停分包商向总承包商索赔的费用。总包向发包人索赔应包括分包商向总包索赔的费用。

(5)工地管理费。是指由于全面停工,可索赔增加的工地管理费。可按日计算,也可按直接成本的百分比计算。

(6)保险费。可索赔延期一个月的保险费,按保险公司保险费率计算。

(7)保函手续费。可索赔延期一个月的保函手续费,按银行规定的保函手续费率计算。

(8)利息。可索赔延期一个月增加的利息支出,按合同约定的利率计算。

(9)总部管理费。由于全面停工,可索赔延期增加的总部管理费,可按总包规定的百分比计算。如果工程只是部分停工,监理工程师可能不同意总部管理费的索赔。

案例 5-4:某港口航道工程招标,A、B、C 三个区的地层土质分别为淤泥混砂、粘土、岩石,业主要求按照设计断面工程量报价,超宽、超深工程量不另行计价。C 区的岩石量为:断面工程量 5 万立方米,超宽、超深工程量 1.1 万立方米。某施工单位按交通部部颁疏浚工程定额单价 $\times K$ 确定投标单价 $\left(K=\dfrac{\text{断面工程量}+\text{超宽、超深工程量}}{\text{断面工程量}}\right)$,设计采用的船型和各种土质中标单价见表 5-2。

表 5-2

挖掘区域	A 区	B 区	C 区	备注
土质	淤泥混砂	粘土	岩石	
设计采用的挖泥船	自航耙吸挖泥船	抓斗式挖泥船	炸礁船、抓斗式挖泥船	
中标单价(元/m³)	25	256	256	按断面工程量计价

施工过程中发生了如下事件:

(1)在开挖 A 区时,发现土层中混有较多孤立的石块,耙吸挖泥船无法挖至设计深度。经监理工程师同意,改用抓斗式挖泥船清挖。

(2)在开挖 B 区时,发现底层断续出现岩石,分布范围广、厚度小。经监理工程师确认,底层岩石断面工程量 1.6 万立方米,超宽、超深工程量 2.5 万立方米。报业主同意以交通部部颁疏浚工程定额单价和断面及超宽、超深总量计算价款。

(3)耙吸挖泥船按照业主要求进场施工时,当地村民以挖泥区域养殖拆迁补偿未完成为由阻挠施工,造成停工 6 天共 17 个艘班。耙吸挖泥船的使用费如表 5-3 所列。

表 5-3

项目	折旧费	保修费	材料费	燃料费	人工费
使用艘班费(元/艘班)	8000	3000	2000	1000	6000

问题:

(1)针对事件(1),施工单位可否向业主索赔?理由是什么?若认为可以索赔,应怎样确定索赔单价?

(2)针对事件(2),计算应增加的工程价款。

(3)针对事件(3),计算耙吸挖泥船所发生的停置费。施工单位可否向业主索赔此停置费?并说明理由。

分析与答案:

(1)可据此向业主提出索赔。因为原设计土质为淤泥混砂,但实际混有较多孤立的石块,属于设计土质与实际不符,并已得到监理工程师的确认。因此,更换斗式船造成的费用增加可向业主索赔。

可按以下思路确定索赔价款:原设计土质中没有孤立的石块,因而没有适用的合同单价。但该类土质用斗式挖泥船开挖,与本合同开挖粘土使用的船型相同,可把斗式挖泥船开挖粘土的合同单价 48 元/m³ 做为相类似单价,在此基础上与业主协商,确定索赔单价。

(2) ①根据C区报价及中标价计算交通部部颁开挖岩石的定额单价:

$$定额单价 \times \frac{5.0万 + 1.1万}{5.0万} = 256$$

定额单价 = 209.84 元/m³。

②计算B区开挖岩石的总价款

$$209.84 \times (1.6万 + 2.5万) = 860.33 万元$$

③扣减增加的岩石断面工程量对应的开挖粘土价款后得出应增加的合同价款:860.33 万元 - 1.6万 m³ × 48 元/m³ = 783.53 万元

应增加的合同价款为783.53万元。

(3) 停工6天发生的停置费为:

停置费 = 停置艘班费 × 停置艘班数
= (折旧费 × 50% + 保修费 + 材料费 × 40% + 燃料费 × 10% + 艘班人工费) × 停置艘班数
= (8000 × 50% + 3000 + 2000 × 40% + 10000 × 10% + 6000) × 17
= 251600 元

可据此向业主提出索赔。因为耙吸挖泥船是按照业主要求进场的,进场后由于拆迁补偿未完成造成村民阻挠施工,属于业主责任,理应赔偿。

思 考 题

1. 港口与航道工程计量的程序如何?
2. 港口与航道工程计量的主要依据有哪些?
3. 港口与航道工程计量的对象和计量的主要方法是什么?
4. 港口与航道工程价款什么时候可以进行变更?如何变更?
5. 港口与航道工程成本估计的主要依据是什么?
6. 港口与航道工程成本估计采取什么样的步骤?主要计算哪些内容?
7. 港口与航道工程投标项目风险因素分成哪些类型?都包括哪些内容?
8. 港口与航道工程成本预测的过程是什么?可以采取哪些预测方法?
9. 港口与航道工程在施工期间如何进行成本控制?
10. 港口与航道工程项目可以具体采取哪些措施降低成本?
11. 港口与航道工程项目索赔产生的原因有哪些?具备什么条件索赔才能成立?
12. 港口与航道工程项目工期索赔的内容有哪些?
13. 按照国际惯例,费用索赔包括哪些内容?分别如何进行计算?

第六章　港口与航道工程施工安全管理与文明施工

> **学习要求：**
> 　　熟悉港口与航道工程的保险的主要种类和内容。
> 　　掌握港口与航道工程施工安全事故的等级划分和处理程序；港口与航道工程施工安全事故的防范；大型施工船舶的拖航、调遣和防风、防台；通航安全水上水下施工作业管理；海上航行警告和航行通告的管理；港口与航道工程的安全作业。

第一节　港口与航道工程施工安全事故的等级划分和处理程序

港口与航道工程施工具有流动性大、劳动强度大，施工生产受环境及气候的影响、建筑产品的外形与内容复杂、变化大等特点。水上水下工程施工、工程船舶施工、船舶消防安全等都给施工作业带来了不安全因素。因此，为了对安全事故及时处理，了解和掌握港口与航道工程施工安全事故的等级划分是十分必要的。

一、港口与航道工程施工安全事故的等级划分

(一) 港口与航道工程建设重大事故的等级划分

根据中华人民共和国建设部令《工程建设重大事故报告和调查程序规定》，重大事故是指在工程建设过程中由于责任过失造成工程倒塌或报废、机械设备毁坏和安全设施失当造成人身伤亡或者重大经济损失的事故。按程度不同，把重大事故分为四个等级：

(1) 一级重大事故，死亡30人以上或直接经济损失300万元以上的；

(2) 二级重大事故，死亡10人以上，29人以下或直接经济损失100万元以上，不满300万元的；

(3) 三级重大事故，死亡3人以上，9人以下；重伤20人以上或直接经济损失30万元以上，不满100万元的；

(4) 四级重大事故，死亡2人以上；重伤3人以上、19人以下或直接经济损失10万元以上，不满30万元的。

(二) 港口与航道工程建设伤亡事故的等级划分

根据中华人民共和国国务院令《企业职工伤亡事故报告和处理程序》，伤亡事故是指职工在劳动过程中发生的人身伤害、急性中毒事故。因工伤亡事故等级分为：

(1) 轻伤事故：指只有轻伤的事故；

(2) 重伤事故：指负伤的职工中有1~2人重伤而没有死亡的事故；

(3)伤亡事故:指一次死亡或失踪 1~2 人或重伤 3 人以上的事故;

(4)重大伤亡事故:指一次死亡或失踪 3~9 人的事故;

(5)特别重大伤亡事故:指一次死亡或失踪 10 人以上的事故。

根据《企业职工伤亡事故分类》(GB 6441—86)规定的伤亡事故"损失工作日",即:轻伤,指损失 1 个工作日至不超过 105 日的失能伤害;重伤,指损失工作日等于和超过 105 天的失能伤害;死亡,损失工作日定为 6000 工日。"损失工作日"的概念,其目的是估价事故在劳动力方面造成的损失。因此,某种伤害的损失工作日数一经确定,就为标准值,与伤害者的实际休息日无关。

(三)港口与航道工程船舶海损事故的等级划分

根据《中华人民共和国海上交通安全法》和《中华人民共和国内河交通安全管理条例》以及中华人民共和国交通部《水上交通事故统计办法》规定,水上交通事故分级标准见表 6-1。

水上交通事故分级标准表   表 6-1

	重大事故	大事故	一般事故	小事故
3000 总吨以上或主机功率 3000kW 以上的船舶	死亡 3 人以上;或直接经济损失 500 万元以上	死亡 1~2;或直接经济损失 500 万元以下,300 万元以上	人员有重伤;或直接经济损失 300 万元以下,50 万元以上	没有达到一般事故等级以上的事故
500 总吨以上或 3000 总吨以下或主机功率 1500kW 以上 3000kW 以下的船舶	死亡 3 人以上;或直接经济损失 300 万元以上	死亡 1~2;或直接经济损失 300 万元以下,50 万元以上	人员有重伤;或直接经济损失 50 万元以下,20 万元以上	没有达到一般事故等级以上的事故
500 总吨以下或主机功率 1500kW 以下的船舶	死亡 3 人以上;或直接经济损失 50 万元以上	死亡 1~2;或直接经济损失 50 万元以下,20 万元以上	人员有重伤;或直接经济损失 20 万元以下,10 万元以上	没有达到一般事故等级以上的事故

注:1. 凡符合表内标准之一的即达到相应的事故等级;

2. 本规则及本表中的"以上"包括本数或本级;"以下"不包含本数或本级。

二、港口与航道工程施工安全事故的处理程序

(一)重大事故及人身伤亡事故

企业发生重大事故及人身伤亡事故,必须立即将事故概况(包括伤亡人数、发生事故的时间、地点、原因)等,用快速方法分别报告上级主管部门、行业安全管理部门和当地劳动、公安、人民检察院及工会;事故发生单位属于国务院部委的,应同时向国务院有关主管部门报告。

对于事故的调查处理,必须坚持"事故原因未查清不放过,事故责任者未受到处罚不放过;群众未受到教育不放过,防范措施未落实不放过"的原则,按照下列步骤进行:

(二)迅速抢救伤员并保护好事故现场

事故发生后,现场人员不要惊慌失措,要有组织、有指挥,首先抢救伤员和排除险情,制止事故蔓延扩大。同时,为了事故调查分析需要,有责任保护好事故现场。因抢救伤员和排险,而必须移动现场物件时,要做好标记。清理事故现场应在调查组确认无可取证,并充分记录后方可进行。不得借口恢复生产,擅自清理现场,掩盖事故真相。

(三) 组织调查组

在接到事故报告后,单位领导人应立即赶赴现场帮助组织抢救,并迅速组织调查组开展调查,轻伤、重伤事故,由企业负责人或其指定人员组织生产、技术、安全等有关人员以及工会成员组成事故调查组,进行调查。死亡事故,由企业主管部门会同企业所在地设区的市(或者相当于设区的市一级)劳动部门、公安部门、工会组成事故调查组,进行调查。重大死亡事故,按照企业的隶属关系,由省、自治区、直辖市企业主管部门或者国务院有关部门会同同级劳动部门、公安部门、监察部门、工会组织等组成事故调查组,进行调查。死亡和重大死亡事故调查组还应当邀请人民检察院派员参加,也还可邀请其他部门的人员和有关技术人员参加。与所发生事故有直接利害关系的人员不得参加调查组。

(四) 现场勘查

事故发生后,调查组必须要到现场进行勘查。现场勘查是技术性很强的工作,涉及广泛的科技知识和实践经验,对事故的现场勘查必须及时、全面、细致、客观。现场勘查的主要内容有:

(1) 作出笔录;

(2) 现场拍照;

(3) 现场绘图。

(五) 分析事故,确定事故性质

1) 通过充分的调查,查明事故经过,弄清造成事故的各种因素,包括人、物、生产管理和技术管理等方面的问题,经认真、客观、细致、全面、准确的分析,确定事故的性质和责任。

2) 事故分析步骤,首先整理和仔细阅读调查资料,按 GB 6441—86 标准附录 A,受伤部位、受伤性质、起因物、致害物、伤害方法、不安全状态和不安全行为等七项内容进行分析,确定直接原因、间接原因和事故责任者。

3) 分析事故原因时,应根据调查所确认的事实,从直接原因入手,逐步深入到间接原因。通过对直接原因和间接原因的分析,确定事故中的直接责任者和领导责任者,再根据其在施工发生过程中的作用,确定主要责任者。

4) 事故性质通常分为三类:

(1) 责任事故,就是由于人的过失造成的事故。

(2) 非责任事故,即由于人们不能预见或不可抗力的自然条件变化所造成的事故,或是在技术改造、发明创造、科学试验活动中,由于科学技术条件的限制而发生的无法预测的事故。但是,对于能够预见并可以采取措施加以避免的伤亡事故,或没有经过认真的研究解决技术问题而造成的事故,不能包括在内。

(3) 破坏性事故,即为达到既定的目的而故意制造的事故。对已确定为破坏性事故的,应由公安机关和企业保卫部门认真追查破案,依法处理。

(六) 写调查报告

调查组应着重把事故发生的经过、原因、责任分析和处理意见以及本次事故的教训和改进工作的建议等写成文字报告,经调查组全体人员签字后报批。如调查组内部意见有分歧,应在弄清事实的基础上,对照政策法规反复研究,统一认识。对于个别同志仍然坚持有不同意见的允许保留,并在签字时写明自己的意见。

(七)事故的审理和结案

(1)事故调查处理结论报出后,须经有关机关审批方能结案。伤亡事故处理工作应当在90日内结案,特殊情况下不得超过180日。

事故案件的审批权限,同企业的隶属关系及干部管理权限一致。县办企业和县以下企业,由县审批;地方、市办的企业,由地方、市审批;省直属企业的重大事故,由直属主管部门提出处理意见,征得当地劳动部门的同意,报省主管厅局批复。

(2)关于事故责任者的处理,根据其情节轻重和损失的大小,谁有责任,什么责任,是主要责任,重要责任,一般责任,还是领导责任等都要分清楚,予以适当的处分。给责任者应得的处分就是对别的职工的教育。

三、船舶海损事故

船舶发生海损事故是指碰撞或浪损、触礁或搁浅、火灾或爆炸、沉没和其他引起财产损失和人身伤亡的海上交通事故。

(一)报告

事故发生后,经船岸双方或船方采取有效措施,事故得到控制、稳定后,船长应立即向本企业主管部门如实报告事故发生的原因、采取措施及损失情况。企业接报后应根据《中华人民共和国海上交通事故调查处理条例》的规定向所属地海事局报告,报告的内容应当包括:船舶或设施的名称、呼号、国籍、起讫港,船舶或设施的所有人或经营人名称,事故发生的时间、地点、海况以及船舶、设施的损害程度、救助要求等。

(二)调查

在港区水域发生的海上交通事故,由港区地的海事局进行调查。根据调查工作的需要,海事局有权:

(1)讯问有关人员;

(2)要求被调查人员提供书面材料和证明;

(3)要求有关当事人提供航海日志、轮机日志、车钟记录、报务日志、航向记录、海图、船舶资料、航行设备仪器的性能以及其他必要的原始文书资料;

(4)检查船舶、设施及有关设备的证书、人员证书和核实事故发生前船舶适航状态、设施的技术状态;

(5)检查船舶、设施及其货物的损害情况和人员伤亡情况;

(6)勘查事故现场,搜集有关物证。

(三)处理

海事局根据海上交通事故的调查,作出《海上交通事故调查报告书》,查明事故发生的原因,判明当事人的责任;构成重大事故的,通报当地检察机关。对于海上交通事故的发生负有责任的人员,海事局可以根据其责任的性质和程度依法给予下列处罚:

(1)中国籍船员、引航员或是设施上的工作人员,给予警告、罚款或扣留职务证书。

(2)外国籍船员或设施上的工作人员,可以给予警告、罚款或将其过失通报其所属国家的主管机关。

(3)对海上交通事故的发生负有责任的人员及船舶、设施的所有人或经营人,还需要追究其行政责任的,由海事局提交其主管机关或行政监察机关处理;构成犯罪的,由司法机关依法追究刑事责任。另外,根据海上交通事故发生的原因,海事局可责令有关船舶、设施的所有人、经营人限期加强对所属船舶、设施的安全管理。对于拒不加强管理或在限期内达不到安全要求的,海事局有权责令其停航、改航、停止作业,并可采取其他必要的强制性处理措施。

第二节 港口与航道工程施工安全事故的防范

一、消除不安全因素

港口与航道工程施工中的伤亡事故,是由于人的不安全行为和物的不安全状态两大因素作用的结果,换言之,人的不安全行为和物的不安全状态,就是潜在的事故隐患。伤亡事故的预防,就是要消除人和物的不安全因素,实现作业行为和作业条件的安全化。

1. 消除人的不安全行为,实现作业行为安全化的主要措施
(1)开展安全思想教育和安全规章制度教育,提高职工的安全认识;
(2)进行安全知识岗位培训,提高职工的安全技术素质;
(3)推广安全标准化操作和安全确认制活动,严格按照安全操作规程和程序进行作业;
(4)搞好均衡生产,注意劳逸结合,使作业人员保持充沛的精力,从而避免产生不安全行为。

2. 消除物的不安全状态,实现作业条件安全化的主要措施
(1)采用新工艺、新技术、新设备,改善劳动条件;
(2)加强安全技术研究,采用安全防护装置,隔离危险部位;
(3)采用安全适用的个人防护用具;
(4)开展安全检查,及时发现和整改安全隐患。对于较大的安全隐患,要列入企业的安全技术措施计划,限期给予解决;
(5)定期对作业条件(环境)进行安全评价,以便采取安全措施,符合作业的安全要求。

二、制定防范措施

港口与航道工程施工中,由于建筑产品的外形和内容复杂、变化大(水上水下工程施工、起重打桩施工、工程船舶拖航调遣、工程季节性施工等),应根据不同的过程、工艺和危险源的识别、评价,认真编制施工组织设计,采取有针对性的预防方法和手段。

(一)水上、水下工程施工作业的安全防范
(1)施工作业前,必须按规定申报办理有关许可证,并办理航行通告等有关手续。
(2)工程开工前,应由项目经理部组织对事故区域及船舶水上作业、航行区水上、水下及岸边障碍物等进行实地勘察,制定防护性安全技术措施。
(3)编制水上工程施工组织设计的同时,必须制定工程船舶施工安全技术措施,并报上级主管部门审核批准。
(4)施工现场技术负责人,应向参加施工的船舶、水上作业人员、潜水员进行水上或水下施工安全技术措施(书面)交底,所有人员应签到,并做好记录。

(5)水上施工作业人员,必须穿好救生衣,严禁酒后上岗作业,严禁船员在船期间饮酒。

(6)严禁租用"三无"船舶参与水上、水下施工作业。

(7)水上作业船舶如遇到大风、大雾天气,超过船舶抗风等级或能见度不良时,应停止作业。

(8)在水上搭设的临时作业平台,必须牢固可靠,悬挂的避碰标志和灯标应符合有关安全技术规定。

(9)严禁在施工船舶摆动缆、牵牛缆近区作业,严禁无关人员在上述区域逗留。

(10)潜水作业人员必须持证上岗,潜水员和辅助作业人员必须由正式潜水人员操作,严禁无证人员操作。

(11)潜水作业前,应充分了解作业现场水深、流速、水质、底质及风速,严格按照潜水作业安全技术操作规程作业,潜水装置必须符合安全作业要求,并做好日常保养及作业前的安全检查。

(12)潜水作业船必须悬挂号旗,夜间作业必须悬挂潜水信号灯,并设置足够的照明设备。

(13)潜水员水下作业时,必须严格执行水下作业安全操作规程,严禁酒后潜水作业。

(14)水深超过30米的潜水作业,现场应备有随时可以使用的减压舱,潜水作业现场应挑备潜水员待命,保持目视检测,以备紧急救援。

(15)水上施工作业区域和施工作业船舶,必须在明显处设置昼夜显示的信号灯及醒目标志,与施工作业无关的船舶,不得进入施工作业区,防止发生事故。

(二)工程船舶起重打桩作业安全防范

(1)吊车操作人员必须集中思想,听从指挥,严格遵守起重安装作业安全操作规程。

(2)进行起重作业时,严格遵守"六不吊",即钩不垂直不吊,超负载不吊,吃水不够吊,有大风影响安全不吊,视线不清不吊,物件下有人不吊。

(3)吊装前应检查各种机械、索具、夹具、吊环等是否符合安全要求,并进行试吊。

(4)对安装后不易稳定以及可能遭受风浪、水灵、船舶等外界影响的构件,应在安装后采取加固措施,防止构件倾倒或坠落事故的发生。

(5)等待或休息时间过长时,不得将重物吊在空中。

(6)吊车作业旋转范围内严禁堆物,起吊时,应缓速垂直起升,不准拖拽调离。承载面离地0.5米内应稍作停顿,确认无误后,再次缓速起吊,谨防卡槽。

(7)起重指挥要严格按安全操作规程进行操作,做手势要规范,哨声响亮,要喊钩先喊人,人随关行,防止高空坠落伤人。

(8)夜间起重时,必须要有足够的照明设备以及必要的安全措施。

(9)工作时必要穿好救生衣,戴好安全帽。

(10)桩架工作平台、梯要根据季节变化,采取防滑措施,桩架上使用的工具要用绳子拴住,防止移动伤人,严禁向下抛物。

(11)作业人员不准乘锤、桩帽上下,不准将头手脚靠近拢口,不准手拉、脚蹬运行中的滑轮、钢丝绳等活动物体。

(12)挑拢口打桩时,从船体到主架通行的跳板上,要采取放落海淹溺措施,方可施工。

(13)打桩船在移位和进退时应注意锚缆位置,防止缆索拌桩或伤人,如桩顶被水淹没时应设置标志,在已沉完的桩基两端设置标志,夜间设置红灯,悬挂警示标牌。

(14)打桩船吊桩时,其吊点位置应按设计规定吊桩,桩定位时,控制桩浸入水中的深度,防止桩尖触及泥面而造成移船断桩事故。

(15)打桩时,应密切注意桩锤、替打和桩上下运行的情况,发现有异常,应立即停止。

(16)沉桩作业过程中,要加强作业现场和航道的有效瞭望,确保施工水域的航道安全。

(17)工作结束后,对船舶停泊位置、锚缆系统做好妥善安排,并按航行通告要求停泊,显示规定信号。

(三)工程船舶调遣拖航作业的防范

(1)执行拖航任务前,船舶应按国家海事部门的规定,配备救生、消防、通信、信号、锚系、防渗和堵漏等设施设备以及各种应急救护器材。

(2)根据拖航周期和船员人数,备有足够的淡水、燃油、食品、急救用药品等有关生活保障用品,并按有关规定配足储量。

(3)拖航前必须对船舶的稳定性进行核验,符合国家海事和船检主管部门颁布的《海船法定检验技术规则》等规范、技术规定的要求,对老旧船舶应进行必要的稳定性复查和船体钢板测厚检验。

(4)在北方冰冻期间拖航前,须经海事主管部门批准,不适合冰冻区航行的船舶严禁在冰冻期间拖航。

(5)承揽本企业以外的拖航任务或租用外单位拖轮执行拖航任务,均应签订拖航合同,明确拖航安全操作要领。

(6)拖航期间,被拖船必须服从拖船的指挥,并且要派专业人员值班,与拖船保持联系。

(7)拖船起航前,应进行一次消防、救生演习,明确每个船员在应变部署中的岗位职责和安全操作要领。

(8)拖船和被拖船都要掌握72小时的天气情况,风力超过7级要尽早进入备用锚地避风。

(9)拖航期间严禁明火作业、违章用电,防止发生意外。

(10)当拖航中发生遇险遇难紧急情况时,应积极组织自救,同时向海上搜救中心发出求救信号,准确报告船位、险情,以求帮助。

(四)季节性施工作业安全防范

(1)季节性施工应单独编制施工安全措施,并必须报经上一级技术负责人审查批准后执行,工程开工前要认真进行安全技术措施交底。

(2)夏季施工要做好防暑降温、防台防汛工作(船舶必须编制应急救援预案)。

(3)雨期施工要做好防触电、防雷、防坍塌工作。

(4)冬期施工要做好防风、防火、防滑工作。

第三节 大型施工船舶的拖航、调遣和防风、防台

一、大型施工船舶的拖航、调遣

大型施工船舶是指起重船、打桩船、挖泥船和炸礁船等。大型施工船舶拖航、调遣是指船

舶经水路从一地航行到另一地的过程。

工程船舶水上调遣拖航是水上交通运输安全生产管理的一项重要内容,为保障船舶航行,停泊和作业安全,必须坚持"安全第一、预防为主"的方针,认真落实交通部、海事局和船检局关于工程船舶安全调遣拖航的法令法规和规则制度,严格执行企业安全调遣拖航实施细则和有关安全技术操作规程。

(一)大型施工船舶拖航、调遣的一般规定

(1)根据生产调度安排,由企业负责人签发工程船舶调遣令,并由专人负责,组织有关部门人员和船长制定调遣计划和实施方案。拖航调遣工作由公司调度部门负责。

(2)对单船或两艘拖轮及其两艘以上执行同一任务,均应指定主拖船长担任总指挥,负责拖航全程的管理和指挥。总指挥对全程拖航安全负责,包括被拖航船舶的拖航安全,对整个船队的航行有绝对的指挥权。

(3)由总指挥负责主持制定拖航计划和安全实施方案。拖航计划和实施方案应包括任务、区域、日期、气象、方法、通信联络方式、应急安全措施等。拖航计划和安全实施方案制定后须经企业负责人签认,报请海事主管部门检验审核批准,并办理拖航许可证书。

(4)出海拖航被拖船在限制航区内为短途拖航,超过限制航区或在限制航区超过200海里时为长途拖航。长途拖航应向验船部门申请拖航检验,并取得验船师签发的拖航检验报告或适航批准书。

(5)调遣拖航主拖轮、被拖船的技术性能均应符合国家海事、船检主管部门的有关规定,不具备拖航安全技术规定的船舶不得拖航调遣。出海拖航的拖轮应为专供拖带用的出海拖轮,不得使用其他轮船拖带。

(6)承揽本企业以外的拖航任务或租用外单位拖轮执行拖航任务,双方应签订拖航合同,明确拖航安全责任。

(7)拖航全过程中,应严格遵守《国际海上避碰规则》及国家海事主管部门颁发的水上运输安全航行的有关规定。

(8)在拖航任务完成后,总指挥应及时组织工作总结,并向有关部门汇报,有关资料归档保管。

(9)执行拖航任务时,任何船只严禁搭乘无关人员随航。

(二)安全备航

1)拖航前应组织全体船员进行安全教育,组织安全拖航技术交底,明确施工方案的细节,并认真组织讨论,做好记录。被拖船长、船员也应参加航次会。

2)按有关安全技术操作规程和实施细则,由总指挥负责组织对所有拖航船舶的安全技术状态进行全面检查和封舱加固。检查落实后,报企业安全、船机主管部门审核检查、验收签认。

3)封舱加固主要项目如下:

(1)主甲板上的舱口、入孔、门、窗、通风筒、空气管等必须全部水密封闭或准备能随时水密封闭;对各种水密门、窗、舱口、入孔等必要时应进行水压试验,确保水密性能良好。

(2)甲板上所有排水孔应保持畅通,所有机械操纵装置用帆布罩好扎严,舱内及甲板面上移动物品应加固。

(3)锚具在驶离港区后应收妥固定,锚链孔用防水压板和帆布盖好扎牢,以防海水进锚链舱。

(4)起重、打桩、挖泥等设备的吊杆铁架等,符合船舶稳定性和设备安全原则的可原位紧固,否则应放落或拆下,妥善放置并系牢或焊牢。如工程船有调遣出海拖带封舱加固图纸时,应按照图纸设计要求进行封舱加固。

(5)被拖船如有推进器,应将尾轴与主轴脱开或将其固定,使之不能转动。

4)航前安全检查,项目主要有:船舶消防、救生、水密、通信、信号设备及机电设备、航行设备、电航仪器等。

5)租用外单位拖轮执行任务前,被拖船主管部门应及时联系承担拖航任务的主管部门,获取其批准的拖航计划抄件,以便掌握拖航动态。

6)执行拖航任务之前,所有船舶均应按国家海事主管部门的规定,配备救生、消防、通信、信号、锚系、防渗、堵漏等设施设备及各种应急救护器材。

7)根据拖航周期和船员人数,配有足够的足够的淡水、燃油、食品、急救用药品等有关生活保障用品,并按有关规定配足储量。

8)拖航前必须对船舶的稳定性进行核验,符合国家海事和船检主管部门颁布的《海船法定检验技术规则》等规范、技术规定的要求,对老旧船舶应进行必要的稳定性复查和船体钢板测厚检验。

9)在北方冰冻期间拖航前,须经海事主管部门批准,不适合冰冻区航行的船舶严禁在冰冻期间拖航。

10)拖航起航前,应进行一次消防、救生演习,明确每个船员在应变部署中的岗位职责和安全操作要领。

11)拖船启航前,应按照企业调遣拖航实施细则备齐所需的全部文件、证书,包括调遣令、封舱加固检查核实记录、经批准的拖航计划、船员适任证书、出港签证、船检签证,以及航线海图、潮汐等有关资料。

(三)启航与拖航

启航与拖航时,常遇到情况与工作如下:

(1)启航前应及时掌握该航区气象情况,不良天气不得强行启航。

(2)船队启航后2小时内应向出发港与目的地港的主管单位调度中心等报告启航和航行情况及预计到港时间等。

(3)主管单位调度部门应记录船舶动态,进行航行过程的安全监控。

(4)拖运调遣途中严格执行海上避碰有关规定,全体人员遵守岗位职责,谨慎操作,确保安全。

(5)拖航期间拖轮人员应守望被拖船和拖缆情况。

(6)拖带无人留守船舶时,应根据气象、水位情况,选择安排安全适航航段,并注意拖缆摩擦情况,及时调整受力点,如发现情况异常,应派员登船检查,及时解决。

(7)被拖船留值船员,在途中应对被拖船的水密、拖拽设备、活动部件及周围海况及时检查,记录于被拖轮的"航海日志"上。

(8)被拖船留值人员每日必须定时对所有液体舱、空舱测量记录两次。

(9)拖带打桩船等较高或较宽船舶时,通过水域上空有障碍或限制船体宽度的水域时,应准确掌握情况,确认不超限。

(10)拖航期间,按时收听气象预报,及时做好防风和避风准备。

(11)利用先进通信手段。

(四)遇险遭难安全救助

(1)拖航期间,出发港、目的港拖航主管部门和调度部门等应安排人员昼夜值班,保持与船队的联系,如有遇险遭难报告,值班人员应立即向有关部门及主管领导报告,尽快采取应急措施。

(2)途中发生意外时,由总船长指挥采取应急措施;如无力解决,应向有关主管部门、海事部门和搜救中心报告,寻求支援和救助。

(3)途中遇险遭难时,及时向海上搜救中心发出求救,并向有关部门报告,同时积极自救。

(五)航区划分

航区划分为4类:

(1)无限航区。

(2)近海航区,指中国渤海、黄海及东海距岸不超过200海里的海域;台湾海峡、南海距海岸不超过120海里(台湾岛东海岸、海南岛东海岸及南海岸距岸边不超过50海里)的海域。

(3)沿海航区,指台湾岛东海岸、台湾海峡东西海岸、海南岛东海岸及南海岸距岸不超过10海里的海域或上述海域外距岸不超过20海里的海域;距沿海有避风条件和拖救能力的岛屿海岸不超过20海里的海域,对距海岸超过20海里的上述岛屿,船检局将按实际情况适当缩小该岛屿周围海域的距岸范围。

(4)遮蔽航区,指沿海航区内,由海岸与岛屿、岛屿和岛屿之间,岛屿与海岸之间的横跨距离不应超过10海里。

二、大型施工船舶的防风、防台

(一)台风的分类

大型施工船舶是指起重船、打桩船、挖泥船和炸礁船等。大型施工船舶的防风、防台是指船舶防御风力在6级以上的季风和热带气旋。在北半球,热带气旋是发生在热带海洋面上急速逆时针旋转、暖中心结构的气旋性漩涡,中心气压低,风力大,按其风力大小可分为:

(1)热带低压:中心风力6~7级(风速10.8~17.1m/s);

(2)热带风暴:中心风力8~9级(风速17.2~24.41m/s);

(3)强热带风暴:中心风力10~11级(风速24.5~32.61m/s);

(4)台风:中心风力12级以上(风速32.71m/s及以上)。

"在台风威胁中"指船舶在未来48小时以内,遭遇风力可能达到6级以上;"在台风严重威胁中"指船舶在未来12小时以内,遭遇风力可能达到6级以上。"在台风袭击中"指台风中心接近,风力转到8级以上的时候。

(二)大型施工船舶防季风安全措施

(1)每年进入强风季节前,施工船舶应全面检查本船的车、舵、锚、通信、水密、堵漏、排水、救生等设备,对查出的隐患应立即整改,本船无法解决的应及时报公司有关主管部门协助解决。

(2)针对季风突发性和持续性长等特点,施工船舶应每天按时收听气象预报,以及时获取强风信息;加强气象海况瞭望,以便早作好停工防御准备。

(3)在季风吹袭期间,航行施工的船舶要注意风流压的影响,以防碰撞或搁浅事故;碇泊施工的船舶要防止边锚断钢丝伤人、钢桩断裂、泥斗出轨等事故,风浪过大时视各自抗风浪能力,停工避风。

(三)大型施工船舶防台准备

1)每年台风季节到来前,有船单位和项目经理部要编制防台预案。工程船舶要落实项目部制定的各项安全技术措施,并根据现场情况选择安排可靠的船舶避风锚地和停靠地点,制定船舶防台安全技术措施,绘制工程船舶锚泊图。施工船舶船长/驾长应组织一次系统的安全检查,重点检查本船的车、舵、锚、通信、水密、堵漏、排水、救生设备等的状况,对查出的隐患应立即整改,本船无法解决的应及时报公司有关主管部门协助解决。

2)船舶防台锚地的选择应考虑下列因素:

(1)满足施工现场船舶、设施的水深要求。

(2)在施工作业区或靠近施工作业区的水域。

(3)周围无障碍物的环抱式港湾、水道。

(4)有消除或减弱浪涌的天然屏障或人工屏障的水域。

(5)有足够的回旋区的水域。

(6)泥或泥沙混合的底质。

(7)流速平稳。

(8)便于通信联系和应急抢险救助。

3)船舶撤离时机应根据以下原则确定:

(1)确保碇泊施工的船舶及其辅助船舶、设备在6级大风范围半径到达工地5小时前抵达防台锚地。

(2)确保自航施工船舶在8级大风范围半径到达工地5小时前抵达防台锚地。

(四)大型船舶防风、防台实施

1. 热带低压生成后

(1)项目经理部应跟踪、记录、分析热带低压动向;向所辖船舶通报热带低压动向。

(2)施工船舶应跟踪、记录热带低压动向;合理安排近期工作,做好防台准备。

2. 在台风威胁中

(1)项目经理部跟踪记录、标绘、分析台风动向;召开防台会议,部署防台工作,指定防台值班拖轮;向所辖船舶通报台风最新信息。

(2)施工船舶跟踪记录、标绘、分析台风动向;备足防台期间粮食、肉菜以及足够的淡水、燃油。

(3)施工船舶不得拆卸主机、锚机、舵机和锚链等重要机械属具进行修理;已拆卸的尽快恢复,来不及的报项目经理部。

3. 在台风威胁中

(1)项目经理部安排防台值班,继续跟踪记录、标绘、分析台风动向,向所辖船舶通报台风最新信息;通知值班拖轮、交通车和救护队做好应急准备。

(2)项目经理部与船舶保持联系,做好防台情况记录。

(3)施工船舶继续跟踪记录、标绘、分析台风动向。

(4)当8级大风到来2小时前,下锚船舶应改抛双锚。

(5)在甲板上工作的人员应穿救生衣,系带救生绳。

(6)当风力达到9级时,机动船应备机抗台,船长应在驾驶台指挥,轮机长应下机舱指挥。

4.台风警报解除

(1)项目经理部向所辖船舶发布台风警报解除信息。

(2)船舶做好施工准备,尽快投入生产。

案例6-1:在福建沿海组织某港口码头修建及航道疏浚施工项目部,获得台风消息:船舶未来12小时内遭受风力可能达6级以上,就防台工作,项目经理布置如下:安排人员去当地海事部门了解避台锚地;安排人员对工程船舶进行安全检查。反馈信息:避风锚地距施工区40海里;安检中发现有的船舶或缺堵漏材料,或缺少备用拖缆,或封仓加固不符合要求,或甲板上舱口、门、窗无法水密。

问题:

(1)该项目部有无防台预案?防台预案应在何时、由何人组织编制?

(2)对上述防台隐患应何时整改?如何整改?

(3)在台风到来之前,项目部应做的工作有哪些?

(4)在几级大风到达工地前几小时,非自航工程船舶应抵达避风锚地?

分析与答案:

(1)该项目部无防台预案,因为,项目部是获得台风信息后才去了解避台锚地。项目部应在每年台风季节到来前编制防台预案,制定安全技术措施,安排可靠的船舶避风锚地和停靠地点。

(2)上述防台隐患应当在施工船舶拖航、调遣前进行,安全备航工作由船队的总船长负责组织船舶的安全技术状态检查和整改。

(3)主要工作有:

①项目部跟踪记录、分析动向、向船舶通报、掌握船舶进入锚地时间、位置及准备情况;

②船舶进入防台锚地,继续跟踪、分析动向;

③确保锚泊安全;

④加强24小时值班,保持联系通畅。

(4)在6级大风到达工地5小时之前,非自航船舶应抵达避风锚地。

第四节 通航安全水上水下施工作业管理

一、通航安全水上水下施工作业管理的范围

(一)通航安全水上水下施工作业管理的主管机关

通航安全水上水下施工作业管理的主管机关是中国海事局,其主管全国施工作业通航安全监督管理工作。各级海事(港航)管理机构具体负责其管辖水域内的施工作业通航安全监

督管理工作。

(二) 管理的范围

通航安全水上水下施工作业管理的范围包括公民、法人或其他组织在中华人民共和国沿海和内河水域进行下列涉及通航安全的水上水下施工作业(以下简称施工作业)：

(1) 设置、拆除水上水下设施。

(2) 修建码头、船坞、船台、闸坝，构筑各类堤岸或人工岛。

(3) 架设桥梁、索道，构筑水下隧道。

(4) 打捞沉船、沉物。

(5) 铺设、撤除、检修水上水下电缆或管道。

(6) 设置用于捕捞、养殖的固定网具设施。

(7) 设置系船浮筒、浮趸、竹木排筏缆桩以及类似的设施。

(8) 进行影响水上交通安全的海洋及气象观测、水文测量、地质调查和科学研究等活动。

(9) 清除水面垃圾。

(10) 扫海、疏浚、爆破、打桩、拔桩、填埋、挖砂、淘金、采石及抛泥沙石。

(11) 救助遇难船舶，或紧急清除水面污染物、水下污染源。

(12) 其他影响通航水域交通安全或对通航环境产生影响的施工作业。

二、通航安全水上水下施工作业的申请和监督管理

1) 建设者或施工者(以下统称施工作业者)从事水上水下施工作业的应在规定的期限内向施工作业所在地的海事局提出施工作业的通航安全审核申请(以下简称申请)，接受海事局的审核。涉及多类型、多科目施工作业的建设工程或涉及多个施工作业者的工程，可由对工程总负责的施工作业者统一向海事局提出书面申请，也可由具体从事某一类型和某一科目的施工作业者就涉及本类型和本科目的施工作业分别向海事局提出书面申请。

2) 施工作业水域涉及两个和两个以上海事局时，施工作业者的申请应向其共同的上一级海事局机关提出，或向上级海事局指定的海事局提出。

3) 申请从事下列项目施工作业的施工作业者，应在拟开始施工作业次日 20 天前向海事局提出书面申请：

(1) 设置、拆除水上水下设施。

(2) 修建码头、船坞、船台、闸坝，构筑各类堤岸或人工岛。

(3) 架设桥梁、索道，构筑水下隧道。

(4) 打捞沉船、沉物。

(5) 铺设、撤除、检修水上水下电缆或管道。

4) 申请从事下列项目施工作业的施工作业者，应在拟开始施工作业次日 15 天前向海事局提出书面申请：

(1) 设置用于捕捞、养殖的固定网具设施。

(2) 设置系船浮筒、浮趸、竹木排筏缆桩以及类似的设施。

(3) 进行影响水上交通安全的海洋及气象观测、水文测量、地质调查和科学研究等活动。

(4) 清除水面垃圾。

(5)扫海、疏浚、爆破、打桩、拔桩、填埋、挖砂、淘金、采石及抛泥沙石。
(6)其他影响通航水域交通安全或对通航环境产生影响的施工作业。

5)除"救助遇难船舶,或紧急清除水面污染物、水下污染源"施工作业外,从事其他各项突击性或临时、零星施工作业,其书面申请可与发布航行警告、航行通告的申请一并提出。

6)从事"救助遇难船舶,或紧急清除水面污染物、水下污染源"施工作业的施工作业者,应于开始施工作业之时24小时以内向海事局提出口头申请。口头申请的主要内容有:
(1)遇险船舶、设施的情况;
(2)水域污染和清除的情况;
(3)施工作业船舶名称和施工作业方式;
(4)施工作业的地点和起止时间。

7)涉及构筑水上水下固定、永久性建筑物的施工作业项目,其过程可行性研究和初步设计阶段的评审活动应有海事局部门参加。施工作业项目经海事局部门审查,符合通航安全要求后,施工作业者方可按规定办理书面申请的手续。

8)在长江、珠江、黑龙江干线及沿海水域、进出港航道、习惯航线上进行架设、构筑桥梁、索道、闸坝、隧道等大型固定性、永久性设施;在港外监理过驳、装卸站点;扩展港区范围,建立新港区;建设新锚地;设定永久性禁航区等相关的施工作业,事前须报海事局批准,其工程可行性研究和初步设计阶段的评审活动应有海事局参加,经审核符合通航安全要求或未符合通航安全要求的情况得到改正后,方可办事施工作业书面申请的手续。

三、水上水下施工作业申请程序

水上水下施工作业申请流程见图6-1。

(一)填写申请书

施工作业者提出书面申请,填写《水上水下施工作业安全审核申请书》(以下简称申请书)。

(二)准备申请资料

申请时应提供如下的资料:
(1)有关主管部门对该项目批准的文件;
(2)与通航安全有关的技术资料及施工作业图纸;
(3)安全及防污染计划书;
(4)与施工作业有关的合同或协议书;
(5)施工作业者的资质认证书;
(6)施工作业船舶的船舶证书和船员适任证书;
(7)施工作业者是法人资格证明文件或法人委托文书;
(8)法律、行政法规、规章规定的其他有关资料。

(三)《水上水下施工作业许可证》的签发管理

(1)海事局应自收到书面申请次日起至申请的拟开始施工作业次日7日前,作出施工作业是否符合通航安全的决定。符合的应在上述期限内核发《水上水下施工作业许可证》(以下简称《许可

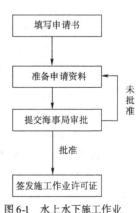

图6-1 水上水下施工作业申请流程图

证》);不符合的,应在上述期限内通知施工作业申请者作出相应的修改。

(2)对从事突击性或临时、零星的施工作业,海事局自收到书面申请后,应审核其是否符合通航安全的要求。符合的,在核发《许可证》的同时准予办理发布航行警告、航行通告的相关手续。不符合的,应要求施工作业申请者作出相应的修改。

(3)从事"救助遇难船舶,或紧急清除水面污染、水下污染源"的施工作业,可免办《许可证》。施工作业完成后,施工作业者应于24小时内将施工作业完成的情况报告当地的海事局。

(四)《水上水下施工作业许可证》的使用管理

(1)《许可证》的有效期由海事局根据施工作业期限及水域环境特点确定,《许可证》的最长有效期不得超过5年。

(2)期满不能结束施工作业时,持证认可于《许可证》有效期满之日7天前到海事局办理延期使用的手续,由海事局在原证上签注延期期限并加盖《施工作业审核专用章》(以下简称《专用章》)后方可能继续使用。

(3)海事局准予办理延期使用手续的次数和延期天数由海事局根据施工作业的实际情况确定。

(4)对于施工作业期超过2年的施工作业,其《许可证》每满一年应接受海事局审核一次,施工作业状况符合海事局通航安全和防污染要求的,由海事局在原证上签注审核日期并加盖《专用章》后方能继续使用。

(5)施工作业者取得《许可证》后,如作业项目、地点、范围和实施施工作业的单位等发生变更,原申请者须重新申请。领取新的《许可证》后,原《许可证》交发证机关注销。

四、通航安全水上水下施工作业管理涉及的法律责任

核发《许可证》的海事局是通航安全水上水下施工作业的监督管理机构。

(一)通航安全水上水下施工作业监督管理规定

(1)未按按照本规定取得有效《许可证》的,或未获得海事局许可的,不得擅自施工作业。

(2)施工作业者应按海事局确定的安全要求和防污染措施进行作业,并接受海事局的监督检查。

(3)专门从事水文测量、航道建设和沿海航道养护的施工作业者,应按季将测量、建设、养护以及施工船舶的安排计划,书面报送海事局备案。

内河航道养护的施工作业,由航道管理部门根据航道维护计划和航道变化情况组织实施,并采取相关安全措施,不适用本规定有关申请和《许可证》制度。

(4)实施施工作业的船舶、排筏、设施须按有关规定在明显处昼夜显示规定的号灯、号型。

施工作业者在施工作业期间应按海事局确定的安全要求,设置必要的安全作业区或警戒区,设置有关标志或配备警戒船。在现场作业船舶或警戒船上配备有效的通信设备,施工作业期间指派专人警戒,并在指定的频道上守听。施工作业者设置警示标志或配备警戒船进行现场巡逻的费用由施工作业者承担。

(5)施工作业者进行施工作业前,应按有关规定向海事局申请发布航行警告、航行通告。

(6)施工作业者有责任清除其遗留在施工作业水域的碍航物体。

(7)严禁施工者随意倾倒废弃物。

(8)划定与施工作业相关的安全作业区必须报经海事局核准、公告。与施工作业无关的船舶、排筏、设施不得进入施工作业安全作业区。施工作业者不得擅自扩大施工作业安全作业区的范围。

(9)施工作业结束后,除"救助遇难船舶、或紧急清除水面污染、水下污染源"等施工作业外,施工作业者应及时向海事局提交涉及通航安全的竣工报告。工程中有关涉及通航安全的部分经统一组织竣工验收合格后,方可投入使用。

(二)通航安全水上水下施工作业管理涉及的法律责任

1. 停止施工作业的规定

有下列行为之一的,海事局有权责令其停止施工作业:

(1)应书面申请的《许可证》未取得,擅自进行施工作业的。

(2)所持有的《许可证》已失效,仍然进行施工作业的。

(3)未按《许可证》要求进行施工作业的。

(4)未按规定采取安全和防污染措施进行施工作业的。

(5)未按规定申请发布航行警告和航行通告即进行施工作业的。

(6)施工作业与航行警告、航行通告中公告的内容不符的。

(7)未按规定报备季度施工作业计划的。

(8)施工作业水域内发生水上交通事故,危及周围生命、财产安全的。

(9)施工作业水域附近发生或将发生重大事件,海事局认为有必要暂停施工作业的。

2. 有关处罚的规定

按以下规定处罚:

(1)未按规定取得《许可证》,擅自构筑、设置水上水下建筑物或设施的,除按有关规定处罚外,海事局可责令其限期拆除或搬迁。

(2)违反规定不清除遗留在施工作业水域的碍航物体的,海事局可责令其限期清除;在限定的期限内不清除的,海事局可强制清除,有关费用由施工作业者承担。

(3)施工作业者随意倾倒废弃物的,海事局可责令其立即改正,并处以30000元以下的罚款。

(4)除"救助遇难船舶,或紧急清除水面污染物、水下污染源"等施工作业外,工程中有关涉及通航安全的部分经统一组织竣工验收合格后,方可投入使用。未申请验收即擅自投入使用的,海事局可责令其按规定申请验收,并可处以1000元及30000元人民币的罚款。

(5)工程存在着危害通航安全的缺陷,限期改正而不加以纠正,擅自投入使用,海事局可按《中华人民共和国海上海事行政处罚规定》的有关规定予以处罚。

案例6-2:某内河航道炸礁工程,施工单位在规定的时间内与业主签订了施工合同。合同签订后,施工单位积极组织人员、设备进场,按规定办理了《水上水下施工作业许可证》,发布了航行通告,办理了其他开工手续,工程按期开工。施工过程中,发生了主机功率为2400kW的炸礁船被误入施工区的1000吨级运输船碰撞事件,造成炸礁船上施工机具和船体多处损坏的事故,直接经济损失80万元。炸礁完成后,用抓斗式挖泥船进行了清礁。施工完成后,进行了水上水下地形、水文测量,并绘制了竣工水深图。在竣工水深图中,显示清礁区内存在局部浅点,施工单位立即进行了补挖、补测,并将补测结果补绘于原竣工水深图上。经计算,补绘部分占竣工水深图幅中测区总面积的21%。通过补测、补绘后,竣工水深图中显示全部测点的水深均达到了设计要求,相应的施工资料也整理完毕,施工单位向监理单位提出了交工验收申请。

问题:
(1)向海事局申请办理水上水下施工作业许可证需要提供哪些资料?
(2)根据水上交通事故等级划分标准,本工程的撞船事件应属于哪一级水上交通海损事故?说明理由。
(3)施工单位将补测结果补绘于原竣工水深图中的做法是否正确?说明理由。
(4)本工程是否达到交工验收的条件?说明理由。

分析与答案:
(1)向海事局申请需提供的资料包括:
①主管部门对该项目批准文件;
②与通航安全有关的技术资料及施工作业图纸;
③与施工作业有关的合同或协议书;
④施工船舶证书和船员适任证书;
⑤安全及防污染计划书;
⑥法人资格证明文书或法人委托书;
⑦施工单位的资质认证文书;
⑧法律、法规、规章规定的其他有关资料。

(2)根据水上交通事故等级划分标准,本工程的撞船事件属水上交通海损的大事故;因发生事故的船舶主机功率在1500~3000kW之间,事故直接经济损失在50~300万元之间,按水上交通事故等级划分属大事故。

(3)施工单位将补测结果补绘于原竣工水深图中的做法是正确的。《疏浚工程质量检验评定标准》中规定允许对局部补挖后补绘竣工图。本工程的补绘面积占图幅中测区总面积的比值在规定允许的25%之内,因此可以将补测部分补绘于原竣工图。

(4)本工程不满足交工验收条件。因为水下炸礁工程完成后应进行硬式扫床,而本工程仅进行了常规的竣工测量,不能满足交工验收的条件。

案例6-3 某内河航道工程包括20km航道疏浚和A、B两处礁石清除。施工单位在与业主签订合同后,按照承诺组织了一艘自航耙吸式挖泥船、一艘钻孔爆破船、一艘抓斗式挖泥船及其他辅助船机设备进场。在办理相关手续的过程中发现该河段分属两个海事局管辖,施工单位在规定的时间内向海事局提出了水上水下施工作业安全审核申请,海事局核发了有效期为三个月的《水上水下施工作业许可证》,并发布了航行通告,工程于2006年1月15日按期开工。在春节前的1月28日该项目监理组织了节前安全大检查,发现了如下一些问题:
(1)没有制订《防护性安全技术措施》,要求限期制订提交;
(2)作业船舶上有船员就餐时饮酒,要求严禁在船期间饮酒;
(3)生活区走道内,船员穿拖鞋行走,要求整改;

(4)炸药库未建立爆破用品进出台账,要求立即建立,认真填写;
(5)炸礁作业的水上安全标志、灯光不够,要求增加安全标志和灯光标志船2艘。

监理对上述存在的问题及隐患下达了监理通知,要求逐条落实整改。施工单位通过总结整改,完善了安全措施,同时又向监理提出了增加安全措施费用的要求。

问题:
(1)该项目施工单位应向哪一个海事局提出水上水下施工作业安全审核申请?
(2)逐条回答监理提出的问题和隐患及整改要求是否正确?为什么?
(3)施工单位提出增加安全措施费的要求是否合理?为什么?
(4)施工单位在《许可证》三个月的有效期内未能完成施工作业,应该在何时办理什么手续方始继续施工?

分析与答案:
(1)因本河段水域涉及两个海事局;施工方申请《水上水下作业申请》时应按规定向其共同的上一级海事局提出,或向上一级指定的海事局提出。
(2)监理提出限期制定的要求正确;因为按规定在开工前项目经理部应该制定防护性安全技术措施,该工程未制定属遗漏,必须补制。监理提出严禁在船期间饮酒的要求正确,符合《水上水下施工作业通航安全管理规定》。监理提出警告的要求不正确,生活区没有此规定。监理提出建台账的要求正确,符合民用爆破品管理规定。监理提出增加安全标志和灯光标志船的要求正确,符合《水上水下施工作业通航安全管理规定》及本工程的情况。
(3)施工方向监理提出支付安全措施费的要求不合理。因为施工作业期间设置必要的安全标志或配备警戒船等施工安全措施是施工作业者的责任。其费用应由施工作业者承担。
(4)施工方在海事局核发的许可证期内未能完成任务时,应持证于有效期满之日7日以前到海事局办理延期手续,由海事局在原证上签注延期期限并加盖《施工作业审核专用章》后方可继续使用。

第五节 海上航行警告和航行通告的管理

一、海上航行警告和航行通告管理的范围、机构和发布形式

(一)海上航行警告和航行通告的管理范围

在中华人民共和国沿海水域从事下列活动,必须事先向所涉及的海区的区域主管机关申请发布航行警告和航行通告:
(1)改变航道、航槽。
(2)划定、改动或撤销禁航区、抛泥区、水产养殖区、测速区、水上娱乐区。
(3)设置或撤除公用罗经标、消磁场。
(4)打捞沉船、沉物。
(5)铺设、撤除、检修电缆和管道。
(6)设置、撤除系船浮筒及其他建筑物。
(7)设置、撤除用于海上勘探开发的设施和其安全区。

(8)从事扫海、疏浚、爆破、打桩、拔桩、起重、钻探等作业。

(9)进行使船舶航行能力受到限制的超长、超重、笨重拖带作业。

(10)进行有碍海上航行安全的海洋地质调查、勘探和水文测量。

(11)进行其他影响海上航行和作业安全的活动。

军事单位划定、改动或者撤销军事禁航区、军事训练区,由国家主管机关或区域主管机关发布海上航行警告、航行通告。

(二)海上航行警告和航行通告管理机构

中华人民共和国海事局(以下简称国家主管机关)主管全国海上航行警告和航行通告的统一发布工作。

沿海水区域海事局(以下简称区域主管机关)主管本管辖区海上航行警告和航行通告的统一发布工作。

区域主管机关的管辖区域由国家主管机关确定。

在渔港水域内新建、改建、扩建各种设施或进行其他施工作业,由渔政渔港监督管理机关根据本规定和国家其他有关规定发布海上航行通告。

军事单位涉及海上航行警告、航行通告事宜的管理办法,根据《中华人民共和国海上交通安全法》有关规定,另行制定。

(三)海上航行警告和航天通告发布方式

海上航行警告由国家主管机关或其授权的机关以无线电报或者无线电话的形式发布。

海上航行通告由国家主管机关或其区域主管机关以书面形式或者通过报纸、广播和电视等新闻媒介发布。

二、海上航行警告和航行通告的申请

(一)申请时间

应当在活动开始之日的7天之前向该项活动所涉及的海区的区域主管机关递交发布海上航行警告、航行通告的书面申请。但是,有特殊情况,经区域主管机关的认定,需要立即发布海上航行警航行通告的除外。

(二)书面申请的内容

(1)活动起止日期和每日活动时间。

(2)活动内容和活动方式。

(3)参加活动的船舶、设施和单位的名称。

(4)活动区域。

(5)安全措施。

(三)特殊申请

进行使船舶航行能力受到限制的超长、超高、笨重拖带作业活动的,应当在启拖开始之日的3天前向启拖地所在海区的区域主管机关递交发布海上航行警告、航行通告的书面申请。书面申请包括的内容如下:

(1)拖船、被拖船或被拖物的名称。

(2)启拖时间。

(3)起始位置、终到位置及主要转向点位置。
(4)拖带总长度。
(5)航速。

(四)变更申请

海上航行警告、航行通告的发布后,申请人必须在国家主管机关或区域主管机关核准的时间和区域内进行活动;需要变更活动时间或改换活动区域的,应依照本规定,重新申请发布海上航行警告、航行通告。

三、对违反海上航行警告和航行通告管理规定的处罚

违反海上航行警告和航行通告管理规定的处罚规定如下:

(1)违反海上航行警告和航行通告管理规定的,由国家主管机关或区域主管机关责令其停止活动,并可处以2000元以下罚款。

(2)未依照本规定时间申请发布海上航行警告、海上航行通告的,国家主管机关或区域主管机关可以给予警告,可以并处800元以下罚款。

(3)对违反本规定的责任人员,根据情节,国家主管机关或区域主管机关可以给予警告,扣留职务证书或吊销职务证书。

(4)违反本规定,造成海上交通事故的,除依法承担民事赔偿外,国家主管机关或区域主管机关可根据情节给予罚款、扣留职务证书或吊销职务证书;构成犯罪的,依法追究刑事责任。

(5)当事人对罚款、扣留职务证书或吊销职务证书的处罚决定不服的,可自接到处罚决定通知之日起15天内向中华人民共和国海事部门申请复议,也可以直接向人们法院提起诉讼;期满不申请复议也不提起诉讼又不履行的,作出处罚决定的主管机关可以申请人民法院强制执行。

第六节 港口与航道工程的保险

一、港口与航道工程保险的种类

保险是一种受法律保护的分散危险、消化损失的经济制度。工程保险包括财产保险和人身伤亡保险。保险的种类很多,究竟工程上应投保哪几种保险,要按照标书中合同条件的规定以及项目所处的外部条件、工程性质及业主与承包商对风险的评价和分析来决定。其中,合同条件的规定时决定的主要因素。凡是合同条件要求的保险的项目一般都是强制性的。

目前,我国港航工程保险主要有:工程一切险(包括建筑工程一切险和安装工程一切险)、第三者责任险、雇主责任险、意外伤害险、机器设备损坏险等。

二、各类保险的主要内容

(一)工程一切险

工程一切险分为建筑工程一切险和安装工程一切险,第三方责任险通常是其附加险种。工程一切险是对工程项目提供全面保障,即对施工期间工程本身、建设设备所遭受的损失予以保险,工程一切险的被保险人包括业主、承包商、分包商、监理工程师以及工程有密切关系的单

位和个人。如果被保险人不止一家,则各家接受赔偿的权利以不超过其对保险标的的可保利益为限。工程一切险适用于所有房屋工程和公共工程,承保范围包括各种自然灾害、意外事故、外来原因以及人为过失。因为被保险人违章建造或故意破坏造成的损失、因设计错误造成的损失、因战争或其他类似事件造成的损失及保单中规定应由被保险人自行承担的免赔额等属于除外责任。工程一切险的保险期,自工程开工或受首批投保的材料设备卸至工程现场之日开始生效,到工程竣工验收合格或保单开列的终止日期终止结束。建筑工程一切险没有固定的费率,其保险费率要视风险程度具体确定,一般为合同总价的0.2%~0.45%。确定保险费率时,需要考虑的风险艺术包括:承包责任范围的大小、工程本身的危险程度、承包商的资信水平,保险公司承保同类业务的损失记录,免赔额高低以及特征危险的赔偿限额等。安装工程一切险的保险费率一般为合同总价的0.3%~0.5%。考虑到安装工程一切险的自身特点及特殊危险,其费率一般高压建筑工程一切险。

(二)第三者责任险

该险种一般附加于工程一切险中,承保在过程施工过程中因发生意外事故造成工地以及邻近地区第三方的人身伤亡、疾病或死亡的经济赔偿责任。

(三)雇主责任险

该险种是承包商为其雇员办理的险种,承保承包商应承担的其雇员在过程实施过程因意外事件导致的伤害、疾病或死亡的经济赔偿责任。

(四)意外伤害险

指被保险人在保险有效期间,因遭遇非本意的、外来的、突然的意外事故,致使其身体蒙受伤害而残疾或者死亡时,保险人依照合同规定给付保险金的保险。该险种投保人可以是雇主,也可以是雇员本人。

(五)机器设备损坏险

承保大型机械设备在使用期间发生损坏的保险。如港口与航道工程中各类施工船舶(打桩船、起重船、挖泥船等)的保险,船舶保险主要有船舶保险全损险、船舶保险一切险(含航次险)等。

施工合同规定双方保险义务一般为建筑工程一切险和第三者责任险的投保在合同专用条款中约定,由甲方承担;施工人员、机器设备的保险由乙方负责。

第七节 港口与航道工程的安全作业

一、沉桩作业、起重作业和构件安装作业

(一)沉桩施工

1.一般要求

(1)编制沉桩施工方案

每个沉桩工程都必须编制施工方案,制定安全技术措施,编制施工顺序图,按沉桩顺序安排制桩及沉桩。施工方案需经上级主管部门批准后方可实施。技术负责人应及时向参加施工的人员进行施工方案交底。

(2) 掌握分析自然条件

正确合理地组织好沉桩工程施工,必须掌握分析自然条件。首先要将过程所在地的水文、地质、气象、地形及施工船舶避风锚地等有关资料收集起来并进行分析,根据这些资料合理地选择沉桩设备,采取有效措施搞好施工,预防各类事故的发生。

(3) 合理选择沉桩施工船机设备

为保证沉桩施工顺利进行,施工前应根据工程桩位布置图和桩长,结合泥面标高和水位情况等自然条件,合理选择沉桩施工船机设备,确保沉桩施工安全。

(4) 沉桩施工安全技术措施要点

① 结合桩基施工允许偏差和沉桩顺序,校核各桩是否相碰;

② 根据选用船机的性能和桩长,检查沉桩区水深是否符合沉桩要求;

③ 检查沉桩区有无障碍物及沉桩区附近建筑物与沉桩施工互相有无影响;

④ 沉桩区需先行挖泥时,要重视岸坡稳定及邻近建筑物位移和沉降,防止发生意外情况。

2. 安全注意事项

(1) 水上沉桩操作人员都必须做到二戴一穿(戴安全帽、戴安全带、穿救生衣)。

(2) 操作人员要注意各锚位的布置情况,经常检查各缆绳及地垄是否牢固可靠,如遇大风必须及时加缆和锚。杜绝前后锚缆在同时拉紧的情况下移船。

(3) 在吊桩前,应对为配合起吊所需的设备、索具等认真检查。沉桩施工过程中要注意沉桩设备各部件的运行情况,发现异常,应立即停车并采取相应措施。

(4) 在施工过程中移船时,要注意缆绳是否绊住已打好的桩,同时还要观察周围船舶的动态,防止意外事故的发生。

(5) 操作人员不准用手接或脚蹬正在运行中的活动物体。工作平台、爬梯等应经常清扫,在雨、霜、冰天气作业要有防滑措施。

(6) 沉桩定位时,要随时掌握水深情况,严格控制桩的入水深度,防止桩尖触及泥面和移船时发生事故。要经常注意桩的贯入度,防止突然溜桩和断桩。

(7) 若离岸较近打桩时,陆上危险区域应设置警戒标志,在地垄周围要设置安全标志,防止意外事故的发生。

(8) 沉桩结束后应及时夹桩,加强基桩之间的链接,以减少桩身位移;当有台风、大风和洪峰等预报时,必须检查夹桩设施是否牢固可靠,并采取必要的加固措施。

(9) 工作结束后要及时固定好各种施工设备。

(二) 起重作业

1. 一般规定

(1) 作业前必须了解起吊物件的基本情况,如被吊物的外形尺寸、重量、起吊高度及其周围环境等。包括施工现场的地形、地貌、水域情况,运输道路及场地面积等。

(2) 根据被吊物的特点及其周围的环境,制订施工方案,在施工方案的内容中,必须制定专门的安全技术措施。要合理选用起重设备、吊索具等。

(3) 对起重作业过程中的难点和危险点进行必要的分析,并制定专项施工方案。在实施过程中要进行重点监护和监控。

(4) 必须掌握起吊设备、起吊索具、运输工具等机械性能,各种起重设备的限位安全装置都要齐全有效。

(5)指挥和操作人员必须持有关部门核发且有效的特种作业证书,做到持证上岗。

(6)要做好起重作业前安全技术交底,提出明确的安全要求,并做好交底记录,交底和被交底人都必须在记录文件上签字。

2.安全注意事项

(1)所有的指挥和操作人员必须严格起重安全操作规程,认真按施工技术交底要求进行施工。

(2)必须在起重工作区域设置明显的警示标志。必要时设置安全警戒区域,严禁无关人员进入。

(3)起重作业前要对设备、吊索具进行检查,发现异常情况如设备限位失灵、吊索具破坏超过规范要求等,要及时进行整改和更换。

(4)在起重作业时,严禁超过设备负荷吊起重物和超水平距离斜吊重物。

(5)起重作业时严禁任何人员在起重作业的吊重物的上面或下面经过或作业。

(6)风力超过6级和大雨天气,应停止起重作业施工。

(7)起重操作人员,要按作业要求正确穿戴和使用安全防护用品。

(8)起重作业中,若出现异常紧急情况,起重指挥人员应立即发出的"紧急停止"信号,立即采取 措施,排除险情。

(三)构件安装作业

1.一般要求

(1)根据设计构件的类型、外形尺寸、重量和安装部位等要求,结合施工现场条件,经受力分析计算后,合理选择安装船机和吊具索具。

(2)检查构件搁置点的强度、牢固性和稳定性以及邻近的钢筋、模板及结构物,避免影响构件安装。

(3)搁置面应平整,构件与搁置面之间应接触严密。

(4)当搁置处的外伸钢筋影响构件安装时,不得随意割除。必要时,应与设计单位研究解决。

(5)受风浪以及其他外力影响的部位,构件安装后应及时采取措施加固。

(6)采用水泥浆作搁置垫层时,应随铺随安,厚度宜为10~20mm,超过20mm时应采取措施。水泥浆强度,应满足设计要求。

(7)侧卧预制的构件,起吊时应按设计吊点位置和专项施工方案进行翻转。有特殊要求的构件应另行采取措施。

2.安全注意事项

(1)在编制的施工组织设计中应制定构件安装专项安全技术措施,并应对操作人员进行安全技术交底,凡是未接受过安全教育的人员,不允许参加施工工作。

(2)对于从事高空作业的职工,必须进行身体检查。患有高血压、心脏病、癫痫病的人和其他不适于高空作业的人员不能从事高空作业。

(3)在安装过程中,应该设专人指挥,禁止超负荷起吊和斜吊,严禁任何人员在吊运物品上或下面停留和行走。如果上下两层同时进行工作,上下两层之间必须设有专用的防护棚或者其他隔离设施。

(4) 在六级以上的强风天气时,禁止露天进行起重和高空作业。

(5) 冬期、雨期施工要采取必要的防滑措施。

(6) 光线不足和夜间施工,应配置足够的照明设施。

(7) 水下安装作业,应该注意与潜水作业的协调配合,确保作业安全。

(8) 施工现场的脚手板须使用坚固木板,板面应设防滑木条。安装工作平台须要设置防护栏杆。凡是超过3米的跳板,必须加设支撑。

二、绞吸式挖泥船作业和链斗式挖泥船作业

(一) 绞吸式挖泥船作业

1. 一般要求

(1) 工程开工前,应对施工水域的现场进行踏勘,了解施工现场的通航密度、水文、气象、土质和障碍物等情况并详细记录。

(2) 施工单位应该在开工之前及时办理航行警告、航行通告等有关手续。

(3) 参与施工船舶必须具有海事、船检部门核发的各类有效证书,船舶操作人员应具有与岗位相适应的适任证书,并且接受当地执法部门的监督和检查。

(4) 施工船舶在施工中要严格遵守《国际海上避碰规则》、《海上交通安全法》等有关法规及要求,按规定在明显处昼夜显示号灯、号型,同时设置必要的安全作业区域或警戒区并且设置符合有关规定的标志。

(5) 施工船舶应配备有效的通信和救生设备,并保持设备技术状态良好。

(6) 水上施工作业人员必须严格执行安全操作技术规程,杜绝违章指挥和作业,违反劳动纪律的"三违"现行,保证船舶航行、停泊和作业的安全。

(7) 项目经理部、施工船舶应根据施工作业区域的实际情况和季节变化,制定防台、防火、防暑、防汛、防寒、防冻的预案,制定雾天施工安全技术措施。

2. 安全要求

(1) 绞吸式挖泥船进入施工区要有专人指挥,待船停稳,开始放钢桩;如有水流,可先放桥架,船舶停稳后再下钢桩。

(2) 作业前,当班人员应对主机、泥泵及排泥管、离合器、闸阀等设备及仪表控制系统进行全面检查,认真做好交接班。

(3) 开工作业前,要观察浮管两层是否有碍安全的行人和船舶,并在浮管两层及排泥管口设置"停留危险"等警示牌。

(4) 作业过程中,根据泥质确定换桩角度,防止船舶前移量过大或过小产生漏挖、隔桥或横移困难等隐患产生。

(5) 浅水或深水作业应分析土质、潮差变化和钢桩的关系,适当起放钢桩以防倾倒或失落;横移和停吹时,严禁将副钢桩插入河底。

(6) 遇硬质泥层时要控制绞刀旋转速度,注意调节控制横移锚机缆绳,防止绞刀滚刀或绞断锚缆。

(7) 抛移锚时,登艇人员必须穿救生衣,操作时站在适当的位置,防止被锚缆抽伤;随时与

挖泥船保持联系,及时执行操作指令。

(8)水上管线作业时,要安全着装,夜间较强照明,风浪大停止作业。作业用索具、葫芦应系牢,工具传递不得扔掷,水上管线的头尾每间隔一定距离设置白光灯警示。

(9)作业中发现意外情况应立即报告,紧急情况可先停机后报告,处理故障要有可靠的安全措施。

(10)当班人员应做好记录。

(二)链斗式挖泥船作业

链斗式挖泥船作业的一般要求和安全注意事项如下:

(1)作业之前对船上设备全面检查,认真做好交接班。

(2)作业全过程中要对各个作业环节严格按安全生产技术操作规程操作,并按施工方案规定的程序作业。

(3)作业时根据土质、层厚采取分层挖泥,根据泥斗充量,控制横移速度,防止泥斗出轨。

(4)链斗运转时,注意斗桥情况,异常时应立即停车,出现塌方放松主锚,对水下障碍物及时排除。

(5)松放卸泥槽应待驳船系妥后进行,收绞卸泥槽要在驳船解缆前,防止触损驳船伤人。

(6)锚机运行时,机上不得放置器物,挖泥中锚机发生故障应立即停止挖泥,防止锚机倒转。

(7)绞锚时勿使受力过大,禁止超负荷运行。

(8)辅助船靠离挖泥船时,应积极配合,必要时放松锚缆以防碰撞。

三、水上施工作业、潜水作业

(一)水上施工作业

1. 一般要求

(1)遵照交通部《水上水下施工作业通航安全管理规定》,在国内沿海和内河水域水上施工作业前,必须按照规定申报办理有关许可证,并办理航行通告等有关手续。

(2)参与施工的船必须具有海事、船检部门核发的各类有效的证书,船舶操作人员应具有与岗位相适应的适任证书,并接受当地执法部门的监督和检查。

(3)施工船舶在施工中要严格遵守《国际海上避碰规则》等有关规定及要求。

(4)在编制水上工程施工组织设计的同时,必须制定工程船舶施工安全技术措施。

(5)工程开工前,应由项目经理部组织安全监督部门、船机部门等有关人员,对水上施工区域及船舶作业、航行的水上、水下、空中和岸边障碍物等进行实地勘察,制定防护性安全技术措施。

(6)施工现场技术负责人,应向参加施工的工程船舶、水上水下作业人员,进行施工安全技术交底工作,所有参加人员必须到场,并应做好记录。

2. 安全注意事项

(1)水上施工作业人员,必须穿好救生衣,严禁酒后上岗作业,严禁船员在船期间饮酒。

(2)水上施工作业船舶,必须按照有关规定在明显处设置昼夜显示信号及醒目标志。

(3)施工船舶应按海事部门确定的安全要求,设置必要的安全作业区或警戒区,并设置符合有关规定的标志。

(4)施工船舶应配备有效的通信设备并在指定的频道上守听,主动与过往船舶联系沟通,将本船的施工、航行动向告知他船,确保航行和施工安全。

(5)施工船舶作业人员,必须严格执行安全操作技术规程,杜绝违章指挥、违章作业。

(6)水上作业船舶如果遇到有大风、雾天,超过船舶抗风等级或能见度不良时,应停止作业。

(7)在水上搭设的作业平台,须牢固可靠,悬挂的避碰标志和灯标应符合有关安全技术规定。水上作业平台应配备必要的救生设施和消防器材。

(二)潜水作业

1. 一般要求

(1)从事港航施工潜水及潜水作业,必须遵守《中华人民共和国潜水条例》。

(2)潜水及潜水作业应遵循安全第一、预防为主、组织严谨、依法管理的原则,保障潜水人员的健康和安全。

(3)潜水作业应接受国家海事管理的安全监督和管理,包括对潜水作业及传播、设备进行检查和事故调查处理。

(4)从业潜水人员必须具有有效特种作业证书,做到持证上岗。

(5)潜水作业组必须制定安全管理制定和各个岗位人员职责,每班准确填写潜水日志。

(6)潜水设备和装置必须通过有关法定部门定期检验,使用前应该做好例行检查。

2. 安全注意事项

(1)通风式重装潜水作业组每组应由潜水员、信绳员、电话员、收放潜水胶管员四人组成,应由专门作业人员操作,离基地外出潜水作业时,必须具备两组同时潜水的作业能力。

(2)潜水作业前应该了解作业现场的水深、水文、水质、流速、地质情况,认真填写潜水日志。

(3)潜水作业时,潜水工作船应该悬挂信号旗,夜间作业应悬挂潜水信号灯,并应该有足够的工作照明。

(4)要根据水下作业内容和工作量,结合作业现场条件,制定潜水作业方案和应急安全保障措施。

(5)潜水现场必须备有急救箱及急救手册和相应的急救器具。

(6)严格控制潜水作业时间和周期,潜水员在未得到充分休息时,不得安排作业。

(7)对超过不减压界限深度的潜水工作现场,应该备有减压舱等设备,潜水员作业后应及时进舱减压。

四、施工用电和港口与航道工程的现场文明施工

(一)施工用电

1. 一般要求

(1)施工用电应该严格执行国家、地方、企业的有关标准和规定,确保施工现场用电的安全、有效和可靠的运行。

(2)必须建立、健全安全用电制度,建立、健全用电安全岗位责任制,明确各级用电安全负

责人和管理人员。

(3)在进行工程施工组织设计时,须编制施工临时用电方案,制定具有针对性的安全技术措施。

(4)配电箱等用电设施必须符合有关规定要求,产品必须持有合格证书。

(5)现场用电操作人员,上岗前必须进行专业的培训和安全教育,考试合格后持有效的有关部门核发的特殊工种操作证书方可上岗。

(6)对施工用电器设备应建立必要的管理台账,根据电器设备的用量,合理分配各种电器用电负荷,确保设备正常的运行。

2. 安全注意事项

(1)对配电房等设施应设置明显的警戒标志,严禁无关人员进入,房内必须配备足够的绝缘手套、绝缘杆等安全工具以及防护设施,严格执行值班制度。

(2)各类电气设备的金属外壳及与该电气设备连接的金属构架,必须采取可靠的接地保护。熔断器的规格应满足被保护线路和设备要求。

(3)定期对施工现场进行巡视检查,经常要对漏电保护器进行检测,发现问题及时进行整改。严禁非电工拆装电气设备,严禁乱拉乱接电源。

(4)施工现场必须实行"三相五线"制,所有电器设备须做到"一机、一闸、一漏电保护器"。

(5)施工现场需要用电及施工船舶接用岸电时,应经过用电管理人员的同意,并且由专业人员进行操作,用电完毕后,应及时切断电源。

(6)在特别潮湿的环境中,电气设备、电缆、导线等应选用封闭型或防潮型。

(7)在需要切断电源进行检修或操作时,必须悬挂"有人操作,不得合闸"的警示牌,如果必须进行带电操作,应设监护人。

(二)港口与航道工程的现场文明施工

现场文明施工是项目管理的一个重要部分。现场文明施工能使场容美观整洁、道路畅通,材料放置有序,施工有条不紊,安全、消防和保安均能得到有效的保障,并使得与项目有关的相关方都能达到满意。港口与航道工程现场文明施工的基本要求如下:

1. 施工生产

(1)施工单位应按照施工总平面布置图设置各项临时设施。施工单位若改变施工总平面布置图,应先向总承包商提出申请,同意后方可实施。

(2)施工现场须设置明显的标牌,标明工程项目的名称、建设单位、设计单位、施工单位、项目经理和施工现场总代表的姓名,开工、竣工日期,施工许可证批准文号等,施工单位负责施工现场标牌的保护工作。

(3)施工现场堆放大宗材料、成品和半成品、机具设备须规范、整齐,不得侵占场内道路及安全防护等设施。

(4)施工船舶进出施工现场必须办理相关施工许可证,听从施工单位统一指挥协调。

(5)施工现场的主要管理人员在施工现场应佩戴证明其身份的证卡。

(6)施工机械应按照施工总平面布置图规定的位置设置,不得任意侵占场内道路。施工机械进出必须经安全检查,经检查合格的才能使用,施工机械操纵人员须建立班组责任制,并依照有关规定持证上岗,禁止无证人员操作。

(7)施工单位应保持施工现场道路畅通,排水系统处于良好的使用状态;保持场容场貌的整洁,随时清理建筑垃圾。在车辆、行人通行的地方施工,应设置施工标志。

2.安全生产

(1)施工单位须执行国家有关安全生产和劳动保护的法规,建立安全生产责任制,加强规范管理,进行安全交底,安全教育及安全宣传,严格执行安全技术方案。施工现场的各种安全设施和劳动保护器具,须定期进行检查和维护,及时消除隐患,保证其安全有效。

(2)施工现场的用电线路、用电设施的安装和使用必须符合安装规范和安全操作规程,并按照施工组织设计进行架设,严禁任意拉线接电。施工现场须有保证施工的安全要求的夜间照明;危险、潮湿场所的照明及手持照明灯具,须采用符合安全措施。

(3)施工安全应严格按照《中华人民共和国消防条例》的规定,在施工现场监理和执行防火管理制度,设置符合消防要求的消防设施,并保持完好的背影状态。在容易发生火灾的地区施工或储存,使用易燃易爆器材时,施工单位应采取特殊的消防安全措施。

(4)施工现场发生的过程建设重大事故处理,依照《工程建设重大事故报告和调查程序的规定》米执行。

3.综合治理及卫生

(1)施工单位应做好现场安全保卫工作,采取必要的防盗措施,在现场周边设立围护措施。施工现场在市区的,周围应设置遮挡围栏,临街的脚手架也应设置相应的维护设施。非施工人员不得擅自进入施工现场。

(2)施工现场应设置各类必要的职工生活设施,并符合卫生、照明、通风等要求,职工的膳食、饮水供应等应当符合卫生要求。

思 考 题

1.港航重大事故处理采取什么样的步骤?
2.港口与航道水上、水下工程施工作业的安全防范措施有哪些?
3.大型施工船舶防季风的安全措施是什么?
4.通航安全水上水下施工作业管理的范围有哪些?
5.水上水下施工作业者有什么违规行为时,海事局会停止其施工作业?
6.什么是港口与航道工程保险?主要有哪些种类?
7.潜水作业的一般要求有哪些?
8.港口与航道工程施工用电的一般要求和安全注意事项有哪些?
9.港口与航道工程的现场文明施工的基本要求是什么?

第二篇　水运工程概预算

第七章 工程概预算和水运工程定额

> **学习要求：**
> 本章叙述工程概预算的基础知识和水运工程定额量价计算基础。要求掌握水运工程定额及其套用和单位估价表的编制，熟悉工程定额概念、特点、内容和分类，熟悉水运工程计量、计价过程和表式，了解工程建设流程及各阶段对应工程造价名称、计量及计价的程序和方法。

第一节 工程概预算知识

一、工程建设流程及各阶段对应的工程造价名称

按照我国的基本建设程序，在项目建议书及可行性研究阶段，对建设工程项目投资所做的测算称为"投资估算"；在初步设计、技术设计阶段，对建设工程项目投资所做的测算称之为"设计概算"；在施工图设计阶段，称之"施工图预算"；在投标阶段，称之为"投标报价"；承办人与发包人签订合同时形成的价格称之"合同价"；在合同实施阶段，承包人与发包人结算价款时形成的价格称之为"结算价"；工程竣工验收后，实际的工程造价称之为"竣工决算价"。工程建设流程如下：

项目建议书和可行性研究阶段→初步设计阶段→施工图设计阶段→招投标阶段→合同实施阶段→竣工验收阶段

对应各阶段工程项目投资名称：投资估算→设计概算→预算造价→合同价→结算价→实际造价(决算价)。

二、估算、概算、预算的区别和联系

基本建设工程预算是上述估算、概算和预算的总称。工程建设预算泛指概算和预算两大类，或称工程建设预算是概算与预算的总称。

估算也叫投资估算，发生在项目建议书和可行性研究阶段；估算的依据是项目规划方案(方案设计)，对工程项目可能发生的工程费用(含建安工程、室外工程、设备和安装工程等)、工程建设其他费用、预备费用和建设期利息(如果有贷款)进行计算，用于计算项目投资规模和融资方案选择，供项目投资决策部门参考；估算时要注意准确而全面地计算工程建设其他费用，这部分费用地区性和政策性较强。

概算也叫设计概算，发生在初步设计或扩大初步设计阶段；概算需要具备初步设计或扩大初步设计图纸，对项目建设费用计算确定工程造价；编制概算要注意不能漏项、缺项或重复计

算,要符合定额标准或规范。

预算也叫施工图预算,发生在施工图设计阶段;预算需要具备施工图纸,汇总项目的人、机、料的预算,确定建安工程造价;编制预算关键是计算工程量、准确套用预算定额和取费标准。

概算与预算的区别:

(1)所起的作用不同;概算编制在初步设计阶段,并作为向国家和地区报批投资的文件,经审批后用以编制固定资产计划,是控制建设项目投资的依据;预算编制在施工图设计阶段,起着建筑产品价格的作用,是工程价款的标底。

(2)编制依据不同。概算依据概算定额或概算指标进行编制,其内容项目经扩大而简化,概括性大;预算则依据预算定额和综合预算定额进行编制,其项目较详细具体,较重要。

(3)编制内容不同。概算应包括工程建设的全部内容,如总概算要考虑从筹建开始到竣工验收交付使用前所需的一切费用;预算一般不编制总预算,只编制单位工程预算和综合预算书,它不包括准备阶段的费用(如勘察、征地、生产职工培训费用等)。

三、结算与决算的区别和联系

结算与决算的区别:

(1)单位不同:结算由施工单位编制;决算由建设单位编制。

(2)部门不同:结算由施工单位造价部门编制,建设单位造价部门审核;建设单位财务部门编制决算,社会审计。

(3)范围不同:结算按合同,由单位工程分别编制;决算按整个项目,包括技术、经济、财务等,在结算的基础上加设备费、勘察设计费、征地费、拆迁费等,形成最后的固定资产。

四、在工程中的作用

工程概算一般用于设计过程中作为工程初步设计及技术设计时的参考。

工程预算一般用于招投标,是施工单位投标和建设单位招标的参考。

工程结算是施工企业在工程完工交工之后与建设单位进行的最终工程价款的结算。

工程决算一般用于竣工验收,是反映建设项目实际造价和投资效果的文件。

一般情况下,结算是决算的组成部分,是决算的基础。决算不能超过预算,预算不能超过概算,概算不能超过估算。

第二节 工 程 定 额

一、工程定额的概念

定额是人们根据各种不同的需要,对某一事物规定的数量标准,是一种规定的额度。

建设工程定额是指在正常的施工条件和合理劳动组织、合理使用材料及机械的条件下,完成单位合格产品所必须消耗资源的数量标准,其中的资源主要包括在建设生产过程中所投入的人工、机械、材料和资金及时间等生产要素。建设工程定额反映了工程建设投入与产出的关系,它一般除了规定的数量标准以外,还规定了具体的工作内容、质量标准和安全要求等。

"正常施工条件"是指绝大多数施工企业和施工队、班组，在合理组织施工的条件下所处的施工条件。施工条件一般包括：工人的技术等级是否与工作等级相符、工具与设备的种类和质量、工程机械化程度、材料实际需要量、劳动的组织形式、工资报酬形式、工作地点的组织和其准备工作是否及时、安全技术措施的执行情况、气候条件、劳动竞赛开展情况等。正常施工条件界定定额研究对象的前提条件，因为针对不同的自然、社会、经济和技术条件，完成单位建设工程产品的消耗内容和数量是不同的。正常的施工条件应该符合有关的技术规范；符合正确的施工组织和劳动组织条件；符合已经推广的先进的施工方法，施工技术和操作。它是施工企业和施工队(班组)应该具备也能够具备的施工条件。

"合理劳动组织、合理使用材料和机械"是指应该按照定额规定的劳动组织条件来组织生产(包括人员、设备的配置和质量标准)，施工过程中应当遵守国家现行的施工规范、规程和标准等。

"单位合格产品"中的"单位"是指定额子目中所规定的定额计量单位，因定额性质的不同而不同。如预算定额一般以分项工程来划分定额子目，每一子目的计量单位因其性质不同而不同，砖墙、混凝土以"立方米"为单位，钢筋以"吨"为单位，门窗多以"平方米"为单位。"合格"是指施工生产所完成的成品或半成品必须符合国家或行业现行的施工验收规范和质量评定标准的要求。"产品"指的是"工程建设产品"，称为工程建设定额的标定对象。不同的工程建设定额有不同的标定对象，所以，它是一个笼统的概念，即工程建设产品是一种假设产品，其含义随不同的定额而改变，它可以指整个工程项目的建设过程，也可以指工程施工中的某个阶段，甚至可以指某个施工作业过程或某个施工工艺环节。

由以上分析可以看出，建设工程定额不仅规定了建设工程投入产出的数量标准，同时还规定了具体的工作内容、质量标准和安全要求。

在理解上述工程建设定额概念时，还必须注意以下两个问题：

第一，工程建设定额属于生产消费定额的性质。定额一般可以划分为生产性定额和非生产性定额两大类。其中，生产性定额主要是指在一定生产力水平条件下，完成单位合格产品所必需消耗的人工、材料、机械及资金的数量标准，它反映了在一定的社会生产力水平条件下的产品生产和生产消费之间的数量关系。工程建设是物质资料的生产过程，而物质资料的生产过程也是生产的消费过程。一个工程项目的建成，要消耗大量的人力、物力和资金。而工程建设定额所反映的，正是在一定的生产力发展水平条件下，完成工程建设中的某项产品与各种生产消费之间的特定的数量关系。

第二，工程建设定额的定额水平，反映了当时的生产力发展水平。人们一般把定额所反映的资源消耗量的大小称为定额水平。定额水平受一定时期的生产力发展水平的制约。一般来说，生产力发展水平高，则生产效率高，生产过程中的消耗就少，定额所规定的资源消耗量应相应地降低，称为定额水平高；反之，生产力发展水平低，则生产效率低，生产过程中的消耗就多，定额所规定的资源消耗量应相应地提高，称为定额水平低。

二、工程定额的特点

工程定额具有科学性、权威性(法令性)、系统性、统一性、稳定性和时效性的特点。

1. 科学性特点

工程建设定额的科学性包括两重含义：一重含义是指工程建设定额和生产力发展水平相适应，反映出工程建设中生产消费的客观规律；另一重含义是指工程建设定额管理在理论、方法和手段上适应现代科学技术和信息社会发展的需要。

工程建设定额的科学性，首先表现在用科学的态度制定定额，尊重客观实际，力求定额水平合理；其次表现在制定定额的技术方法上，利用现代科学管理的成就，形成一套系统的、完整的、在实践中行之有效的方法；第三，表现在定额制定和贯彻的一体化。制定是为了提供贯彻的依据，贯彻是为实现管理的目标，也是对定额的信息反馈。

2. 权威性（法令性）特点

工程建设定额具有很大权威性，这种权威性在一些情况下具有经济法规性质。权威性反映统一的意志和统一的要求，也反映信誉和信赖程度以及反映定额的严肃性。

工程建设定额的权威性的客观基础是定额的科学性。只有科学的定额才具有权威。但是在社会主义市场经济条件下，它必须涉及各有关方面的经济关系和利益关系。赋予工程建设定额以一定的权威性，就意味着在规定的范围内，对于定额的使用者和执行者来说，不论主观上愿意不愿意，都必须按定额的规定执行。在当前市场不规范的情况下，赋予工程建设定额以权威性是十分重要的。但在竞争机制引入工程建设的情况下，定额的水平必然会受市场供求状况的影响，从而在执行中可能产生定额水平的浮动。

应该提出的是，在社会主义市场经济条件下，对定额的权威性不应绝对化。定额的科学性会受到人们认识的局限，定额的权威性会受到限制。随着投资体制的改革和投资主体多元化格局的形成，随着企业经营机制的转换，它们都可以根据市场的变化和自身的情况，自主地调整自己的决策行为。一些与经营决策有关的工程建设定额的权威性特征，自然也就弱化了。但直接与施工生产相关的定额，在企业经营制转换和增长方式的要求下，其权威性还必须进一步强化。

3. 系统性特点

工程建设定额是相对独立的系统。它是由多种定额结合而成的有机的整体。它的结构复杂，有鲜明的层次，有明确的目标。

工程建设定额的系统性是由工程建设的特点决定的。按照系统论的观点，工程建设就是庞大的实体系统。工程建设定额是为这个实体系统服务的。因而工程建设本身的多种类、多层次就决定了以它为服务对象的工程建设定额的多种类、多层次。从整个国民经济来看，进行固定资产生产和再生产的工程建设，是由多项工程集合的整体。其中包括农林水利、轻纺、机械、煤炭、电力、石油、冶金、化工、建材工业、交通运输、邮电工程，以及商业物资、科学教育文化、卫生体育、社会福利和住宅工程，等等。这些工程的建设都有严格的项目划分，如建设项目、单项工程、单位工程、分部分项工程；在计划和实施过程中有严密的逻辑阶段，如规划、可行性研究、设计、施工、竣工交付使用以及投入使用后的维修。与此相适应，必然形成工程建设定额的多种类、多层次。

4. 统一性特点

工程建设定额的统一性，主要是由国家对经济发展的计划的宏观调控职能决定的。为了使国民经济按照既定的目标发展，就需要借助于某些标准、定额、参数等，对工程建设进行规划、组织、调节、控制。而这些标准、定额、参数必须在一定范围内是一种统一的尺度,才能实现上述职能,才能利用它对项目的决策、设计方案、投标报价、成本控制进行比较和评价。

工程建设定额的统一性按照其影响力和执行范围来看,有全国统一定额、地区统一定额和行业统一定额等;按照定额的制定、颁布和贯彻使用来看,有统一的程序、统一的原则、统一的要求和统一的用途。

在生产资料私有制的条件下,定额的统一性是很难想象的,充其量也只是工程量计算规则的统一和信息提供。我国工程建设定额的统一性和工程建设本身的巨大投入和巨大产出有关。它对国民经济的影响不仅表现在投资的总规模和全部建设项目的投资效益等方面,而且往往表现在具体建设项目的投资数额及其投资效益方面。因而需要借助统一的工程建设定额进行社会监督。这一点和工业生产、农业生产中的工时定额、原材料定额也是不同的。

5. 稳定性和时效性

工程建设定额中的任何一种都是一定时期技术发展和管理水平的反映,因而在一段时间内都表现出稳定的状态。稳定的时间有长有短,一般在5年至10年。保持定额的稳定性是维护定额的权威性所必需的,更是有效的贯彻定额所必需的。如果某种定额处于经常修改变动之中,那么必然造成执行中的困难和混乱,使人们感到没有必要去认真对待它,很容易导致定额权威性的丧失。工程建设定额的不稳定也会给定额的编制工作带来极大的困难。但是工程建设定额的稳定性是相对的。当生产力向前发展了,定额就会与已经发展了的生产力不相适应。这样,这原有的作用就会逐步减弱以致消失,需要重新编制或修订。

三、工程定额的内容

工程定额是指在正常的施工条件和合理劳动组织、合理使用材料及机械的条件下,完成单位合格产品所必须消耗资源的数量标准,其中的资源主要包括在建设生产过程中所投入的人工、机械、材料和资金及时间等生产要素。工程定额内容包含以下三方面:

(1) 工程定额(资源定额):规定人工、材料、机械设备、时间等消耗数量;

(2) 费用定额:产品计价的费用计算指标,如现场管理、利润和税金等费用;

(3) 有关文件规定:在行业全国统一定额基础上,各省市行业主管部门可能提出一些自己的规定,或因为定额版本太老,在新版本出来之前,行业主管部门提出一些规定以弥补定额与实际的较大差别。

四、工程定额的分类

(一) 按生产因素的分类

1. 劳动消耗定额

简称劳动定额或人工定额;它是在正常的生产技术和生产组织条件下,完成单位合格产品所规定的劳动消耗量标准。劳动定额分为时间定额和产量定额。

(1) 时间定额 s:指在技术条件正常,生产工具使用合理和劳动组织正确的条件下,工人为生产合格产品所消耗的劳动时间。

$$时间定额 = 耗用的工日数/完成单位合格产品的数量$$

如潜水工按每工日 6h,隧道工按 7h,其余工种按 8h 计算。

(2)产量定额 c:指在技术条件正常、生产工具使用合理和劳动组织正确的条件下,工人在单位时间内完成的合格产品的数量。

$$产量定额 = 完成合格产品的数量/耗用时间数量$$

如人力挖Ⅰ、Ⅱ类土方 $100m^3$,需要 7 工日,则产量定额 $100m^3/7$ 工日 $= 14.29m^3/$工日,时间定额为 7 工日$/100\ m^3 = 0.07$ 工日$/m^3$。

时间定额与产量定额互为倒数关系:$c = 1/s$

2. 材料消耗定额

材料消耗定额简称材料定额,指在节约和合理使用材料的条件下,生产单位合格产品所必须消耗的一定品种、规格的材料、半产品、配件、水、电、燃料等的数量标准。单位为实物单位。如:吨、公斤等。应包括材料的净用量、损耗和废料。混凝土、砌体浆砌时的砂浆在搅拌制备过程中产生损耗,在材料消耗定额中计入损耗率。

材料消耗定额 = (1 + 材料损耗率) × 完成单位产品的材料净用量

例:完成 $1m^3$ 实体混凝土需各材料的净用量是水泥:$338kg/m^3$,中砂:$0.49m^3/m^3$,4cm,碎石:$0.85m^3/m^3$,损耗率 2% 。求 $10m^3$ 实体混凝土各种材料的消耗定额。

解:水泥:$(1 + 2\%) \times 338 \times 10 = 3448kg$

砂:$(1 + 2\%) \times 0.49 \times 10 = 5m^3$

碎石:$(1 + 2\%) \times 0.85 \times 10 = 8.67m^3$

在定额中直接查出的数值就是材料消耗定额,即已计入消耗量。

(1)材料产品定额:指用一定规格的原材料,在合理的操作条件下,而获得标准产品的数量(材料加工)。

$$一次使用量 = 净用量 \times (1 + 材料损耗率)$$

(2)材料周转定额:周转性材料(模板)在施工中合理周转使用的次数和用量,称材料周转定额。预算定额中,周转性材料均按正常周转次数摊入定额。

$$周转性材料摊销量 = [一次使用量 \times (1 + 周转次数中的总损耗率) - 回收量]/周转次数$$

如模板:如果选择廉价易损材料做,如采用质量差的木模,第一次投入成本低,但周转次数少就损坏了,摊销量成本可能并不低。相反,第一次投入成本高,模板质量好,如采用钢模,周转次数多,摊销到一次的成本可能并不高,而且混凝土构件质量好,可能最终应该优先选择使用后者。

3. 机械台班消耗定额

机械台班定额包括以下二个主要内容:

(1)机械台班消耗定额

指完成单位数量合格产品所规定消耗的机械台班数量,有机械产量定额(完成产品数量/机械台班数)和机械时间定额(机械台班数/完成产品数量)两种表现形式。两者互为倒数,定额中查出的是机械时间定额。

例如:推土机推土,查《沿海港口水工建筑工程定额》1.1.15 定额编号 1222(表 7-1)为:60kW 以内推土机完成Ⅰ~Ⅱ土施工,当推土距离 30m 以内时定额为 0.72 台班$/100m^3$,即机械时间定额为 0.72 台班$/100m^3$;反之,机械产量定额应为 $100m^3/0.72$ 台班。

(2)机械台班费用定额

按照机械台班费组成算出当时人工工资,燃料价格条件下使用一个机械台班的费用。例如抓扬式斗容量2m³内燃挖泥船的机械台班费 = 第一类费用(不变费用) + 第二类费用(可变费用,人上、燃料单价要依据当时情况调整)(《沿海港口水工建筑及装卸机械设备安装工程船舶机械艘(台)班费用定额》1.3 定额编号19,见表7-2)。停置艘班费可以根据定额规定计算,也可以根据实际情况(如人员是否要开工资和航养管理费等情况)确定。

推土机推土、场地整平 表7-1

工程内容:堆土、卸除、运送、拖平、空回。

顺序号	项目	单位	定额编号												
			1222	1223	1224	1225	1226	1227	1228	1229	1230	1231	1232	1233	1234
			100m³												100m²
			推土机规格(kW)												
			60			75			105			135			75
			推土距离(m以内)												
			30	增10		30	增10		30	增10		30	增10		场地整平
			I,II	III,IV	综合	I,II	III,IV	综合	I,II	III,IV	综合	I,II	III,IV	综合	
1	人工	工日	0.70	0.70	0.06	0.60	0.60	0.04	0.60	0.60	0.02	0.49	0.49	0.02	0.24
2	推土机	台班	0.72	0.85	0.26	0.29	0.34	0.11	0.21	0.25	0.07	0.18	0.21	0.07	0.08
3	基价	元	193.36	224.31	68.17	134.30	154.22	45.07	125.45	145.76	36.19	132.06	151.51	46.02	39.38

附注:1.本定额以上坡推土坡度5%,推土厚度不小于30cm为准。

2.如推填松土,定额乘以0.80系数。

3.土层平均厚度小于30cm时,定额乘以1.25系数。

4.场地整平系指地面高差在±30cm以内的就地整平。

挖 泥 船 表7-2

费用项目			定额编号			
			19	20	21	22
			抓斗(斗容量:m³)			反铲式(斗容量:m³)
			内 燃			
			2	4	8	6
第一类费用	基本折旧费	元	661.02	1148.11	6172.36	16969.57
	检修费	元	97.41	169.19	909.61	2500.78
	小修费	元	313.11	543.84	2923.75	8038.22
	航修费	元	194.83	338.39	1819.22	5001.56
	辅助材料费	元	77.93	135.36	727.69	2000.62
	小计	元	1344.30	2334.89	12552.63	34510.75
第二类费用	定员	人	11	11	13	12
	柴油	kg	148	228	496	939
	淡水	t	3.30	3.30	3.90	3.60
	小计	元	924.07	1132.87	1930.13	3037.47
基价	使用艘班费	元	2268.37	3467.76	14482.76	37548.22

机械台班定额所给台班数是平均施工水平条件下的消耗量,它还包括了一些工序衔接时的停滞台班和少量干扰等。合理组织施工时,往往实际消耗的台班数少于或多于定额规定。

机械台班费用定额用途:①分析计算台班单价:不变费用+可变费用;②计算台班消耗人工、燃料等实物量;③也可直接从"机械台班费用定额"中查出机械台班单价。

(二) 按使用要求分类

1. 施工定额

1) 定义:施工定额是规定建安工人或小组在正常施工条件下,完成单位合格产品的劳动力、材料、机械消耗的数量标准。

2) 作用:

(1) 编制实施性施工组织设计、施工作业计划、各种领料单的依据。

(2) 成本核算的依据。

(3) 编制预算定额、补充定额的基础。

3) 特点:定额水平先进,产品单位小一般时间以工时计,产品以最小单位(m, m^2, m^3)计。

施工定额水平是采用平均先进水平,比其他定额完成单位合格产品所给的人、机、周转材料数量少。目前仅一些大型企业和行业才有能力编制比较全面的施工定额。一些单位自定的内部承包规定,如每人每班必须完成多少产品;一个电焊工每天必须完成多少米规定形式的焊缝等实际上都属于施工定额。

2. 预算定额

(1) 定义:在施工定额的基础上综合而成的具有较先进合理定额水平的定额。

(2) 作用:编制施工图预算、施工组织计划,各种资源计划。编制概算定额的基础。

(3) 特点:定额水平先进合理,但比施工定额水平略低。

预算定额的水平从国家的政策、法规等方面表现出一个时期生产力发展水平,它具有广泛的社会性,是施工、建设、设计和监理单位都采用的定额。预算定额以施工图纸和平均合理施工水平为依据,虽然有推广先进施工水平、淘汰落后的含义,但比施工定额所给的人、机、料稍多,产品计量单位($10m, 100m, 10m^2, 100m^2, 10m^3, 100m^3$ 等)往往比施工定额的大。预算定额是目前编制工程报价的重要文件。

3. 概算定额

1) 定义:是在预算定额的基础上综合而成的大单位工料机消耗量的定额。概算所用定额形式基本上同预算定额。但工程项目单位都较大,如小桥涵以座计等。因为不是很细,还有未定因素,所以概算定额所给的人、机、料往往比预算定额的多。

2) 作用:它是在编制设计概算阶段对工程造价的计算。

3) 预算定额与概算定额的区别:

(1) 概算定额是编制设计概算、修正概算的依据。

(2) 概算定额是大单位的定额。

(3) 概算定额的水平低于预算定额。

(4) 概算定额包括分项定额和扩大定额。

(5) 预算定额的水平低于施工定额但是先进合理的。

(6) 预算定额包括四个附录,其主要作用是编制施工图预算。

4.估算指标

估算是在可行性研究报告阶段对投资进行估算的依据。它采用的单位更大,包含不定因素也相应较多。

1)作用:做好基建可行性研究中的投资估算;为评估造价提供依据。

2)分类:

(1)规划项目估算指标:以工料机消耗量及各项费用指标为工程造价的表现形式。编制预可行性研究及规划估算投资。

(2)工程项目估算指标:以各项工程的工料机消耗量及施工管理费用为表现形式。编制工程可行性研究和任务书。

(三)按编制单位和执行定额的范围分类

可分为:全国统一定额;行业部门定额;地方定额;企业定额。

(四)按专业不同分类

建筑领域各专业由其行业主管部门颁发在本系统使用的专业定额,如:建筑安装定额(土建定额)、设备安装定额、给排水工程定额、公路工程定额、铁路工程定额、水利水电工程定额、水运工程定额、井巷工程定额等。说明:井巷工程是指为进行采矿,在地下开凿各类通道和硐室的工程。

第三节 水运工程定额组成及运用

一、水运工程定额组成

1995年我国颁发了新中国成立以来第一部水运工程方面的定额,即《航务工程设计预算试行办法(水工建筑部分)》。在现行的22种定额中,有的自发布至今已有十几年之久。十几年来,新结构、新工艺、新材料、新技术不断涌现,定额水平与施工实际也有较大出入,施工工艺和施工设备都有较大变化,有的项目定额水平偏低且缺项较多,作为编制概算预算的参考,必须结合本身的具体情况,对该定额作必要的调整、补充。

虽然现行定额有22种,但定额的种类还没有完成配套,有的定额还处在正在制定或尚待制定之中,还有待进一步建立和健全水运工程定额体系。另外,我国现在还尚处于由计划经济进一步向市场经济的转轨时期,现有的定额远远不能适应社会主义市场经济的要求。

现行22种定额为:疏浚工程工期定额;水运工程工期定额;港口工程项目建设工期定额(试行);疏浚工程概算预算编制办法;疏浚工程预算定额;疏浚工程船舶艘班费用定额;内河航运建设工程概算预算编制规定(试行);内河航运建设工程定额(试行);疏浚工程概算定额;沿海港口建设工程概算预算编制规定;沿海港口水工建筑工程定额;沿海港口装卸设备安装工程定额;沿海港口水工建筑及装卸机械设备安装工程船舶机械艘(台)班费用定额;沿海港口水工建筑及装卸机械设备安装工程混凝土和砂浆材料用量定额;航道测量工程预算定额;航道测量工程船舶艘班费用定额;航道测量工程仪器台班费用定额;航道测量工程预算编制办法;沿海港口建设工程投资估算指标;沿海港口建设工程可行性研究投资估算编制规定;沿海港口水工建筑工程参考定额;船厂水工建筑及设备安装工程定额。

二、水运工程定额运用

(一) 正确选用定额

(1) 选用现行定额或现行补充定额；

(2) 按不同用途选用相应的定额；

(3) 在水运工程定额体系中找不到定额的可参考相近专业定额，或编制补充定额。

(二) 定额运用方法和实例

以下内容均以套用定额预算为准，如概算应乘以相应扩大系数。

1. 定额的直接套用

如果设计的要求、工作内容及确定的工程项目，完全与相应定额的工程项目符合，则可直接套用定额。在套用定额这种情况时应特别注意该定额的总说明、章节说明及定额表中附注，以正确使用。

例 7-1：试确定沿海港口中人力挖地槽(Ⅲ类土,槽宽 4.5m,槽长 8m,无挡板)的预算定额。

解题步骤：

(1) 找出《沿海港口水工建筑工程定额》查找目录(图 7-1)，查找拟套用定额所在章和所在节(即第一章第一节第四条)；

目　　次

总说明 ·· (1)
第一章　土石方工程
　说明 ·· (1)
　工程量计算办法 ··· (2)
　附表一：土壤分类表 ·· (4)
　附表二：挖泥船挖泥土壤分类表 ··· (4)
　附表三：岩石分级表 ·· (5)
　第一节　陆上开挖工程 ·· (9)
　　说明 ··· (9)
　　一、人力土方 ·· (10)
　　二、人力挖运土方 ·· (10)
　　三、人力挖岸坡土方 ··· (11)
　　四、人力挖地槽、地坑土方 ·· (12)
　　五、人力挖装、1t 机动翻斗车运土 ··· (13)
　　六、人力削整边坡 ··· (14)
　　七、松动爆破土方 ··· (14)
　　八、一般石方开挖 ··· (15)
　　九、坡面一般石方开挖(风钻钻孔) ·· (19)
　　十、基坑石方开挖(风钻钻孔) ·· (20)
　　十一、挖掘机挖土 ··· (23)
　　十二、挖掘机挖装、自卸汽车运土 ··· (24)
　　十三、轮胎式装载机挖装、自卸汽车运土 ·· (28)
　　十四、铲运机铲运土 ·· (32)

图　7-1

(2)阅读《沿海港口水工建筑工程定额》总说明,阅读拟套用定额所在章和所在节说明(见附录一),特别关注与解题有关的说明条款;

(3)查出定额页面,注意定额表中附注(图7-2);

(4)计算,由附注可知,应按地坑(定额编号1023)计算:

(每100m^3)人工=48工日,基价:1502.4元。

四、人力挖地槽、地坑土方

工程内容:挖土,修整边坡及底面,制作、安装及拆除挡土板,原土夯实。 每100m^3

顺序号	定额编号		1018	1019	1020	1021	1022	1023	1024	1025
	项 目	单位	地 槽				地 坑			
			无挡土板		有挡土板		无挡土板		有挡土板	
			土 壤 类 别							
			I、II	III、IV	I、II	III、IV	I、II	III、IV	I、II	III、IV
1	人工	工日	20.25	38.88	24.95	45.97	25.11	48.00	26.08	48.11
2	板枋材	m^3	—	—	0.710	0.340	—	—	0.360	0.170
3	圆木	m^3	—	—	0.450	0.220	—	—	0.230	0.110
4	其他材料	%	—	—	0.91	0.95	—	—	0.90	0.95
5	基价	元	633.83	1216.94	1917.69	1985.56	785.94	1502.40	1393.49	1779.19

附注:1. 开挖底宽在3m以内,且槽长大于槽宽3倍以上按地槽计算;

2. 不满足前述条件,且开挖底面积在20m^2以内,按地坑计算。

图 7-2

例7-2:试确定沿海港口中人力挖地槽(III类土,槽宽2.5m,槽长8m,有挡板)的预算定额。

解题步骤:

(1)找出《沿海港口水工建筑工程定额》查找目录(图7-1),查找拟套用定额所在章和所在节(即第一章第一节第四条);

(2)阅读《沿海港口水工建筑工程定额》总说明,阅读拟套用定额所在章和所在节说明(见附录一),特别关注与解题有关的说明条款;

(3)查出定额页面,注意定额表中附注(图7-2);

(4)计算,由附注可知,应按地槽(定额编号1021)计算:

(每100m^3)人工=45.97工日,板枋材:0.34m^3,圆木:0.22m^3,其他材料:0.95m^3,基价:1985.56元。

2. 定额换算

预算定额乘系数换算:根据定额的分部说明或附注规定,对定额基价或部分内容乘以规定系数。

(1)当定额内容全部调整时:换算后基价=定额基价×调整系数

例7-3:《沿海港口水工建筑工程定额》挖掘机挖土定额,当挖掘松土时,如图7-3所示。

(2)当只是定额中部分内容调整时:换算后基价=定额基价+调整部分金额×(调整系数-1)

十一、挖掘机挖土

工程内容：挖土、就近堆放及工作面排水沟的开通与维护。　　　　　　　　　　每 100m³

顺序号	定额编号		1117	1118	1119	1120	1121	1122	1123	1124	1125	1126	1127	1128
	项目	单位	液压挖掘机斗容（m³）											
			0.75			1.0			2.0			2.8		
			土　壤　类　别											
			I-II	III	IV	I-II	III	IV	I-II	III	IV	I-II	III	IV
1	人工	工日	0.62	0.62	0.62	0.62	0.62	0.62	0.62	0.62	0.62	0.62	0.62	0.62
2	挖掘机	台班	0.23	0.27	0.28	0.17	0.18	0.21	0.14	0.16	0.18	0.11	0.13	0.15
3	基价	元	130.22	149.50	154.31	132.18	138.82	158.72	130.92	146.85	162.78	165.49	192.05	218.61

附注：挖掘松土时，定额乘以 0.80 系数。

图 7-3

例 7-4：《沿海港口水工建筑工程定额》轮胎式装载机装石碴、自卸汽车运输定额，如图 7-4 所示。

十六、轮胎式装载机装石碴、自卸汽车运输

工程内容：挖装、运输、卸碴、空回。　　　　　　　　　　　　　　　　　每 100m³

顺序号	定额编号		1235	1236	1237	1238	1239	1240	1241	1242	1243	1244	1245	1246	1247
	项目	单位	装载机斗容（m³）												
			1.0		2.0			3.0				4.5			
			自卸汽车吨位（t）												
			8	12	8	12	15	8	12	15	20	12	15	20	25
1	人工	工日	2.23	2.23	1.38	1.38	1.38	0.97	0.97	0.97	0.97	0.79	0.79	0.79	0.79
2	其他材料	元	20.00	20.00	20.00	20.00	20.00	20.00	20.00	20.00	20.00	20.00	20.00	20.00	20.00
3	轮胎式装载机	台班	0.98	0.98	0.54	0.54	0.54	0.38	0.38	0.38	0.38	0.30	0.30	0.30	0.30
4	60kW 推土机	台班	0.46	0.46	—	—	—	—	—	—	—	—	—	—	—
5	75kW 推土机	台班	—	—	0.25	0.25	0.25	0.18	0.18	0.18	0.18	—	—	—	—
6	90kW 推土机	台班	—	—	—	—	—	—	—	—	—	0.14	0.14	0.14	0.14
7	自卸汽车	台班	2.34	1.91	1.96	1.53	1.37	1.78	1.37	1.20	1.05	1.13	1.07	0.96	0.80
8	基价	元	1460.94	1609.42	1218.24	1300.99	1319.14	1094.18	1157.72	1155.83	1247.33	1028.80	1081.70	1183.77	1179.56

附注：本定额以基本运距 1km 以内为准，每增运 1km，则自卸汽车台班按下表调整：

自卸汽车吨位（t 以内）	8	12	15	20	25
增加台班	0.57	0.33	0.27	0.24	0.21

图 7-4

3. 砂浆、混凝土强度等级、配合比换算

当工程项目中设计的砂浆、混凝土强度等级、抹灰、砂浆及保温材料配合比与定额项目规定不相符时，可根据定额说明进行相应换算。在进行换算时，应遵循两种材料交换，定额含量不变的原则。

$$\text{换算后基价} = \text{原基价} + (\text{换入单价} - \text{换出单价}) \times \text{定额材料用量}$$

例 7-5：试确定 M7.5 水泥石灰砂浆砖台阶的定额基价(建筑工程)。

解：查定额，如图 7-5 所示，该定额中水泥石灰砂浆是 M2.5，设计采用 M7.5 水泥石灰砂浆砖台阶，应该进行换算。

由软件查得 P010007/水泥石灰砂浆中砂 M7.5 /130.92 元/m³，替代原 P010005/水泥石灰砂浆中砂 M2.5 /117.48 元/m³。

所以：M7.5 水泥石灰砂浆砖台阶的定额基价 = 446.37 + 0.555 × (130.92 - 117.48) = 453.83 元/10m³。

图 7-5

4. 补充预算定额

当分项工程的设计要求与定额条件完全不相符或由于设计采用新结构、新材料、新工艺，预算定额没有这类项目也属于定额缺项，这就需要编制补充定额。做法如下：

(1)定额代用法：利用性质相似，材料大致相同，施工方法以很接近的定额项目，估算出适用的系数进行使用。这种办法一定要在施工实践中进行观察和测定，以便调整系数，保证定额的精确性，为以后补充定额项目作基础。

(2)定额组合法：尽量利用现行预算定额进行组合，因为一个新定额项目所包含的工艺与消耗往往是现有定额项目的变形与演变。新老定额之间有很多联系，要从中发现这些联系，在补充制定新定额项目时，直接利用现行定额内容部分或全部，可以达到事半功倍效果。

(3)计算补充法：按定额编制方法进行计算补充，是最精确补充定额方法，按图纸构造做法计算相应材料，加入损耗量、人工和机械按劳动定额和机械台班定额计算。补充定额编制完成后一定要随同预算一起送审。

5. 其他换算(略)

第四节 工程量计算和工程量清单

一、相关术语

1. 工程量清单

表现拟建工程的分项工程项目、措施项目和其他项目的名称及相应数量的明细。

所谓清单即体现的是具有名称和数量的项目明细。其中既包括了具有实物量的分项工程项目,也包括了无具体工程数量的一般项目(措施项目和其他项目)。

2. 项目编码

采用十二位阿拉伯数字表示。由左至右一至九位为统一编码,其中一、二位为水运工程行业码,三、四位为专业工程顺序码,五、六位为分类工程顺序码,七、八、九位为分项工程顺序码;十至十二位为特征项目顺序码。

项目编码是对工程量清单项目名称进行的数字标识。现对十二位编码举例说明(以基础打入桩为例):

项目编码100601001000表示的是施打钢筋混凝土实心方桩,其中一至九位为统一编码,一、二位10代表水运行业,三、四位06代表专业工程即地基与基础工程,五、六位01代表分类工程即基础打入桩工程,七、八、九位001代表分项工程即钢筋混凝土实心方桩;十至十二位000为特征项目顺序码,此编码须由清单编制人根据钢筋混凝土实心方桩的项目特征即桩强度等级、规格、打桩类别、土类级别、接桩方法、接头数量等进行划分,自行顺序编码。

如地基与基础工程项目清单(编码100600)中的基础打入桩工程项目编码见表7-3。

基础打入桩项目编码   表7-3

基础打入桩工程(编码100601)

项目编码	项目名称	计量单位	工程内容	项目特征
100601001000	钢筋混凝土实心方桩	m^3、根	预制、堆放,运输,打桩、稳桩夹桩、接桩、桩头处理等	桩强度等级、桩规格、打桩类别、土类级别、接桩方法、接头数量等
100601002000	钢筋混凝土空心方桩	m^3、根	预制、堆放,运输,打桩、稳桩夹桩、接桩、桩头处理等	桩强度等级、桩规格、打桩类别、土类级别、接桩方法、接头数量等
100601003000	钢筋混凝土大管桩	m^3、根	预制、堆放,运输,打桩、稳桩夹桩、接桩、桩头处理等	桩强度等级、桩规格、打桩类别、土类级别、接桩方法、接头数量等
100601004000	钢筋混凝土PHC管桩	m^3、根	预制、堆放,运输,打桩、稳桩夹桩、接桩、桩头处理等	桩强度等级、桩规格、打桩类别、土类级别、接桩方法、接头数量等
100601005000	钢筋混凝土板桩	m^3、根	预制、堆放,运输,打拔导桩、安拆导架、打桩、稳桩夹桩、桩头处理,砂浆灌缝等	桩强度等级、桩规格、打桩类别、土类级别等
100601006000	钢管桩	t、根	制作,运输、堆放,除锈刷油,打桩、稳桩夹桩、接桩、桩头处理等	桩规格要求、打桩类别、土类级别、接头数量等
100601007000	钢板桩	t、根	钢板桩外购、调直、拼组、楔形桩制作,除锈刷油,运输,打拔导架,打桩、接桩、桩头处理等	桩规格、土类级别、接头数量等

3. 综合单价

完成工程量清单中一个质量合格的规定计量单位项目所需的直接费、间接费、利润和税金,并考虑风险因素的价格。

通俗讲就是全费用清单项目单价。

需要说明的是这里所讲的风险因素应当是指在一定范围内的风险而非一切风险。工程施工发包是一种期货交易行为，工程建设本身又具有单件性和建设周期长的特点，在工程施工过程中影响工程施工及工程造价的风险因素很多，但并非所有的风险都是承包人能预测、能控制和应承担其造成的损失。根据我国工程建设的特点，投标人应完全承担的风险是技术风险和管理风险，如管理费和利润；应有限度承担的是市场风险，如材料价格、施工船机使用费的风险；应完全不承担的是法律、法规、规章和政策变化的风险。基于市场交易的公平性和工程施工中发、承包双方权、责的对等性要求，发、承包双方应合理分摊（或分担）风险。所以，招标人在招标文件中不得采用以所有风险或类似语句规定投标人应承担的风险内容极其风险范围或风险幅度。有限度承担的风险内容和风险范围应在工程合同中明确加以约定。

4.一般项目

为完成工程项目施工，招标人要求计列的、不以图纸计算工程数量的费用项目或发生于该工程施工准备和施工过程中招标人不要求列示工程数量的措施项目和其他项目。

一般项目清单的一个显著特点就是不构成工程实体，无具体工程数量，但却是施工准备和施工过程中经常和必须发生的，如安全文明施工费、施工环保措施费、临时道路、临时码头、预制厂建设等，应根据工程实际情况编制清单项目。

5.计日工项目计价

为完成招标人临时提出的合同范围以外的零散工作，即不能以实物量计量的所需的人工、材料、船舶机械综合单价。

计日工项目是为解决现场发生的零星工作的计价而设立的。计日工对完成零星工作所消耗的人工工时、材料数量、施工船舶机械艘（台）班进行计量，并按照计日工项目清单表中填报的适用项目单价进行计价支付。"计日工项目"是"零星工作项目费"的更名，类似于定额计价中的签证记工。

6.暂列金额

招标人为暂列项目和可能发生的合同变更而预留的费用。

暂列金额是招标人为一些不能预见、不能确定的因素的价格调整而设立的费用。用于施工合同签订时尚未确定或者不可预见的所需材料、设备、服务的采购，施工中可能发生的工程变更、合同约定调整因素出现时的工程价款调整及发生的索赔现场签证确认的费用。

二、工程量计算依据

1.设计文件

施工图纸及说明书，工程地质勘测报告等是计算工程量的主要依据，要求在计算前熟悉图纸，并审查有无错误和疏漏。

2.概预算定额

定额是计算工程量，确定分部分项工程消耗资源数量的依据，定额规定了各分部分项工程的工作内容、计算方法和计算单位，因此工程量的计算单位要同定额的计算单位统一起来。

3. 计算要求

详见"附录二 水运工程工程量计算规则"。

三、工程量清单编制

(1)工程量清单是招标文件的组成部分。

采用工程量清单招标的项目,工程量清单必须作为招标文件的组成部分。招标人应将工程量清单连同招标文件的其他内容一并发(或发售)给投标人。

(2)工程量清单应由具有编制招标文件能力的招标人,或受其委托具有相应资质资格的单位进行编制。

招标人应负责编制工程量清单,若招标人不具备工程量清单编制能力,可委托工程造价咨询单位编制。根据《工程造价咨询企业管理办法》(建设部第149号令),受委托编制工程量清单的工程造价咨询单位必须具有工程造价咨询资质,并在资质许可的范围内从事工程造价咨询活动。招标人对编制的工程量清单的准确性(数量)和完整性(不缺、漏项)负责。

(3)工程量清单应由分项工程量清单费用、一般项目清单费用和计日工项目清单组成。

四、工程量清单计价

工程量清单计价是指投标人根据招标文件中的工程量清单以及相关要求,结合工程施工现场的实际情况、要求,由施工单位自行制订的工程施工方案或施工组织设计,按照企业定额并考虑风险因素,由施工单位自主报价所确定的工程造价。

(1)实行工程量清单计价招标投标的水运工程,其招标标底、投标报价的编制、合同价款的确定与调整、工程价款的结算均应按《水运工程工程量清单计价规范》(JTS 271—2008)执行。

(2)工程量清单计价应包括按招标文件规定的分项工程量清单费用、一般项目清单费用、计日工项目清单费用等全部费用。

(3)工程量清单计价应采用综合单价。

(4)一般项目清单的费用,应根据招标文件的要求以及施工方案或施工组织设计,以项为单位计价。

一般项目表示的是不以图纸计算工程数量的费用或发生于该工程施工准备和施工过程中招标人不要求列示工程数量的措施项目和其他项目,其计量单位为项。一般项目清单费用,应根据招标文件的要求,结合工程实际和企业主客观条件,按照施工组织设计进行编制,应体现出具有技术上的合理性和经济上的竞争性。

(5)投标报价应根据招标文件中的工程量清单和有关要求、现场施工条件以及施工方案或施工组织设计,按照企业施工能力和技术水平进行编制。

投标人自主报价,它是市场竞争形成价格的体现,是工程量清单计价方式的核心所在,也是各投标人竞标的关键。投标人可根据企业自身的施工装备条件、技术实力、管理水平等要素,按照企业定额(亦可参考相关行业、地方定额)或多年积累的类似工程的经济指标进行自主报价,以充分反映投标人的竞争实力和投标报价文件编制者的业务水平。

自主决定报价应遵循以下原则:

①遵守有关规范、标准和建设工程设计文件的要求;
②遵守国家、行业建设主管部门及其工程造价管理机构制定的有关工程造价政策要求;
③遵守招标文件中的有关投标报价的要求;
④遵守投标报价不得低于成本的要求。

(6)一般项目清单中的安全文明施工费应按国家有关部门的规定计价,不得作为竞争性费用。

本条为强制性条文。近年来,随着我国经济建设的快速发展,安全生产面临严峻形势。为最大限度遏制和减少重特大事故的发生,保障国家财产和人民群众生命的安全,国家陆续出台了一系列法律、法规,旨在强化和规范安全生产的管理(包括加大对安全生产的资金投入)。本条规定就是为了工程项目的质量和设备、人身安全得以有效保障而设立的专项费用,且不得作为竞争性费用,投标人不得以牺牲安全为代价降低工程成本。

(7)规费和税金应按国家有关部门的规定计算,不得作为竞争性费用。

(8)工程量清单的合同结算工程量,除另有约定外,应按本规范和合同文件约定的有效工程量进行结算。

工程量清单中的工程数量是签订工程施工合同时、工程开工前的预期工程量,与工程实际施工时发生的工程量可能会有一定的出入。产生差异的原因一是在编制工程量清单时出现漏项或计算错误,二是在施工过程中发生设计变更而引起工程量的增减。因此,本条规定按本规范和合同文件约定的有效工程量进行结算。所谓有效工程量就是承包人在合同履行义务过程中完成的双方认可的实际工程量。

(9)在合同履行过程中,工程量或单价由于设计变更或工程量清单漏项等原因发生变化时,应按规定和合同约定调整。

在合同履行过程中,工程量或单价由于设计变更或工程量清单漏项等原因发生变化是正常的,也是经常发生的,工程量变化时按上一条规定。在合同履行过程中,工程量清单项目发生增减和变化,主要原因一是设计变更,二是工程量清单编制时漏项,三是对分项工程量清单的工程内容和项目特征描述不准确。当工程量清单项目发生变化时,其单价的调整应根据合同约定,遵循工程量清单计价表中有适合的单价即采用清单中的单价;如无适合的单价,则应由承包人根据实际情况编制补充清单项目的综合单价,报发包人审查,经双方协商后确定。

五、工程量清单格式

详见"附录三　工程量清单表式"。

六、工程量清单计价格式

详见"附录四　工程量清单计价表式"。

第五节　单位估价表

单位估价表是以建筑安装工程预算定额规定的人工、材料及施工机械消耗量指标为依据,以货币形式表示预算定额中每一分项工程单位预算价值的计算表格。它是根据国家现行的建筑安装工程预算定额,结合各地区工资标准、材料预算价格、机械艘(台)班预算价值编制的,所以又叫某时期某地区单位估价表。单位估价表具有地区性和时间性,是地区编制施工图预算确定工程直接费的基础资料。它是用表格形式确定定额计量单位建筑安装分项工程直接费用的文件。

单位估价表编制后,经当地主管部门审核批准后,即成为工程计价依据,在规定的地区范围内执行,并且不得任意修改。

单位估价表一般分为建筑工程单位估价表和设备安装工程单位估价表。建筑工程单位估价表是以一般建筑工程为对象编制的;设备安装工程单位估价表是以设备安装工程为对象编制的。

单位估价表由额定计量单位和预算价格两部分组成。

一、单位估价表的作用

(1)编制工程概预算的基本依据之一,是分部分项工程定额直接费的计算依据。
(2)是进行方案比较、选择经济合理方案的依据。
(3)是建设单位与施工单位双方办理已完工程结算的依据之一。

二、单位估价表组成和编制依据

1. 单位估价表的组成

(1)完成该分项工程所需消耗的人工、材料和施工机械的实物数量。
(2)该分项工程消耗的人工、材料和施工机械的价格,即相应的人工工日单价、材料价格和施工机械艘(台)班使用费。
(3)该分项工程的单价即是将预算定额规定的人工、材料、施工机械台班消耗量与相应的人工、材料、施工机械艘(台)班价格相乘,计算出分项工程的人工费、材料费和施工机械台班使用费,然后将这三项费用加总而成。

2. 编制依据

(1)概预算定额。对于水运工程,即指沿海港口水工、内河航运建设工程和疏浚工程的概(预)算定额。
(2)工(人工)、料(材料)、机(船舶机械艘台班)预算单价。
(3)施工方法。

三、编制程序

(1)确定定额种类
按专业对口,阶段对口,通过查看定额总说明得知。
(2)确定定额编号
根据拟查项目的工程性质,确定其所在的定额章节,再据此在定额目录中找到其所在的页次,从而确定定额的编号。当设计要求、结构形式、施工工艺、施工机械等与定额条件完全相符合时,可直接套用定额。
(3)阅读说明
检查定额单位:若拟查工程细目的工程量单位与定额单位不一致时,需将工程细目的工程量单位进行换算,使之与定额单位一致。

定额换算:当拟查工程细目的条件与定额规定的条件不完全相符时,应根据"说明"及"注"的规定调整定额值。

①混凝土标号的替换;
②定额乘系数;
③其他换算。

(a)根据分部分项工程的名称,按专业对口、阶段对口选用相应的定额;
(b)将选用定额中的工、料、机定额数量抄录于空白单位估价表相应栏中;
(c)将工、料、机预算单价填入空白表的"单价"栏中;
(d)计算与复核。

四、编制实例

例:码头后填砂,陆上填筑(砂从陆上直接来料)。
由相应定额查出工料机数量及预算单价如下:

人工	工日	35.24 元
回填砂	m³	30.00 元
轮胎式装载机斗容量≤2m³	台班	756.50 元
履带式推土机 功率≤75kW	台班	683.66 元

确定码头后填砂单位估价表(表7-4)。

单位估价表 表7-4

工程名称:码头及护岸后填砂(直接来料铺筑) 单位:100m³ 定额编号:1278

序号	费用及项目名称		单位	数量	单价(元)	合价(元)
	合价			1	41.19	4119.591
	其中	人工费				14.448
		材料费				3690.000
		船机费				415.143
1	人工		工日	0.41	35.24	14.448
2	回填砂		m³	123	30.00	3690.000
3	轮胎式装载机斗≤2m³		台班	0.32	756.50	242.080
4	履带式推土机(功率≤75kW)		台班	0.25	683.66	170.915
5	其他船机		%	0.52	1.00	2.148
6	基价		元	2092.81		

思 考 题

1. 什么估算、概算、预算?它们之间有何区别和联系,在工程上的作用各是什么?
2. 什么是定额?定额的特点是什么?

3. 定额的分类有几种？按定额的使用要求可分为哪几种？

4. 如何正确使用定额？

5. 说出工程量清单和综合单价的定义。

6. 什么是单位估价表？有何作用？

7. 已知：方驳抛填、夯船夯实，该地区为十类地区，柴油4元/kg，100kg以内块石单价60元/m^3，淡水7.5元/t。试采用定额编制某沿海港口码头工程基床抛石的单位估价表。

第八章 沿海港口建设工程概算预算编制

> **学习要求：**
> 本章叙述沿海港口建设工程概算预算的编制。要求掌握沿海港口建设工程概算的工程内容、预算的费用组成和计算,特别是人工、材料、机械的预算价格确定,熟悉沿海港口建设工程概算预算的编制程序和方法,了解沿海港口建设工程概算预算的编制的依据和审批。

第一节 沿海港口建设工程概算

一、总则

(1)设计概算是初步设计文件的重要组成部分。设计单位进行初步设计时,必须根据工程的构成分别编制单项或单位工程概算以及建设项目总概算。

概算编制必须严格执行国家的方针政策和有关规定,实事求是地根据工程所在地的建设条件及施工方案,正确选用定额、费用和价格等各项编制依据。设计概算必须完整地反映建设内容,合理考虑建设项目的静态投资和动态投资。

设计阶段是控制工程造价的关键环节。设计单位的设计人员和工程技术经济人员应密切合作,严格按照批准的可行性研究报告的投资估算,做好多方案的技术经济比较,要在降低和控制工程造价上下功夫。工程技术经济人员在设计过程中应及时地对工程造价进行分析对比,反馈造价信息,从而有效地控制造价。

(2)概算应控制在批准的建设项目可行性研究投资估算以内。如概算超过投资估算,则必须分析原因或修改设计,经修改后仍超过投资估算10%以上时,应重新上报可行性研究报告。概算经批准后是建设项目投资的最高限额,是筹措资金、安排建设项目实施计划、签订建设项目总承包合同的依据,也是考核经济合理性的依据。

(3)概算由设计单位负责编制。一个建设项目,如由几个设计单位共同设计时,由主体设计单位负责统一概算的编制原则和依据,汇编总概算,并对全部概算的编制质量负责,其他设计单位负责编好所承担设计的工程概算。

(4)使用国外贷款建设项目的概算应依据本规定分别编制内币概算和外币概算。

使用国外贷款建设项目的水工建筑工程及装卸机械设备安装工程概算的各项施工取费的计算,同样以基价定额直接费为取费基础。

使用国外贷款的建设项目,在计算总概算第二部分的有关费用时,进口设备和材料应按其到岸价格(CIF)乘以当时的外汇牌价折算成人民币后,按照本规定有关费率计算。

外汇牌价均以初步设计概算编制时中国人民银行公布的现行牌价为准。

二、概算费用构成和单位工程概、预算组成示意图

总概算应包括从可行性研究到竣工验收所需的全部建设费用,总概算按其投资构成分为工程费用、其他费用、预留费用、建设期贷款利息等,详见建设项目总概算费用构成示意图(表8-1)。

建设项目总概算费用构成示意图　　　　　　　表8-1

建设项目总概算	工程费用	建筑工程费
		安装工程费
		设备购置费
	其他费用	土地征用及拆迁补偿费
		建设单位管理费
		工程建设监理费
		工程质量监督费
		定额编制管理费
		联合试运转费
		工器具及生产家具购置费
		生产职工培训费
		办公和生活家具购置费
		前期工作费
		勘察设计费
		研究试验费
		扫海费
		进口设备和材料的其他费
		其他
	预留费用	基本预留费
		物价上涨费
	建设期贷款利息	

总概算中的工程费用,应根据设计对工程项目的划分,套用有关定额及取费标准,编制单项或单位工程概算。

综合性港口建设项目,其单项或单位工程一般划分如下:

1. 港口主体工程项目

(1)各种码头、栈(引)桥、引堤、护岸、防波堤、导流堤、灯塔、灯标、水文气象观测站等;

(2)港池及航道疏浚;

(3)港区堆场、道路、生产仓库、筒仓、货棚、油罐及管道等;

(4)翻车机房、廊道、解冻库、卸车设施等;

(5)大型土石方及软基加固工程等;

(6)装卸机械设备购置及安装工程、港作车船购置、机修设备购置及安装工程等。

2. 辅助生产工程项目

(1)机械库、工具库、材料库、车库等；
(2)机修厂、机修车间、木工车间、木材干燥室、中心实验室等；
(3)港口办公室、作业区办公室、候工室等；
(4)港监、船检、外轮理货用房等；
(5)航修站、洗仓站等。

3. 公用设施工程项目

(1)交通运输工程：港区内外铁路专用线、公路、桥涵等；
(2)给、排水工程：水源设施、净水厂、加压站、清水池、水塔、雨污水泵站、给排水管道、渠道等；
(3)动力系统工程：压缩空气站、锅炉间、液体燃料贮运设施等；
(4)供电照明工程：电源设施、港外输电线路、港区网络、变(配)电站、车间电力及照明设施等；
(5)通信导航工程：海岸电台(包括无线电话)、交换台、长途或地区线路和相应设备、港口导航系统等；
(6)自动控制工程：计算机控制系统、闭路电视等；
(7)采暖、通风工程等；
(8)消防工程：消防站(包括各种消防设施、车辆)等；
(9)环保工程：环保监测设备、污水处理厂、绿化等；
(10)劳动保护与安全卫生：各种安全、卫生设施等。

4. 生活福利等服务性工程项目

包括：单身宿舍、卫生所、招待所、食堂、浴室等。

5. 临时工程项目

三、概算文件组成

(1)编制说明：包括工程概况；编制依据、单项及单位工程的划分；工程总投资；主要技术经济指标及各项投资所占比例；存在的主要问题等；
(2)建设项目总概算；
(3)建筑工程概算；
(4)设备购置及安装工程概算；
(5)港口建设工程其他费用概算；
(6)补充(调整)单位估价表；
(7)建筑安装工程主要材料用量汇总表；
(8)概算中采用的主要材料及设备价格汇总表；
(9)概算文件的电子文档(含软件计算成果文件)。

四、概算的编制依据

(1)国家的有关法令及法规；

(2)初步设计文件(包括施工条件设计);
(3)概算的编制规定及各有关定额和规定;
(4)生产厂家的设备出厂价格;
(5)概算编制所用的工程所在地区材料市场价格。可按工程所在地区颁布的材料、半成品及各种设备器材的价格或工程所在地基建主管部门颁布的材料预算价格及有关规定,未颁布的以市场了解行情为准。

五、概算的审批及管理

(1)建设单位在上报初步设计时,必须同时上报概算。初步设计概算由主管部门、工程投资方或由工程投资方委托有关设计咨询单位主持审查并负责审批。概算审查时应有建设单位、设计单位和工程造价管理机构等单位参加。

(2)审查概算时,设计单位必须实事求是地向审查部门反映概算的编制情况及存在问题;审查部门应根据有关规定,认真协调各方意见,严格履行有关审批手续。设计单位应按照审查意见及时修改并调整概算。

(3)各有关部门和有关单位都应认真执行批准的总概算,不得任意突破。如单位工程或单项工程必须增加投资时,应使用已完工程的节余投资调剂解决。调剂有困难时,可分析原因,经主管部门批准,属于基本预备费内容的因素,可动用基本预备费;属于因人工、材料、设备价格上涨等内容的因素,可动用物价上涨费。如必须突破总概算时,其超过部分须经主管部门同意,并经设计单位修改后,报原概算审查部门审批核准。

(4)建设单位根据批准的总概算,应认真做好投资的使用和管理,加强对各项工程经济资料的收集和分析。

第二节 沿海港口建设工程概算实例

一、工程内容

××煤炭储备中心××通用码头工程投资概算根据工程建设规模和设计范围编制。主要单项工程内容包括:陆域形成及地基处理、水工建筑、装卸工艺设备购置与安装、铺砌、铁路线、生产及辅助生产建(构)筑、供电照明、给排水、消防及污水处理、机修、通信工程、控制、导助航设施、环保、暖通、储配煤系统等配套工程。

工程概算投资:120772.01万元(含建设期贷款利息4889.92万元)。

二、编制依据

- 交通部交水发[2004]247号文发布的《沿海港口建设工程概算预算编制规定》;
- 交通部交水发[2004]247号文发布的《沿海港口水工建筑工程定额》、《沿海港口装卸机械设备安装工程定额》、《沿海港口水工建筑工程参考定额》;
- 交通部交水发[2004]247号文发布的《水运工程混凝土和砂浆材料用量定额》;
- 交通部交水发[2004]247号文发布的《沿海港口水工建筑及装卸机械设备安装工程船

舶机械艘(台)班费用定额》；
- 交通部交水站字[2009]4号文发布的关于调整《沿海港口水工建筑及装卸机械设备安装工程船舶机械艘(台)班费用定额》有关费用的通知；
- 交通部水运技术字[1999]653号文关于转发《国家计委关于加强基本建设大中型项目概算中"价差预备费"管理有关问题的通知》的通知，将物价上涨指数调整为零；
- 国家计委计价字[1999]1283号文发布的《建设项目前期工作咨询收费暂行规定》；
- 国家计委、建设部计价字[2002]10号文发布的《工程勘察设计收费管理规定》；
- 国家计委、国家环保总局计价格[2002]125号文发布的《关于规范环境影响咨询收费有关问题的通知》；
- 国家计委、计价格[2002]1980号文发布的《招标代理服务收费管理暂行办法》；
- 交通部交水发[2006]330号文发布的《关于加强水运工程初步设计审查管理的通知》；
- 国家发展改革委、建设部[2007]670号文关于印发《建设工程监理与相关服务收费管理规定》的通知；
- 财政部、安全生产监督总局财企[2006]478号文关于印发《高危行业企业安全生产费用财务管理暂行办法》的通知；
- 主要建筑安装工程所需三材和地材价格执行近期当地建设工程造价信息。不足部分参考近期水运工程造价信息。主要材料价格：人工31.30元/工日；钢筋4150元/t；中粗砂40.5元/m³；碎石80元/m³；板枋材1700元/m³；
- 主要装卸设备参考有关生产厂家询价，安装材料参考现行市场价格。

三、有关事项说明

本工程征地费用按13.6万元/亩计列；

本工程储配煤系统投资由××院提供，铁路线投资由××铁路设计院提供；

本工程基本预备费按7%计算；

本工程建设资金按30%为自筹资金库，70%为银行贷款考虑。按建设期2年，每年贷款50%，年贷款利率5.94%计算建设期贷款利息。

四、工程概算

工程概算详见工程概算总表及主体工程分表，表8-2~表8-10。

工程概算总表 表8-2

工程名称：××煤炭储备中心××通用码头工程

序号	工程或费用项目名称	金额(万元)			
		建安工程	设备购置	其他	合计
一	第一部分 工程费用	69758.39	22452.93		92211.31
1	陆域形成及地基处理	836.06			836.06
2	水工建筑	20873.84			20873.84
*	其中：码头平台	15373.08			15373.08
*	变电所平台	371.72			371.72

续上表

序号	工程或费用项目名称	金额(万元)			
		建安工程	设备购置	其他	合计
*	引桥	5129.04			5129.04
3	装卸工艺设备购置与安装	866.40	10621.20		11487.60
4	铺砌	1645.46			1645.46
5	铁路线	20172.52			20172.52
6	生产及辅助生产建(构)筑	11672.67			11672.67
*	其中:生产建筑	10532.04			10532.04
*	构筑物	1140.63			1140.63
7	供电照明	1226.88	1296.31		2523.19
8	给排水、消防及污水处理	473.50	9.16		482.65
8	港作车辆		133.90		133.90
9	机修		80.00		80.00
10	通信工程	30.14	119.43		149.58
11	控制	29.21	39.30		68.51
12	导助航设施	1.36	10.60		11.96
13	环保	5478.57	104.73		5583.30
14	暖通	14.72	447.73		462.45
15	储配煤系统	6237.06	9590.57		15827.63
*	其中:翻车机房	570.88	1147.36		1718.24
*	原煤贮煤系统	2125.38	6201.90		8327.28
*	配煤系统	1648.31	983.19		2631.50
*	装车及贮存系统	1390.15	398.42		1788.57
*	供电系统	461.75	672.40		1134.15
*	自动控制系统	40.59	187.30		227.89
16	临时工程	200.00			200.00
二	第二部分 其他费用			16089.71	16089.71
1	征地拆迁费			8853.60	8853.60
2	建设单位经费			746.91	746.91
3	工程建设监理费			1428.92	1428.92
4	联合试运转费			74.34	74.34
5	工器具及生产家具购置费			169.93	169.93
6	生产职工培训费			83.00	83.00
7	办公和生活家具购置费			41.50	41.50
8	研究试验费			100.00	100.00
9	前期工作费			348.74	348.74
10	勘察设计费			3528.65	3528.65
11	招标代理费			133.09	133.09
12	扫海费			50.00	50.00
13	工程保险费			276.63	276.63
14	海事、航道施工监督费			80.00	80.00
15	初步设计及施工图设计审查费			174.40	174.40
三	第三部分 预留费			7581.07	7581.07
1	基本预备费			7581.07	7581.07
四	建设期贷款利息			4889.92	4889.92
五	工程总费用	69758.39	22452.93	28560.70	120772.01

单位工程概算表

工程名称：××煤炭储备中心××通用码头工程(陆域及地基)　　工程代号：SGLYX　　二类工程

表 8-3

序号	定额编号	分部分项工程名称	单位	工程量	基价(元) 单价	基价(元) 合计	市场价(元) 单价	市场价(元) 合计
1	1234*	碾压密实	m^2	434000.00	1.03	447020	1.59	690060
2	1280	场地回填(推土机碾压)	m^3	130200.00	2.24	291648	3.53	459606
3	1280	回填砂价值	m^3	130200.00	19.13	2490726	51.64	6723528
定额直接费合计：						3229394		7873194
定额直接费合计：(概算扩大系数:1)						3229394		7873194
		人工费				51646		51646
		材料费				2500274		6736548
		船机费				677474		1085000
大型土石方工程(机械施工):1-2						738668		1149666
大型土石方工程的填料价值:3						2490726		6723528
各项取费合计：						453964		
专项费费用：						33395		33395
建筑工程费合计：						3558343		8360553

单位工程概算表

工程名称：××煤炭储备中心××通用码头工程（平台1）　　工程代号：SG3-1X　　一类工程　　表8-4

序号	定额编号	分部分项工程名称	单位	工程量	基价（元）单价	基价（元）合计	市场价（元）单价	市场价（元）合计
1	0L	外购钢护筒价值	t	2719.00	4000.00	10876000	6500.00	17673500
2	2218*	打桩船打钢护筒（φ150cm内），L≤40m，二级土，*1.22，长江干线，运距：856km	根	200.00	12278.62	2455724	17036.95	3407390
3	0L	防腐	m²	23560.00	80.00	1884800	80.00	1884800
4	11C	水上灌注桩工作平台（水深10m内）	m²	4800.00	135.40	649920	185.12	888576
5	67C	回旋钻机水上钻孔灌注桩（150cm内，孔深40m内），强风化岩	m	1400.00	2208.57	3091998	2438.85	3414390
6	68C	回旋钻机水上钻孔灌注桩（150cm内，孔深40m内），中风化岩	m	1200.00	4242.75	5091300	4652.29	5582748
7	65C	回旋钻机水上钻孔灌注桩（150cm内，孔深40m内），土	m	1200.00	404.46	485352	473.57	568284
8	74C	水上灌注桩混凝土	方	12380.60	352.11	4359333	432.36	5352876
9	75C	水上灌注桩混凝土、钢筋加工	t	1803.00	3601.22	6493000	5735.45	10341016
10	0L	外购钢联横价值	t	608.73	4000.00	2434920	6500.00	3956745
11	5050	钢联撑安装（管径×壁厚：800×14mm）L≤6m，运距：856km	根	414.00	7618.57	3154088	11535.80	4775821
12	0L	防腐	项	4509.00	80.00	360720	80.00	360720
13	0L	外购钢纵撑价值	t	867.23	4000.00	3468920	6500.00	5636995
14	5050	钢联撑安装（管径×壁厚：800×14mm）L≤6m，运距：856km	根	315.00	7618.57	2399850	11535.80	3633777
15	0L	防腐	项	7125.00	80.00	570000	80.00	570000
16	0L	外购钢靠船构件价值	t	583.60	4000.00	2334400	6500.00	3793400
17	5043	靠船钢构件安装，运距：856km	根	46.00	6485.28	298323	9839.87	452634

第八章　沿海港口建设工程概算预算编制

续上表

序号	定额编号	分部分项工程名称	单位	工程量	基价(元)		市场价(元)	
					单价	合计	单价	合计
18	0L	防腐	项	3684.00	80.00	294720	80.00	294720
19	5019	钢系缆平台制作,现场制作	t	960.00	4284.11	4112746	6712.89	6444374
20	5023	钢系缆平台安装,运距:1km	根	1500.00	302.19	453285	373.66	560490
21	0L	购安装钢格板	m²	4880.00	525.00	2562000	525.00	2562000
22	4083	水上(搅拌船)现浇混凝土,横梁(有底模),C30	m³	8382.00	1027.84	8615355	1524.31	12776766
23	3040	固定预制厂预制混凝土预应力轨道梁(汽车塔吊工艺,30m³内/根),C50	m³	1264.00	1069.77	1352189	1537.01	1942781
24	3189	水上安装预应力轨道梁,60t内/根(固定预制厂出运),运距:20km	件	56.00	1899.18	106354	2642.51	147981
25	3038	固定预制厂预制混凝土纵梁(汽车塔吊工艺,10m³内/根),C30	m³	1795.00	811.82	1457217	1159.52	2081338
26	3186	水上安装纵梁,20t内/根(固定预制厂出运),运距:20km	件	240.00	765.63	183751	1010.31	242474
27	3028	固定预制厂预制混凝土前边梁(汽车塔吊工艺,10m³内/根),C30	m³	306.00	799.59	244675	1145.58	350547
28	3179	水上安装前边梁,20t内/根(固定预制厂出运),运距:20km	件	45.00	762.10	34295	1005.70	45257
29	3096	固定预制厂预制混凝土实心平板(有外露筋,汽车塔吊工艺,5m³内/块),C30	m³	2995.00	754.32	2259188	1104.42	3307738
30	3205	水上安装实心平板(有外露筋),10t内/块(固定预制厂出运),运距:20km	件	660.00	538.98	355727	696.24	459518
31	4109	水上(搅拌船)现浇混凝土,面板,C30	m³	1813.00	972.62	1768223	1432.57	2604412
32	4175	水上(陆拌水运)现浇混凝土,护轮坎,C30	m³	63.94	937.89	59969	1315.37	84105
33	6097	扶梯制作安装(爬梯,型钢式)	t	30.00	4048.86	121466	1754.88	52646

续上表

序号	定额编号	分部分项工程名称	单位	工程量	基价（元）		市场价（元）	
					单价	合计	单价	合计
34	0L	板式橡胶支座-350×500×68	块	40.00	1300.00	52000	1300.00	52000
35	6081*	橡胶护舷价值,DA-A500H,L=1000mm	套	690.00	7289.00	5029410	7289.00	5029410
36	6081	水上安装橡胶护舷,DA-A500H,L=1000mm	套	690.00	247.40	170706	293.69	202646
37	6078*	橡胶护舷价值,DA-A300H,L=1000mm	套	180.00	2977.00	535860	2977.00	535860
38	6078	水上安装橡胶护舷,DA-A300H,L=1000mm	套	180.00	237.58	42764	285.06	51311
39	6023	水上安装系船柱（系船柱能力450kN）	个	92.00	3063.08	281803	7230.66	665221
40	6004	轨道梁上钢轨安装,硫磺砂浆锚固（70型扣板式）QU80	延米	780.00	206.73	161249	512.10	399438
41	6099	栏杆制作安装（钢管式）	t	39.00	4861.66	189605	8297.74	323612
42	6110	预埋铁件制作安装	t	80.00	5344.04	427523	5592.30	447384
43	0L	稳桩措施费	项	1.00	5000000.00	5000000	5000000.00	5000000
定额直接费合计：						95124511		131150869
		（概算扩大系数:1.05）						
		人工费				6512228		6512228
		材料费				66629088		94776805
		船机费				21983196		29861835
		一般水工工程:2,4-9,11,14,17,19-20,22-34,36,38-42				56149198		79004664
		外购橡胶护舷（水工）:35,37				6135710		6135710
		外购钢桩、大型钢结构、钢拉杆（水工）:1,10,13,16				21073450		34244356
		不取费项（计税）:3,12,15,18,21,43				11766145		11766145
各项取费合计：								21643121
专项费用：						892229		892229
建筑工程费概算合计：						116876944		153730826

第八章 沿海港口建设工程概算预算编制

单位工程概算表

表 8-5

工程名称：××煤炭储备中心××通用码头工程（现浇墩台1,2） 工程代号：SG3-2 一类工程

序号	定额编号	分部分项工程名称	单位	工程量	基价（元） 单价	基价（元） 合计	市场价（元） 单价	市场价（元） 合计
1	4018	陆上现浇混凝土，承台，C30	m³	775.50	585.03	456031	869.54	677806
2	2496	陆上灌注桩工作平台	m²	144.00	29.53	4252	34.26	4933
3	2497	陆上灌注桩，护筒制作埋设.拆除	t	4.00	1110.73	4443	1562.17	6249
4	2544	陆上灌注桩（回旋钻机成孔），桩径100cm内，孔深20m内，土	m	144.00	204.93	29510	239.22	34448
5	2546	陆上灌注桩（回旋钻机成孔），桩径100cm内，孔深20m内，强风化岩	m	60.00	1403.24	84194	1510.95	90657
6	2547	陆上灌注桩（回旋钻机成孔），桩径100cm内，孔深20m内，中风化岩	m	42.00	2701.14	113448	2889.83	121373
7	2590	陆上灌注桩混凝土（回旋钻机钻孔），C30，粒径:40mm	m³	169.65	392.35	66562	489.53	83049
8	2591	陆上灌注桩混凝土，钢筋加工	t	20.40	3008.03	61364	5009.65	102197
9	2592	陆上灌注桩，桩头处理	根	12.00	60.77	729	74.55	895
10	0L	外购钢管桩价值	t	80.37	4000.00	321480	6500.00	522405
11	2206	打桩船打钢管桩（φ100cm内），L≤40m，二级土，*1.22，长江干线，运距:856km	根	9.00	9304.25	83738	12831.99	115488
12	0L	防腐	m²	622.04	80.00	49763	80.00	49763
13	11C	水上灌注桩工作平台（水深10m内）	m²	216.00	135.40	29246	185.12	39986
14	37C	回旋钻机水上钻孔灌注桩（100cm内，孔深30m内），强风化岩	m	63.00	1505.64	94855	1632.80	102866

161

续上表

序号	定额编号	分部分项工程名称	单位	工程量	基价(元) 单价	基价(元) 合计	市场价(元) 单价	市场价(元) 合计
15	38C	回旋钻机水上钻孔灌注桩(100cm内,孔深30m内),中风化岩	m	31.50	2918.57	91935	3147.74	99154
16	35C	回旋钻机水上钻孔灌注桩(100cm内,孔深30m内),土	m	90.00	219.36	19742	256.10	23049
17	74C	水上灌注桩混凝土	m³	98.29	352.11	34609	432.36	42497
18	75C	水上灌注桩混凝土,钢筋加工	t	14.31	3601.22	51533	5735.45	82074
19	0L	外购钢横撑值	t	16.28	4000.00	65120	6500.00	105820
20	5050	钢联撑安装(管径×壁厚:800×14mm)L≤6m,运距:856km	根	12.00	7618.57	91423	11535.80	138430
21	0L	防腐	项	150.80	80.00	12064	80.00	12064
22	4041	陆上现浇混凝土,立柱(圆形),C30	m³	122.52	1151.20	141045	1788.27	219099
23	4002	陆上现浇混凝土,地梁,(无底模),C30	m³	129.60	626.44	81187	941.17	121976
定额直接费合计:						2192071		3082896
		人工费				238197		238197
		材料费				1459064		2192125
		船机费				494809		652574
		(概算扩大系数:1.05)						
		一般水工工程:1-9,11,13-18,20,22-23				1697680		2322114
		外购钢桩、大型钢结构、钢拉杆(水工):10,19				426227		692618
		不取费项(计税):12,21				68164		68164
各项取费合计:								612722
专项费用:						20561		20561
建筑工程费概算合计:						3529806		3717208

第八章 沿海港口建设工程概算预算编制

单位工程概算表

工程名称：××煤炭储备中心××通用码头工程（引桥1、2）　　工程代号：SG3-3　　一类工程

表 8-6

序号	定额编号	分部分项工程名称	单位	工程量	基价（元）单价	基价（元）合计	市场价（元）单价	市场价（元）合计
1	0L	外购钢管桩价值	t	553.67	4000.00	2214680	6500.00	3598855
2	2206	打桩船打钢管桩（Φ100cm内），L≤40m，二级土，*1.22，长江干线，运距：856km	根	62.00	9304.25	576864	12831.99	795583
3	0L	防腐	m²	4285.00	80.00	342800	80.00	342800
4	11C	水上灌注桩工作平台（水深10m内）	m²	1488.00	135.40	201475	185.12	275459
5	37C	回旋钻机水上钻孔灌注桩（100cm内，孔深30m内），强风化岩	m	434.00	1505.64	653448	1632.80	708635
6	38C	回旋钻机水上钻孔灌注桩（100cm内，孔深30m内），中风化岩	m	217.00	2918.57	633330	3147.74	683060
7	35C	回旋钻机水上钻孔灌注桩（100cm内，孔深30m内），土	m	620.00	219.36	136003	256.10	158782
8	74C	水上灌注桩混凝土	m³	677.10	352.11	238414	432.36	292751
9	75C	水上灌注桩混凝土，钢筋加工	t	98.61	3601.22	355116	5735.45	565573
10	0L	外购钢横撑价值	t	124.83	4000.00	499320	6500.00	811395
11	5050	钢联撑安装（管径×壁厚：800×14mm）L≤6m，运距：856km	根	43.00	7618.57	327599	11535.80	496039
12	0L	防腐	项	1156.00	80.00	92480	80.00	92480
13	2496	陆上灌注桩工作平台	m²	2544.00	29.53	75124	34.26	87157
14	2497	陆上灌注桩，护筒制作埋设、拆除	t	70.81	1110.73	78651	1562.17	110617
15	2549	陆上灌注桩（回旋钻机成孔），桩径100cm内，孔深30m内，土	m	4876.00	205.82	1003578	240.22	1171313

163

续上表

序号	定额编号	分部分项工程名称	单位	工程量	基价(元) 单价	基价(元) 合计	市场价(元) 单价	市场价(元) 合计
16	2551	陆上灌注桩（回旋钻机成孔），桩径100cm内，孔深30m内,强风化岩	m	954.00	1454.62	1387707	1568.40	1496254
17	2552	陆上灌注桩（回旋钻机成孔），桩径100cm内，孔深30m内,中风化岩	m	530.00	2817.56	1493307	3020.00	1600600
18	2590	陆上灌注桩混凝土（回旋钻机钻孔），C30,粒径:40mm	m³	5028.00	392.35	1972736	489.53	2461357
19	2591	陆上灌注桩混凝土,钢筋加工	t	603.36	3008.03	1814925	5009.65	3022622
20	2592	陆上灌注桩,桩头处理	根	212.00	60.77	12883	74.55	15805
21	4002	陆上现浇混凝土,地梁，(无底模),C30	m³	440.64	626.44	276035	941.17	414717
22	4041	陆上现浇混凝土,立柱（圆形）,C30	m³	360.50	1151.20	415008	1788.27	644671
23	4082	水上(陆上水运)现浇混凝土,横梁(有底模),C30	m³	4046.00	993.29	4018851	1455.75	5889965
24	3103	固定预制厂预制混凝土空心板（汽车塔吊工艺，孔数5内）,C50	m³	4841.00	1012.98	4903836	1394.00	6748354
25	3219	水上安装空心板，30t内/块（固定预制厂出运），运距:20km	件	489.00	1306.79	639020	1801.49	880929
26	4108	水上（陆上水运）现浇混凝土,面板,C30	m³	851.40	928.73	790721	1354.74	1153426
27	4062	陆上现浇混凝土,磨耗层,C30	m³	1972.00	446.76	881011	649.81	1281425
28	4058	陆上现浇混凝土,护轮坎,C30	m³	172.43	852.30	146962	1210.67	208756
29	6099	栏杆制作安装	t	69.67	4861.66	338712	8297.74	578104
30	6110	预埋软件制作安装（钢管式）	t	110.00	5344.04	587844	8012.38	881362
31	4108	水上（陆上水运）现浇混凝土,搭板,C30	m³	145.20	928.73	134852	1354.74	196708

第八章　沿海港口建设工程概算预算编制

续上表

序号	定额编号	分部分项工程名称	单位	工程量	基价（元）		市场价（元）	
					单价	合计	单价	合计
32	4002	陆上现浇混凝土,枕梁,(无底模),C30	m³	22.40	626.44	14032	941.17	21082
33	0L	板式橡胶支座 φ200,厚37	块	1955.00	200.00	391200	200.00	391200
34	1284	人力陆上填筑土堤（或围埝）,运距:50m	m³	2800.00	38.00	106400	58.25	163100
35	1434	干砌块石护坡,平面砌	m³	1200.00	67.91	81492	106.70	128040
36	1415	碎石倒滤层后铺设土工布	m²	1200.00	18.98	22776	21.53	25836
37	1265	陆上铺筑碎石倒滤层	m³	1000.00	48.37	48370	135.82	135820
定额直接费合计:		(概算扩大系数:1.03)				30182030		41670883
		人工费				3804460		3804460
		材料费				19408493		28992603
		船机费				6969078		8873820
		一般水工工程:2,4-9,11,13-37				26776082		36430438
		外购钢桩、大型钢结构、钢拉杆（水工）:1,10				2935191		4769685
		不取费项（计税）:3,12				470755		470755
各项取费合计:								9316462
专项费用:						288592		288592
建筑工程费概算合计:						40161922		51290371

165

表 8-7

单位工程概算表

工程名称：××煤炭储备中心××通用码头工程（平台2）
工程代号：SG4-1X 一类工程

序号	定额编号	分部分项工程名称	单位	工程量	基价(元) 单价	基价(元) 合计	市场价(元) 单价	市场价(元) 合计
1	0L	外购钢管桩价值	t	4250.00	4000.00	17000000	6500.00	27625000
2	2218*	打桩船打钢管桩（φ150cm 内），L≤40m，二级土，*1.22，长江干线，运距：856km	根	200.00	12278.62	2455724	17036.95	3407390
3	0L	防腐	m²	23560.00	80.00	1884800	80.00	1884800
4	11C	水上灌注桩工作平台（水深10m内）	m²	4800.00	135.40	649920	185.12	888576
5	67C	回旋钻机水上钻孔灌注桩(150cm 内，孔深40m 内)，强风化岩	m	1400.00	2208.57	3091998	2438.85	3414390
6	68C	回旋钻机水上钻孔灌注桩(150cm 内，孔深40m 内)，中风化岩	m	1200.00	4242.75	5091300	4652.29	5582748
7	65C	回旋钻机水上钻孔灌注桩(150cm 内，孔深40m 内)，土	m	1200.00	404.46	485352	473.57	568284
8	74C	水上灌注桩混凝土	m³	7285.19	352.11	2565188	432.36	3149825
9	75C	水上灌注桩混凝土，钢筋加工	t	1131.68	3601.22	4075429	5735.45	6490694
10	0L	外购钢横撑价值	t	608.73	4000.00	2434920	6500.00	3956745
11	5050	钢联撑安装（管径×壁厚：800×14mm）L≤6m，运距：856km	根	414.00	7618.57	3154088	11535.80	4775821
12	0L	防腐	项	4509.00	80.00	360720	80.00	360720
13	0L	外购钢纵撑价值	t	867.23	4000.00	3468920	6500.00	5636995
14	5050	钢联撑安装（管径×壁厚：800×14mm）L≤6m，运距：856km	根	315.00	7618.57	2399850	11535.80	3633777
15	0L	防腐	项	7125.00	80.00	570000	80.00	570000
16	0L	外购钢靠船构件价值	t	583.60	4000.00	2334400	6500.00	3793400

第八章 沿海港口建设工程概算预算编制

续上表

序号	定额编号	分部分项工程名称	单位	工程量	基价(元) 单价	基价(元) 合计	市场价(元) 单价	市场价(元) 合计
17	5043	靠船钢构件安装,运距:856km	根	46.00	6485.28	298323	9839.87	452634
18	0L	防腐	项	3684.00	80.00	294720	80.00	294720
19	5019	钢系缆平台制作,现场制作	t	966.00	4284.11	4112746	6712.89	6444374
20	5023	钢系缆平台安装,运距:1km	根	1500.00	302.19	453285	373.66	560490
21	0L	购安钢格板	m²	4880.00	525.00	2562000	525.00	2562000
22	4083	水上(搅拌船)现浇混凝土,横梁(有底模),C30	m³	8382.00	1027.84	8615355	1524.31	12776766
23	3040	固定预制厂预制混凝土预应力轨道梁(汽车塔吊工艺,30m³内/根),C50	m³	1264.00	1069.77	1352189	1537.01	1942781
24	3189	水上安装预应力轨道梁,60t内/根(固定预制厂出运),运距:20km	件	56.00	1899.18	106354	2642.51	147981
25	3038	固定预制厂预制混凝土纵梁(汽车塔吊工艺,10m³内),C30	m³	1795.00	811.82	1457217	1159.52	2081338
26	3186	水上安装纵梁,20t内/根(固定预制厂出运),运距:20km	件	240.00	765.63	183751	1010.31	242474
27	3028	固定预制厂预制混凝土前边梁(汽车塔吊工艺,10m³内/根),C30	m³	306.00	799.59	244675	1145.58	350547
28	3179	水上安装前边梁,20t内/根(固定预制厂出运),运距:20km	件	45.00	762.10	34295	1005.70	45257
29	3096	固定预制厂预制混凝土实心平板(有外露筋,汽车塔吊工艺,5m³内/块),C30	m³	2995.00	754.32	2259188	1104.42	3307738
30	3205	水上安装实心平板(有外露筋),10t内/块(固定预制厂出运),运距:20km	件	660.00	538.98	355727	696.24	459518
31	4109	水上(搅拌船)现浇混凝土,面板,C30	m³	1813.00	972.62	1768223	1432.57	2604412

续上表

序号	定额编号	分部分项工程名称	单位	工程量	基价(元) 单价	基价(元) 合计	市场价(元) 单价	市场价(元) 合计
32	4175	水上(陆拌水运)现浇混凝土,护轮坎,C30	m³	63.94	937.89	59969	1315.37	84105
33	6097	扶梯制作安装(爬梯,型钢式)	t	30.00	4048.86	121466	1754.88	52646
34	0L	板式橡胶支座-350×500×68	块	40.00	1300.00	52000	1300.00	52000
35	6081*	橡胶护舷价值,DA-A500H,L=1000mm	套	690.00	7289.00	5029410	7289.00	5029410
36	6081	水上安装橡胶护舷,DA-A500H,L=1000mm	套	690.00	247.40	170706	293.69	202646
37	6078*	橡胶护舷价值,DA-A300H,L=1000mm	套	180.00	2977.00	535860	2977.00	535860
38	6078	水上安装橡胶护舷,DA-A300H,L=1000mm	套	180.00	237.58	42764	285.06	51311
39	6023	水上安装系船柱(系船柱能力450kN)	个	92.00	3063.08	281803	7230.66	665221
40	6004	轨道梁上钢轨安装,硫磺砂浆锚固(70型扣板式)QU80	延米	780.00	206.73	161249	512.10	399438
41	6099	栏杆制作安装(钢管式)	t	39.00	4861.66	189605	8297.74	323612
42	6110	预埋铁件制作安装	t	80.00	5344.04	427523	5592.30	447384
43	0L	稳桩措施费	项	1.00	5000000.00	5000000	5000000.00	5000000
定额直接费合计:		(概算扩大系数:1.05)				97232791		135448555
		人工费				5760320		5760320
		材料费				70274238		100866030
		船机费				21198233		28822205
		一般水工工程:2,4-9,11,14,17,19-20,22-34,36,38-42				51505781		72330816
		外购橡胶护舷(水工):35,37				6135710		6135710
		外购钢桩,大型钢结构,钢拉杆(水工):1,10,13,16				27825160		45215884
		不取费项(计税):3,12,15,18,21,43				11766145		11766145
各项取费合计:						20632159		
专项费用:						911976		911976
建筑工程费概算合计:						118722494		157038254

第八章 沿海港口建设工程概算预算编制

建筑（安装）工程概算表

单位工程名称：××煤炭储备中心××通用码头工程（工艺）

表 8-8

序号	材料、设备名称	规格	单位	工程数量	单价（万元）	小计（万元）	运杂费（万元）	安装费（万元）	合计（万元）
	设备购置费					10020	601.2	866.4	11487.6
1	800t/h桥抓		台	4	1800	7200	432	648	8280.00
2	清仓机		台	4	60	240	14.4	21.6	276.00
3	16t门机		台	2	580	1160	69.6	104.4	1334.00
4	装船机		台	1	400	400	24	36	460.00
5	25t轮胎吊		台	2	135	270	16.2		286.20
6	10t叉车		台	2	38	76	4.56		80.56
7	25t牵引车		台	4	30	120	7.2		127.20
8	20t平板车		台	12	7	84	5.04		89.04
9	皮带机		m	940	0.5	470	28.2	56.4	554.60
	合计		万元						11487.60
	设备费		万元						10621.2
	安装费		万元						866.40

表 8-9

单位工程概算表

工程名称：××煤炭储备中心××通用码头工程（铺砌二期）　　工程代号：SGPQ3　　二类工程

序号	定额编号	分部分项工程名称	单位	工程量	基价(元) 单价	基价(元) 合计	市场价(元) 单价	市场价(元) 合计
1	0L	港区道路、停车场(64152m²)	项	0.10	0.01	0	0.01	0
2	4065	陆上现浇混凝土、堆场道路刚性面层（厚度28cm），C30	m³	17962.60	295.89	5314954	396.57	7123428
3	1261*	铺筑水泥稳定碎石基层，压实厚度:28cm	m²	64152.00	28.86	1851427	49.06	3147297
4	1255	场地上铺筑碾压碎（卵）石垫层，碾压遍数:8	m³	9622.80	58.47	562645	112.13	1079005
5	0L	件杂堆场(11378m²)	项	0.10	0.01	0	0.01	0
6	1457	铺砌混凝土高强连锁预制块，干铺，碾压	m²	11378.00	28.84	328142	65.32	743211
7	1261*	铺筑水泥稳定碎石基层，压实厚度:30cm	m²	11378.00	30.86	351125	52.49	597231
8	1255	场地上铺筑碾压碎（卵）石垫层，碾压遍数:8	m³	1706.70	58.47	99791	112.13	191372
9	0L	辅助区场地(8100m²)	项	0.10	0.01	0	0.01	0
10	1457*	铺砌混凝土彩色釉面波浪砖，干铺，碾压	m²	8100.00	28.84	233604	45.05	364905
11	1261*	铺筑水泥稳定碎石基层，压实厚度:20cm	m²	8100.00	20.84	168804	35.37	286497
12	0L	路缘石	项	0.10	0.01	0	0.01	0
13	3173	临时预制场预制混凝土路面石，L形，C25	m³	256.50	328.09	84155	407.16	104437
14	3318	陆上安装路缘石	件	7600.00	1.84	13984	1.88	14288
15	3173	临时预制场预制混凝土路面石，L形，C25	m³	13.28	328.09	4357	407.16	5407
16	3318	陆上安装路缘石	件	590.00	1.84	1086	1.88	1109
定额直接费合计：						9013961		13658187
定额直接费合计：		堆场道路工程:1-16				9013961		13658187
		（概算扩大系数:1）				618675		618675
		人工费				7623668		11980675
		材料费				771618		1058837
		船机费				9013961		13658187
各项取费合计：								2703223
专项费用：						93213		93213
建筑工程费合计：						11652026		16454626

第八章 沿海港口建设工程概算预算编制

建筑（安装）工程概算表

单位工程名称：××煤炭储备中心××通用码头工程（土建）

表 8-10

序号	材料、设备名称	规　格	单位	工程数量	单价(元)	合计(元)
一	建筑物					105320400
1	综合楼	混凝土框架	m²	2896	2600	7529600
2	前方调度室	混凝土框架	m²	120	1500	180000
3	候工楼	混凝土框架	m²	1750	1500	2625000
4	机修间	轻钢门式刚架	m²	475	1800	855000
5	流动机械库	混凝土框架	m²	233	1200	279600
6	1#变电所	混凝土框架	m²	108	1200	129600
7	2#变电所	混凝土框架	m²	242	1200	290400
8	3#变电所	混凝土框架	m²	270	1200	324000
9	消防泵房	混凝土框架	m²	36	1200	43200
10	地磅房	砖混	m²	52	1000	52000
11	门卫	砖混	m²	60	1000	60000
12	码头转运站	混凝土框架	m²	960	1200	1152000
13	煤棚	轻钢网架	m²	51000	1800	91800000
二	构筑物					11406300
1	码头皮带机栈桥	宽7m，高5m，钢框架结构	m	247	9000	2223000
2	引桥皮带机栈桥	宽度7m，高度0～8m，，钢框架结构	m	100	12000	1200000

171

续上表

序号	材料、设备名称	规　　格	单位	工程数量	单价(元)	合计(元)
3	9m 路灯基础	钢筋混凝土	座	90	2000	180000
4	30m 高杆灯基础	钢筋混凝土	座	10	28000	280000
5	电缆井	1.2m×1.2m×1.5m 钢筋混凝土	座	60	19000	1140000
6	电缆沟	1.2m(宽)×1.0m(深) 钢筋混凝土,带盖板	m	350	1650	577500
7	隔油池	2.26m(长)×1.0m(宽)×1.5m(深) 钢筋混凝土	个	1	6800	6800
8	污水调节池	35m(长)×18m(宽)×3.5m(深) 钢筋混凝土	座	1	2650000	2650000
9	污泥池	10m(长)×5m(宽)×2.5m(深) 钢筋混凝土	座	1	200000	200000
10	中间水池	15m(长)×10m(宽)×4m(深) 钢筋混凝土	座	1	900000	900000
11	生活污水调节池	4m(长)×2m(宽)×3.5m(深) 钢筋混凝土	座	1	65000	65000
12	格栅井	2m(长)×1m(宽)×3m(深) 钢筋混凝土	座	1	18000	18000
13	清水池	4m(长)×2m(宽)×3m(深) 钢筋混凝土	座	1	40000	40000
14	围墙	给排水专业,钢筋混凝土	m	3210	600	1926000
15	消防水池		座	1		
三	合计		万元			11672.67
	其中:建筑物		万元			10532.04
	构筑物					1140.63

第三节　沿海港口建设工程预算的编制

施工图设计完成以后,设计单位或有资质的造价咨询单位应根据单位工程的设计图纸、现行清单计价规范、有关预算定额、费用定额和编制规定,以及工程所在地的人工、材料和船舶机械艘(台)班单价编制单位工程施工图预算。投标单位需要根据招标单位提供的招标文件、招标工程量清单、施工图纸、地质勘查资料等,依据企业定额或者参考预算定额进行投标预算,最后依据企业自身施工管理水平并结合市场竞争情况进行投标报价。以沿海港口建设工程为例,单位工程预算包括水工建筑工程预算及装卸机械设备安装工程预算和疏浚工程预算。

一、施工图预算作用

经批准的施工图预算有以下的作用:

1)是确定建筑安装工程造价的依据,为了控制固定资产的投资规模,各级政府主管部门编制、审定了一系列概预算定额和相应的取费标准和编制规定,用以确定建筑产品的价格。因而,经批准的施工图预算,是确定建筑安装工程造价的依据。

2)在设计单位内部,施工图预算是考核施工图设计是否合理的主要依据。

3)对招投标工程,施工图预算是确定"标底"的依据。

4)对于那些采用施工图预算或施工图预算加系数进行承发包的建设工程,施工图预算有以下作用:

(1)是签订建筑安装工程承发包合同的依据。

(2)是拨付工程价款、办理竣工结算的主要依据。无论是向承包商拨付工程进度款,还是承发包双方进行竣工结算,都需要以施工图预算作为依据。

(3)是施工企业进行项目管理的主要依据,进一步推行项目管理,有利于提高施工企业的整体素质和管理水平,能够培养和造就出一批素质高、作风硬、遵守职业道德、有良好敬业精神的建筑大军。而项目的计划管理、合同管理、劳动工资管理、成本管理等,无一不与施工图预算有着密切的联系。

(4)是施工企业进行成本核算的依据。推行项目管理,要坚持企业是利润中心,项目经理部是成本中心的原则,企业要达到严格项目成本核算制度,通过项目的单独核算保证质量、缩短工期、降低消耗和提高效益的目的,也必须以施工图为预算依据。

二、编制施工图预算的依据

1)国家法律和行政法规。

2)勘察设计合同。

3)施工图、标准图、通用图。审批后的施工图规定了工程的具体规模、内容、结构尺寸、技术特征等;凡是引用标准图和通用图的,施工图设计中均不再标注结构细部尺寸,故需查看有关标准图和通用图。

4)批准的初步设计概算。批准的初步设计概算中规定了单位工程投资和最高限额,因此,一般说来,除特殊情况外,预算价值不应超过概算价值。如单位工程预算突破相应概算时,应分析原因,对施工图设计中不合理的部分进行修改,对其合理部分应在总概算范围内调剂解决。

5)施工组织设计。施工组织设计是根据工程特点和施工现场等情况编制,用以确定施工方案、工程进度及现场布置等,因此是编制施工图预算的依据。

6)有关定额及编制规定。

7)工程所在地的材料市场价格或预算价格及有关规定。

8)有关工作手册。有些常用数据、计算公式、概预算指标、材料规格和单位重量以及各种工程结构等资料,可从有关手册中查找,这是提高工作效率的重要手段。

9)如果由施工企业(承包商)编制施工图预算,还需要:

(1)工程施工招标文件、招标工程量清单或施工承包合同或施工承包协议。

(2)企业定额、投标施工组织设计等。

(3)施工图的会审记录。记录着设计部门对会审意见的答复和决定,因此,会审记录是编制施工图预算的重要依据。

三、施工图预算的文件

1)编制说明。主要包括:

(1)工程概况及预算价值;

(2)编制施工图预算所依据的施工图名称、编号,以及设计变更;

(3)编制施工图预算所依据的预算定额或单位估价表的名称,以及所采用的材料预算价格和市场价格;

(4)编制施工图预算所依据的费用定额或编制规定,以及对预算进行调整的有关文件名称和文号;

(5)编制补充单位估价表的依据和基础资料;

(6)主要技术经济指标;

(7)其他需要说明的有关事项。

2)单位工程预算表。单位工程预算表是施工图预算中最重要的部分,它不仅反映了各分项工程的单价与台价,而且还包括了该单位工程的总价和取费。

3)主要材料汇总表。

4)单位估价表。

5)补充单位估价表。当施工图的分项内容与定额有很大的差异或确属定额缺项时,应编制补充单位估价表。如属一次性使用,可以由编制者按照编制定额的原则、方法,自行补充;若属多次使用,一般应呈报建筑工程造价主管部门批准。

6)单位估价表、补充单位估价及工程量计算书,应在预算审查时一并送审。

7)其他报表格式,比如JTS 271—2008《水运工程工程量清单计价规范》规定的报表格式。

四、施工图预算的编制程序

从编制施工图预算的程序来说,电算与手算并无根本的区别。只不过是许多计算过程已由计算机取代而已。随着计算机和算价软件的普及应用,用计算机编制施工图预算的范围会越来越广,而手算会越来越少。

1.熟悉施工图

施工图纸表示了各分部、分项工程的构造和尺寸,提供了计算每个分部分项工程数量的有关数据。有些内容虽然未在图中表示,在相应的说明中会有所交待。为了精确地计算工程量,准确地套用定额,就必须全面了解施工图纸。只有全面了解施工图纸,方能准确、快速地编制施工图预算。因此,是否熟悉施工图纸,成了编制施工图的关键。

如果需由施工企业(承包商)编制施工图预算,编制者除应熟悉图纸外,还应参加技术交底。参加技术交底,有助于了解透设计意图。因此,预算人员参加技术交底会,应注意收集下列情况:

(1)了解工程特点和施工要求,这对编制施工图预算有很大的帮助,特别是在遇到定额缺项,帮助就更大。对于施工中要求采用的新材料、新工艺,更应了解清楚;

(2)在技术交底会上,设计单位应结合工程状况,对施工现场需要具备的施工条件进行讨论,研究有关技术措施。了解这方面的情况,有助于预算编制人员做到心中有数,防止漏项;

(3)有时,设计单位还会在技术交底时介绍概算的编制情况,对于编制意图不清楚的地方,通过技术交底会了解清楚;

(4)就施工图纸中的不明或疑问之处,进行询问核实。

2.踏勘施工现场

踏勘施工现场能使编制者了解和掌握工程所在场地、场外道路、水电通信等情况,获取编制预算的必要资料。

编制施工图预算时,还应熟悉施工组织设计,注意施工组织设计中影响预算价格的因素,如工艺的选用、运距的大小等,以便套准定额,正确估价。

3.确定使用的定额

选用定额时,应遵循两个原则。

第一是干什么工程,用什么定额(包括费用定额),为工程选用合适的定额。

对于一般工业与民用建筑工程的施工图预算,则应使用工程所在地的"建筑工程定额"或"价目表";对于一般工业与民用设备安装工程的施工图预算,则应选用《全国统一安装工程预算定额》或工程所在地的"安装工程单位估价表"。

第二是时效原则。

时效,又称时间效力,即定额开始使用和停止使用的日期,应使用现行定额。

4.计算工程量

工程量是编制施工图预算的原始数据。计算工程量是一项工作量很大,而又十分细致的工作,所以,工程量计算的精确程度和快慢与否,将直接影响着施工图预算的质量与速度。

计算工程量时一定要严格按照清单计价规范及有关定额中的工程量计算规则进行,既不能随意加大,也不能任意缩小。

5.套用有关定额、填写数据表,起草编制说明

在套用定额时,应当注意分项工程的名称、施工工艺、计量单位、工作内容与所套定额的内容是否一致;如遇不相符的情况,可在定额规定允许的范围内进行必要调整;对于预算定额中没有的项目,应按有关规定编制补充单位估价表。需要借用其他定额时,借用部分不能超过造价的5%,所用费率不变;超过5%时,应按与所借定额配套的编制规定进行取费。

6. 上机

有关数据表经校核无误后,即可上机输入。上机注意事项可参看有关概预算系统的用户手册。

7. 装订签章

经再次校核无误,可打印出版稿,把单位工程的预算的封面、编制说明、单位工程预算表、主要材料汇总表、单位估价表、补充单位估价表等按顺序编排并装订成册。

对于编竣的施工图预算,编制者、校核者与有关负责人都应签字或盖章,然后再加盖公章,这才算完成了施工图预算的编制工作,可送审查。

五、预算费用组成

水工建筑工程、装卸机械设备安装工程及临时工程均应编制单位工程概算和预算。单位工程概、预算费用由直接工程费、间接费、利润、税金和专项费用五部分组成(表8-11)。

单位工程概、预算费用组成示意图　　表8-11

单位工程概、预算费用（建安工程费）	Ⅰ.直接工程费	定额直接费	人工费
			材料费
			施工船机使用费
		其他直接费	临时设施费
			冬雨夜施工增加费
			材料二次倒运费
			施工辅助费
			施工队伍进退场费
			外海工程拖船费
	Ⅱ.间接费	企业管理费	
		财务费用	
	Ⅲ.利润		
	Ⅳ.税金		
	Ⅴ.专项费用		

沿海港口水工建筑及装卸机械设备安装工程根据其主体工程的建设规模和施工难易程度,划分为两类,详见表8-12。

工 程 分 类 表　　表8-12

序号	工程分类 工程名称	工程分类标准	
		一类	二类
一	一般水工工程	沿海码头:≥1万吨级	沿海码头:<1万吨级
		河口及长江干线码头:≥3000吨级	河口及长江干线码头:<3000吨级
		对应码头类别的栈(引)桥	对应码头类别的栈(引)桥
		直立式防波堤、挡砂堤	斜坡式防波堤、挡砂堤
		海上孤立建(构)筑物	—
		—	引堤、海堤、护岸、围堰
		取水构筑物	—
		水上软基加固	—

续上表

序号	工程分类 工程名称	工程分类标准	
		一类	二类
二	陆域构筑物工程	翻车机房、坑道、廊道、栈桥及筒仓	其他
三	堆场道路工程	集装箱及10000吨级以上散货泊位的堆场道路	其他货种的堆场道路
四	大型土石方工程		统归为二类
五	装卸机械设备安装工程	集装箱、散货（装卸设备成系统）码头；液体危险品码头装卸机械设备安装	其他装卸机械设备安装

注：防波堤、引堤兼码头，按工程类别高的确定。

六、预算费用组成计算

1. 直接工程费

包括定额直接费和其他直接费。

1）定额直接费

指施工过程中消耗的构成工程实体和有助于工程形成的各项费用，包括人工费、材料费和施工船机使用费。

（1）人工费：指直接从事建筑安装工程施工的生产工人开支的各项费用。

建安工人人工工资单价的基价及各地区单价均为31.30元/工日。

注：对下述地区的地区工资单价：东北、华东按上述工资单价乘以1.04系数；特区（指深圳、珠海、厦门、汕头和海南省）工资单价增加3.94元/工日。

（2）材料费：指施工过程中耗用的构成工程实体的材料、辅助材料、构（配）件、零件、半成品和周转材料的摊销量按当地的市场材料价格计算的费用。

注：材料的价格由供应价格、材料供销部门手续费、包装费、运杂费、场外运输损耗、采购及仓库保管费组成。进口材料的原价是指材料的外币到岸价（CIF）。进口材料国内接运保管费按规定计算。

（3）施工船舶及机械使用费：编制概、预算时，计算船舶及机械艘（台）班费用单价应执行交通部颁发的《沿海港口水工建筑及装卸机械设备安装工程船舶机械艘（台）班费用定额》。

2）其他直接费

指定额直接费以外施工过程中发生的其他直接费。

（1）临时设施费：指施工企业为进行建筑安装工程施工所必须的生活和生产用的临时建筑物、构筑物和其他临时设施费用等。内容包括临时设施的搭设、维修、拆除费或摊销费。计算办法：以各类工程的基价定额直接费为基础，按表8-13费率计算。

（2）冬季、雨季及夜间施工增加费：指工程在冬季、雨季及夜间施工增加的费用。包括冬季、雨季及夜间施工功效降低；在冬季施工需要采取防寒、保暖措施；在雨季施工需采取防雨、防潮、防冲措施；在夜间施工的夜班津贴、照明及有关设施的折旧、维修、安拆、运输管理所增加的费用。但不包括蒸汽养护混凝土构件的费用以及属于企业管理开支的值班人员野餐津贴和现场一般照明等费用。计算办法：以各类工程基价定额直接费为基础，按表8-14和表8-15费率计算。

临时设施费费率(%) 表8-13

序号	专业工程名称 / 工程类别		一类工程	二类工程
1	一般水工工程		1.392	1.253
2	陆域构筑物工程		1.309	1.178
3	堆场道路工程		1.215	1.094
4	大型土石方工程	机械施工	—	0.387
5		人力施工	—	3.359
6	装卸机械设备安装工程		1.486	1.337

冬季雨季及夜间施工增加费费率(%) 表8-14

序号	专业工程名称 / 地区 / 工程类别	一类工程			
		东北地区	华北地区	长江干线马鞍山及其上游地区	华东、中南、西南地区
1	一般水工工程	1.859	1.581	1.209	0.744
2	陆域构筑物工程	1.745	1.484	1.135	0.698
3	堆场道路工程	1.655	1.407	1.076	0.662
4	装卸机械设备安装工程	2.476	1.981	1.486	0.990

冬季雨季及夜间施工增加费费率(%) 表8-15

序号	专业工程名称 / 地区 / 工程类别		二类工程			
			东北地区	华北地区	长江干线马鞍山及其上游地区	华东、中南、西南地区
1	一般水工工程		1.674	1.423	1.088	0.670
2	陆域构筑物工程		1.571	1.335	1.021	0.628
3	堆场道路工程		1.490	1.266	0.968	0.596
4	大型土石方工程	机械施工	0.928	0.774	0.619	0.387
5		人力施工	1.768	1.503	1.149	0.884
6	装卸机械设备安装工程		2.228	1.783	1.337	0.891

(3)材料二次倒运费:指在施工现场发生的材料、成品及半成品的二次倒运费。计算办法:以各类工程的基价定额直接费为基础,按表8-16费率计算。

材料二次倒运费费率(%) 表8-16

序号	专业工程名称 / 工程类别	一类工程	二类工程
1	一般水工工程	0.353	0.318
2	陆域构筑物工程	0.306	0.275
3	堆场道路工程	0.304	0.274
4	装卸机械设备安装工程	0.495	0.446

注:大型土石方工程不计此项费用。

(4)施工辅助费:包括以下三项内容,

①生产工具用具使用费:指施工生产所需不属于固定资产的生产工具及检验、试验用具等的购置、摊销和维修费,以及支付给生产工人自备工具的补贴费。

②检验试验费:指建筑材料、构件和建筑安装物进行一般鉴定、检查所发生的费用,包括自设试验室进行试验所耗用的材料和化学用品费用等,以及技术革新和研究试验费。不包括新结构、新材料的试验费和建设单位要求对具有出厂合格证明的材料进行检验、对构件破坏性试验及其他特殊要求检验试验的费用。

③工程定位复测、工程点交、场地清理等费用。

计算办法:以各类工程的基价定额直接费为基础,按表8-17费率计算。

施工辅助费费率(%) 表8-17

序号	专业工程名称	工程类别	一类工程	二类工程
1	一般水工工程		1.116	1.004
2	陆域构筑物工程		1.047	0.942
3	堆场道路工程		1.011	0.910
4	大型土石方工程	机械施工	—	0.309
5		人力施工	—	1.326
6	装卸机械设备安装工程		1.783	1.605

(5)施工队伍进退场费:指施工定位承担工程施工时,所使用的船舶及施工机械进入和退出施工现场的费用及派出部分施工力量所发生的往返调遣费用。

内容包括:调遣期间职工工资、差旅交通费、施工船舶、机械、工具、器具、周转材料和生产及管理用具的调遣和运杂费,以及船舶、机械在调遣时需要开舱、改装、复原、拆卸、安装的费用。计算办法:以各类工程的基价定额直接费为基础,按表8-18费率计算:

施工队伍进退场费费率(%) 表8-18

序号	专业工程名称	工程类别 距离	一类工程		二类工程	
			施工单位基地距工程所在地距离(km)			
			25以内	25以外	25以内	25以外
1	一般水工工程		0.707	1.326~4.861	0.636	1.193~4.375
2	陆域构筑物工程		0.655	1.228~4.503	0.590	1.105~4.053
3	堆场道路工程		0.610	1.144~4.194	0.549	1.029~3.774
4	大型土石方工程	机械施工	—	—	0.309	1.160~3.868
5		人力施工	—	—	—	0.541~1.805
6	装卸机械设备安装工程		0.990	0.990~5.447	0.891	0.891~4.902

(6)外海工程拖船费:指码头、防波堤、栈(引)桥等工程使用挖泥船、打桩船、起重船、打夯

船等大型工程船舶在外海施工时,由于风浪、水流等原因不能连续驻船作业,必须拖回临时停泊地而发生的船舶拖运费。计算办法:以各类工程的基价定额直接费为基础,按表 8-19 费率计算。

外海工程拖船费费率(%) 表 8-19

序号	工程类别 专业工程名称	一类工程	二类工程
1	一般水工工程	1.133	1.020
2	装卸机械设备安装工程	0.604	0.544

注:陆域构筑物工程、堆场道路工程、大型土石方工程不计此项费用。

2. 间接费

间接费包括企业管理费和财务费用。

1)企业管理费

指施工企业为组织施工生产和经营活动所发生的管理费用。包含:

(1)管理人员工资:是指管理人员的基本工资、工资性补贴、职工福利费、劳动保护费等。

(2)办公费:是指企业管理办公用的文具、纸张、账表、印刷、邮电、书报、会议、水电、烧水和集体取暖(包括现场临时宿舍取暖)用煤等费用。

(3)差旅交通费:是指职工因公出差、调动工作的差旅费、住勤补助费,市内交通费和误餐补助费,职工探亲路费,劳动力招募费,职工离退休、退职一次性路费,工伤人员就医路费,工地转移费以及管理部门使用的交通工具的油料、燃料、养路费及牌照费。

(4)固定资产使用费:是指管理和试验部门及附属生产单位使用的属于固定资产的房屋、设备仪器等的折旧、大修、维修或租赁等。

(5)工具用具使用费:是指管理使用的不属于固定资产的生产工具、器具、家具、交通工具和检验、试验、测绘、消防用具等的购置、维修和摊销费。

(6)劳动保险费:是指由企业支付离退休职工的易地安家补助费、职工退职费、6 个月以上的病假人员工资、职工死亡丧葬补助费、抚恤费、按规定支付给离休干部的各项经费。

(7)保险费:是指企业财产、管理用车辆等的保险费用。

(8)职工教育经费:是指企业为职工学习先进技术和提高文化水平,按职工工资总额计提的费用。

(9)财产保险费:是指施工管理用财产、车辆保险。

(10)工会经费:是指企业按职工工资总额计提的工会经费。

(11)财务费:是指企业为筹集资金而发生的各种费用。

(12)税金:是指企业按规定缴纳的房产税、车船使用税、土地使用税、印花税等。

(13)其他:包括技术转让费、技术开发费、业务招待费、土地使用费、排污费、绿化费、广告费、公证费、法律顾问费、审计费、咨询费、定额测定费、临时工管理费、施工现场一般照明费、上级管理费等。

企业管理费计算办法:以各类工程的基价定额直接费、其他直接费之和为基础,按表 8-20 和表 8-21 费率计算。

第八章 沿海港口建设工程概算预算编制

企业管理费费率(%) 表8-20

序号	工程类别 距离 专业工程名称	一类工程 施工单位基地距工程所在地距离(km)					
		25内	100内	300内	500内	1000内	1000外
1	一般水工工程	8.919	9.712	10.237	10.791	11.058	11.918
2	陆域构筑物工程	8.564	9.321	9.821	10.349	10.604	11.425
3	堆场道路工程	8.257	8.987	9.471	9.980	10.226	11.018
4	装卸机械设备安装工程	7.035	7.498	7.805	8.128	8.283	8.786

企业管理费费率(%) 表8-21

序号	工程类别 距离 专业工程名称		二类工程 施工单位基地距工程所在地距离(km)					
			25内	100内	300内	500内	1000内	1000外
1	一般水工工程		8.027	8.741	9.214	9.711	9.952	10.727
2	陆域构筑物工程		7.708	8.389	8.839	9.314	9.543	10.282
3	堆场道路工程		7.431	8.089	8.523	8.982	9.203	9.916
4	大型土石方工程	机械施工	1.530	1.710	1.830	1.955	2.016	2.212
5		人力施工	8.097	8.905	9.439	10.002	10.274	11.151
6	装卸机械设备安装工程		6.332	6.748	7.024	7.315	7.455	7.907

2)财务费用

指企业为筹建资金而发生的各项费用,包括企业经营期间发生的短期贷款利息净支出、汇兑净损失、调剂外汇手续费、金融机构手续费,以及筹集资金发生的其他财务费用。计算办法:以各类工程的基价定额直接费、其他直接费之和为基础,按表8-22费率计算。

财务费用费率(%) 表8-22

序号	专业工程名称	工程类别	一类工程	二类工程
1	一般水工工程		0.754	0.679
2	陆域构筑物工程		0.708	0.637
3	堆场道路工程		0.642	0.578
4	大型土石方工程	机械施工	—	0.311
5		人力施工	—	0.900
6	装卸机械设备安装工程		0.496	0.446

3.利润

指施工企业完成所承包工程获得的盈利。

利润以基价定额直接费、其他直接费、间接费之和为基础计算。

编制概(预)算时利润按7%计算;大型土石方工程的填料价值,其利润按3%计算。

4.税金

税金系指按国家税法规定,应计入建筑安装工程造价内的营业税、城市维护税及教育费附加。现行税率表见表8-23。

计算公式:

税金 = (直接工程费 + 间接费 + 利润) × 税率

税率 = {1/[1 - 营业税税率×(1 + 城市维护建设税税率 + 教育费附加税率)]} - 1

现 行 税 率 表　　　　　　　　　　表 8-23

序 号	工程所在地点	税率(%)	其　　中		
			营业税(%)	城市维护建设税(%)	教育费附加(%)
1	市区	3.41	3	7	3
2	县城镇	3.35	3	5	3
3	市区、县城镇以外	3.22	3	1	3

5. 专项费用

指需要独立计算的费用,此项费用应计算税金。

6. 施工取费分类标准及计费规定

1) 水工建筑工程及装卸机械设备安装工程分类取费标准

(1) 一般水工工程

包括各种码头、防波堤、海堤、栈引桥、灯塔、取水构筑物、围堰、护岸、水上软基加固等港口水工建筑物及有关的配套设施。

在上述单位工程中,对以下三个部分工程另有规定:

①施打钢桩及制作安装钢拉杆:指码头、引桥、系靠船墩等主体工程中施打的钢板桩、钢管桩以及制作安装钢拉杆;

②安装大型钢结构:指码头、引桥等主体工程中使用的钢桥、钢栈桥、钢梁、钢桁架等;

③装橡胶护舷:指码头、系靠船墩等主体工程中安装的各种橡胶护舷。

(2) 陆域构筑物工程:指港区内的翻车机房、廊道、坑道、陆上软基加固等陆域构筑物及有关的配套设施。

(3) 堆场道路工程:指港区内的堆场道路工程。

(4) 大型土石方工程:指在一个单位工程中开挖或回填的土石方工程量在 10000 m^3 以上的无结构要求的工程,如码头后方堆场道路、翻车机房、廊道的陆上开挖,码头和护岸后方、堆场道路结构层以下、翻车机房、突堤码头堤心的回填。但不适用于防波堤、引堤、基床、棱体、倒滤层、护岸、围堰等有结构要求的工程。棱体与码头(或护岸)后方的界线按工程定额规定划分。

大型土石方工程应划分为机械施工、人力施工两类。

(5) 装卸机械设备安装工程:指各种装卸船设备、库场装卸设备、装卸车辆设备、输送设备及其他设备的安装。

2) 计费规定

(1) 水工建筑工程及装卸机械设备安装工程的计费基础为基价定额直接费。本规定中的计费基础适用于计算其他直接费、间接费和利润。

基价定额直接费是指按定额规定的人工、材料、船机艘(台)班基价计算的工、料、机费用之和。其中:

①水工建筑工程的外购钢桩、大型钢结构、钢拉杆及橡胶护舷,按其基价中确定的购置价格的 10% 计入计费基础;自制钢桩、大型钢结构及钢拉杆,按其基价的 30% 计入计费基础。

②大型土石方工程的填料价值不参与计算其他直接费、间接费,只用于计算利润。

③装卸机械设备安装工程的设备购置费不参与计算施工取费。

④混凝土及钢筋混凝土预制及现浇工程中,采用商品混凝土时:按相应定额中自拌同规格混凝土计算基价(工料机项目、规格不变);计算市场价时,商品混凝土实际价格进入市价、定额中混凝土搅拌机械不计,固定预制厂使用费不计,其余不变。

(2)关于外海系数:按本规定计算的基价定额直接费、定额直接费适用于内港工程。外海工程在编制概、预算时,按单位工程的人工费乘以1.10系数;船舶及水上施工机械使用费乘以1.25系数。

(3)关于间接费:在孤岛施工的工程按规定的费率乘以1.20系数。孤岛是指远离大陆且无基本的施工条件的岛屿,但不包括崇明岛、海南岛等。

7.水工建筑及装卸机械设备安装工程各项费率汇总表(表8-24和表8-25)

水工建筑及装卸机械设备安装工程各项费率汇总表(一类工程) 表8-24

	费用项目及名称		计算基础	费率(%)			
				一般水工工程	陆域构筑物工程	堆场道路工程	装卸机械设备安装工程
1	其他直接费	临时设施费	基价定额直接费	1.392	1.309	1.215	1.486
2		冬季、雨季及夜间施工增加费		见表8-14			
3		材料二次搬运费		0.353	0.306	0.304	0.495
4		施工辅助费		1.116	1.047	1.011	1.783
5		施工队伍进退场费 25km以内		0.707	0.655	0.610	0.990
		25km外		见表8-18			
6		外海工程拖船费		1.133	—	—	0.604
7	间接费	企业管理费	基价定额直接费+其他直接费	见表8-20			
8		财务费用		0.754	0.708	0.642	0.496

水工建筑及装卸机械设备安装工程各项费率汇总表(二类工程) 表8-25

	费用项目及名称		计算基础	费率(%)					
				一般水工工程	陆域构筑物工程	堆场道路工程	大型土石方工程		装卸机械设备安装工程
							机械施工	人力施工	
1	其他直接费	临时设施费	基价定额直接费	1.253	1.178	1.094	0.387	3.359	1.337
2		冬季、雨季及夜间施工增加费		见表8-15					
3		材料二次搬运费		0.318	0.275	0.274	—		0.446
4		施工辅助费		1.004	0.942	0.910	0.309	1.326	1.605
5		施工队伍进退场费 25km以内		0.636	0.590	0.549	0.309	—	0.891
		25km外		见表8-18					
6		外海工程拖船费		1.020	—	—			0.544
7	间接费	企业管理费	基价定额直接费+其他直接费	见表8-21					
8		财务费用		0.679	0.637	0.578	0.311	0.900	0.446

8. 水工建筑及装卸机械设备安装工程各项费用计算程序及计算方式表(表8-26)

水工建筑及装卸机械设备安装工程各项费用计算程序及计算方式表   表8-26

序号	项目	说明及计算方式
(一)	基价定额直接费	指按定额规定的工料机基价计算的工料机之和
(二)	定额直接费	指按工程所在地的工料机价格计算的工料机之和
(三)	其他直接费	(一)×其他直接费费率
(四)	直接工程费	(二)+(三)
(五)	企业管理费	[(一)+(三)]×企业管理费费率
(六)	财务费用	[(一)+(三)]×财务费用费率
(七)	利润	[(一)+(三)+(五)+(六)]×利润率
(八)	税金	[(四)+(五)+(六)+(七)]×税率
(九)	专项费用	专项费用=(1+税率)×独立计算的费用
(十)	单位工程概预算金额	(四)+(五)+(六)+(七)+(八)+(九)

实例：某重力式码头位于上海，根据施工图工程量计算出定额直接费为3000万元，基价定额直接费为2800万元，施工单位基地距工程所在地300km，独立计算的费用为100万元。试计算该工程项目的预算金额。

解：分析，该工程项目为二类一般水工工程，并位于华东地区，按《沿海港口建设工程概算预算编制规定》(交水发2004年247号)中的计算标准。该工程项目的预算费用计算见表8-27。

某重力式码头预算费用计算   表8-27

序号	项目	说明及计算方式	金额(万元)
(一)	基价定额直接费	指按定额规定的工料机基价计算的工料机之和	2800
(二)	定额直接费	指按工程所在地的工料机价格计算的工料机之和	3000
(三)	其他直接费	(一)×其他直接费费率	2800×(1.253%+0.670%+0.318%+1.004%+2.784%+1.020%)=197.37
(四)	直接工程费	(二)+(三)	3197.37
(五)	企业管理费	[(一)+(三)]×企业管理费费率	(2800+197.37)×9.214%=276.18
(六)	财务费用	[(一)+(三)]×财务费用费率	(2800+197.37)×0.679%=20.35
(七)	利润	[(一)+(三)+(五)+(六)]×利润率	(2800+197.37+276.18+20.35)×7%=230.57
(八)	税金	[(四)+(五)+(六)+(七)]×税率	(3197.37+276.18+20.35+230.57)×3.41%=127.0
(九)	专项费用	专项费用=(1+税率)×独立计算的费用	(1+3.41%)×100=103.41
(十)	单位工程概预算金额	(四)+(五)+(六)+(七)+(八)+(九)	3954.88

第四节 沿海港口建设工程预算实例

本案例工程位于福建某港口城市,码头长度大约120m,码头水工主体结构采用沉箱及方块等重力式结构。主要内容有:码头主体工程、港池泊位疏浚、场地回填、道路工程等。主要分项工程施工顺序为:测量放样→基槽开挖、港池疏浚→抛石基床→沉箱、方块预制安装→棱体抛石→倒滤层→回填→现浇胸墙→水电施工→陆域面层施工→验收。

某沿海港口千吨级码头项目工程预算书

一、工程名称:福建××××××码头项目

概况:略。

二、编制说明

(一)编制依据

1.图纸依据:某设计院设计的《福建××××××码头项目》(出图时间:2012年3月)。

2.计价规范及定额依据:

(1)《水运工程工程量清单计价规范》JTS 271—2008 的工程量计算规则。

(2)交通部文件交水发[2004]247号《沿海港口建设工程概算预算编制规定》及配套2004年沿海港口定额。

(3)闽交建[2005]22号《沿海港口建设工程概算预算编制规定》的补充规定。

(4)闽交建[2010]151号《福建省交通运输厅关于印发福建省公路水运建设工程安全生产费用暂行规定的通知》。

(5)交通部交水发[1997]246号《疏浚工程概算、预算编制规定》、《疏浚工程船舶艘班费用定额》、《疏浚工程预算定额》等。

(6)闽建筑[2012]4号《关于调整建筑安装工程税率的通知》。

(7)省、市有关工程量计算规则及相关规定、文件、通知等。

3.其他依据:与本项目有关的其他资料。

(二)取费标准

工程类别按二类工程。

施工地区属于:华东、中南、西南地区。

利润按7%计算。

税金按闽建筑[2012]4号文的市区标准,税率按3.477%计算。

(三)调遣距离

基地与工程所在地距离按25km计算施工队伍进退场费率。

起重船、挖泥船、泥驳、拖轮、履带式起重机等大型船机进退场费按30万元计算在一般项目的"施工措施项目"中。

(四)主要材料市场价格

人工单价按规定的31.3元/工日,船员按规定的46.4元/工日,司机和机械使用工按规定的33.88元/工日。

主要材料单价按照工程所在地2012年3月份信息价及现场询价。水泥32.5按504元/t;钢筋按4422元/t;板枋材按1700元/m³;柴油机用按8.66元/kg,柴油船用按8.79元/kg,汽油按10.29元/kg;混凝土用中粗砂按71元/m³,回填砂按15元/m³;碎石按55元/m³;水按2.3元/m³;电按0.64元/度;其余请详细见预算书。

船机台班单价根据船机艘台班定额及船员工资、燃料动力材料单价等由软件自动计算其市场价。

(五)其他说明

1. 本工程执行JTS 271—2008《水运工程工程量清单计价规范》,清单编码为12位编码。
2. 一般项目为总价项目,具体详细见一般项目报价表。
3. 保险费包含工程一切险及第三方责任险。工程一切险按工程实体项目的3‰计算;第三方责任险,投保额按200万元,费率按4‰计算。
4. 安全文明施工费按照规定不少得于工程总价1%,按20万元计算。
5. 预制场建设费用考虑租用费用按30万元计算,临时码头建设费用考虑改建及维护费用按20万元计算。
6. 工程量清单综合单价中,已包括完成该工程项目的直接费、间接费、工程取费、利润、劳保费、税金等所有费用。
7. 混凝土采用非泵送商品混凝土,价格根据市场询价。
8. 暂列金额按150万计列。
9. 预算软件采用亿吉尔沿海港口水工概预算软件。
10. 其余请详细见预算书。

三、工程量清单项目总价表(表8-28)

工程量清单项目总价表　　　　　　表8-28

工程名称:某沿海港口千吨级码头项目

序　号	项目名称	金　额（元）
一	一般项目	1572950
二	码头主体	15327360
三	陆域	1479380
四	暂列金额	1500000
	合计	19879690

四、分项工程量清单计价表(表 8-29 ~ 表 8-32)

分项工程量清单计价表

表 8-29

单位工程名称:码头主体

序号	项目编码	项目名称	计量单位	工程数量	综合单价	合价
1	100200001001	港池挖泥,I 类土,运距 10km	m^3	42506.52	31.55	1341081
2	100502001001	基槽挖泥,I 类土,运距 10km	m^3	61203.48	31.55	1930970
3	100503004001	回填块石(10~100kg)	m^3	21085.68	70.19	1480004
4	100503005001	填筑二片石垫层	m^3	3800.85	79.87	303574
5	100503021001	抛填基床 10~100kg	m^3	21038.56	180.85	3804824
6	100503012001	填筑混合倒滤层	m^3	3800.15	85.51	324951
7	100503013001	铺设土工织物 $300g/m^2$	m^2	8636.32	23.42	202263
8	100503023001	抛填块石	m^3	8515.25	81.40	693141
9	101100001001	橡胶护舷 DA-A300H,L=1.5m 购安	套	8	2271.62	18173
10	101100001002	橡胶护舷 DA-A300H,L=2m 购安	套	25	6321.48	158037
11	101100004001	系船柱 250kN,含壳内 C25 混凝土浇注	个	15	2617.60	39264
12	101100022001	沉降观测点	个	20	196.25	3925
13	030204018001	码头供电箱	台	4	5338.75	21355
14	040502008001	供水栓	个	4	4467.75	17871
15	100702040001	挡土墙 C30	m^3	200.55	661.37	132638
16	100801001001	现浇混凝土钢筋	t	3.251	5888.34	19143
17	100701021001	方形沉箱 C40 预制(单个 $300m^3$,1000t 以内)	m^3	1200	931.18	1117416
18	100701021002	沉箱溜放	个	4	11525.25	46101
19	100701021003	沉箱拖运,1000t 内/个	个	4	16644.25	66577
20	100701021004	沉箱安装,1000t 内/个	个	4	43823.50	175294
21	100801002001	预制构件钢筋	t	130.256	6008.27	782613
22	100503003001	填筑碎石垫层,沉箱内厚 200mm	m^3	85.36	78.70	6718
23	100503005002	填筑二片石垫层,沉箱内厚 300mm	m^3	110.35	61.30	6764
24	100702054001	沉箱及空腔结构封顶 C30	m^3	45.68	530.58	24237
25	100503038001	构筑物内填砂	m^3	2052.38	29.26	60053
26	100702038001	胸墙 C30	m^3	615.35	600.36	369432
27	100702055001	护轮坎 C30	m^3	10.35	923.48	9558
28	100702033001	现浇踏步 C30	m^3	12.52	992.57	12427
29	100801001002	现浇混凝土钢筋	t	17.352	5888.25	102173
30	040205013001	隔离护栏安装,不锈钢管护栏	m	58.31	839.72	48964
31	100701027001	实心方块 C30 预制	m^3	1823.68	569.43	1038458

续上表

序号	项目编码	项目名称	计量单位	工程数量	金额(元)	
					综合单价	合价
32	100701027002	方块堆放(200t 以内/件)	件	40	2465.00	98600
33	100701027003	方块装运安(200t 以内/件)	件	40	9538.40	381536
34	010802003001	防腐涂料,码头环氧树脂漆防腐	m²	985.25	114.74	113048
35	100900023001	预埋铁件,爬梯处	t	0.525	8470.48	4447
36	040305004001	挡墙混凝土压顶 C25	m³	38.58	689.09	26585
37	100504005001	M15 浆砌块石护坡	m³	425.23	288.71	122768
38	100503005003	填筑二片石垫层	m³	205.25	85.51	17551
39	100503001001	填筑砂垫层	m³	205.25	100.17	20560
40	100701043001	混凝土护脚 C25	m³	135.25	727.27	98363
41	100503017001	填筑码头棱体块石	m³	958.45	81.40	78018
42	100900023002	预埋铁件,系船柱护角处	t	0.852	9254.69	7885
		合计				15327360

分项工程量清单计价表   表 8-30

单位工程名称:陆域

序号	项目编码	项目名称	计量单位	工程数量	金额(元)	
					综合单价	合价
1	100501001001	挖一般土方,陆上 I-II 类土,运距 2km	m³	890.35	10.38	9242
2	100503044001	场地填砂,利用开挖的中粗砂	m³	35000.25	15.87	555454
3	100503003002	填筑碎石垫层,厚度 30cm	m³	900.52	76.42	68818
4	100503005004	填筑二片石垫层,厚度 30cm	m³	900.52	85.51	77003
5	100702056001	面层 C20,厚度 30cm	m³	900.52	414.91	373635
6	040307009001	钢拉杆、传力杆	t	15.368	9255.08	142232
7	100801001003	现浇混凝土钢筋	t	5.352	5888.27	31514
8	050201004001	嵌草砖铺装	m²	600.55	74.42	44693
9	100503045001	场地填土,50cm 壤土(或山皮土)	m³	352.25	28.18	9926
10	040203006001	块料面层,大理石铺面	m²	800.52	141.02	112889
11	100503003003	填筑 30cm 级配碎石稳定层	m³	240.15	95.85	23018
12	100702057001	垫层,C20 素混凝土,厚度 10cm	m³	80.05	386.71	30956
		合计				1479380

分项工程量清单计价表

表 8-31

单位工程名称：暂列金额

序号	项目编码	项目名称	计量单位	工程数量	金额(元)	
					综合单价	合价
1	100100101001	暂列金额	项	1	1500000.00	1500000
合计						1500000

一般项目清单计价表

表 8-32

工程名称：某沿海港口千吨级码头项目

序号	项目编码	项目名称	金额(元)
1	100100103001	保险费	62950
2	100100104001	安全文明施工费	200000
3	100100105001	施工环保费	80000
4	100100106001	生产及生活房屋	120000
5	100100107001	临时道路	80000
6	100100108001	临时用电	60000
7	100100109001	临时用水	70000
8	100100110001	临时通信	40000
9	100100111001	临时用地	40000
10	100100112001	临时码头	200000
11	100100113001	预制场建设	300000
12	100100115001	竣工文件编制	20000
13	100100116001	施工措施项目	300000
14	100100117001	其他费用	0
合计			1572950

水运工程项目管理

五、分项工程量清单综合单价汇总表（表8-33）

分项工程量清单综合单价汇总表

表8-33

单位工程名称：码头主体

序号	项目编码	项目名称	计量单位	工程数量	综合单价（元）	合价（元）	人工费	材料费	船机使用费	间接费	利润	税金
									其 中			
1	100200001001	港池挖泥，I类土，运距10km	m^3	42506.52	31.55	1341081	1275.2		1117496.41	76936.8	67160.3	45056.91
2	100502001001	基槽挖泥，I类土，运距10km	m^3	61203.48	31.55	1930970	1836.1		1609039.49	110778.3	96701.5	64875.69
3	100503004001	回填块石（10~100kg）	m^3	21085.68	70.19	1480004	6114.85	1051542.86	170372.29	87716.43	76751.88	49762.2
4	100503005001	填筑二片石垫层	m^3	3800.85	79.87	303574	45876.26	204865.82		18510.14	16191.62	10186.28
5	100503021001	抛填基床10~100kg	m^3	21038.56	180.85	3804824	85416.55	1302918.02	1689817.14	260036.6	227216.45	127914.44
6	100503012001	填筑混合倒滤层	m^3	3800.15	85.51	324951	45867.81	229909.08		16606.66	14516.57	10906.43
7	100503013001	铺设土工织物300g/m^2	m^2	8636.32	23.42	202263	41627.06	68140.56	57431.53	12263.57	10709.04	6822.69
8	100503023001	抛填块石	m^3	8515.25	81.40	693141	10814.37	454458.89	86855.55	51091.5	44619.91	23331.79
9	101100001001	橡胶护舷DA-A300H，L=1.5m购安	套	8	2271.62	18173	385.36	16308.32	345.84	227.12	198.56	610.64
10	101100001002	橡胶护舷DA-A300H，L=2m购安	套	25	6321.48	158037	1204.25	148463.5	1080.75	859.25	751	5310.25
11	101100004001	系船柱250kN，含壳内C25混凝土浇注	个	15	2617.60	39264	1293	31174.8		2377.95	2078.4	1319.4
12	101100022001	沉降观测点	个	20	196.25	3925	939	1600	600	284	248.2	131.8
13	03020401801	码头供电箱	台	4	5338.75	21355	454.48	18107.32	252.76	791.4	691.72	717.56
14	04050200801	供水栓	个	4	4467.75	17871	276.96	14376.12		1136.24	993.12	600.48
15	100702004001	挡土墙C30	m^3	200.55	661.37	132638	11054.32	93560.59	11200.72	5368.72	4692.87	4456.22
16	100801001001	现浇混凝土钢筋	t	3.251	5888.34	19143	1153.91	14986.26	386.9	856.41	748.54	643.24
17	100701021001	方形沉箱C40预制（单个300m^3, 1000吨以内）	m^3	1200	931.18	1117416	120012	721536	119040	51792	45264	37548

第八章 沿海港口建设工程概算预算编制

续上表

序号	项目编码	项目名称	计量单位	工程数量	综合单价（元）	合价（元）	其中					
							人工费	材料费	船机使用费	间接费	利润	税金
18	100701021002	沉箱溜放	个	4	11525.25	46101	4380.76	7852.12	26785.24	2402.8	2100.16	1549.08
19	100701021003	沉箱拖运，1000t内/个	个	4	16644.25	66577	912.72		57238.92	2686.96	2348.52	2237.12
20	100701021004	沉箱安装，1000t内/个	个	4	43823.50	175294	3833.64	11554.24	132166.56	9486.56	8291.68	5890.16
21	100801002001	预制构件钢筋	t	130.256	6008.27	782613	42931.08	596732.69	34387.58	35718.8	31218.46	26297.38
22	100503003001	填筑碎石垫层，沉箱内厚200mm	m³	85.36	78.70	6718	43.53	5539.86	0.85	394.36	344.85	225.35
23	100503005002	填筑二片石垫层，沉箱内厚300mm	m³	110.35	61.30	6764	56.28	5569.36		396.16	345.4	227.32
24	100702054001	沉箱及空腔结构封顶 C30	m³	45.68	530.58	24237	666.47	19348.68	1451.25	849.19	742.3	814.47
25	100503038001	构筑物内填砂	m³	2052.38	29.26	60053	1046.71	48744.02		3591.66	3119.62	2011.33
26	100702038001	胸墙 C30	m³	615.35	600.36	369432	22207.98	275621.42	26607.73	14146.9	12362.38	12411.61
27	100702055001	护轮坎 C30	m³	10.35	923.48	9558	1283.19	6247.98	672.13	448.57	392.06	321.16
28	100702033001	现浇踏步 C30	m³	12.52	992.57	12427	1270.4	8538.01	870.27	577.92	505.18	417.54
29	100801001002	现浇混凝土钢筋	t	17.352	5888.25	102173	6158.92	79988.21	2065.06	4571.04	3995.3	3433.27
30	040205013001	隔离护栏安装，不锈钢管护栏	m	58.31	839.72	48964	1195.94	38467.11	529.45	3093.93	2704.42	1645.51
31	100701027001	实心方块 C30 预制	m³	1823.68	569.43	1038458	55950.5	783762.95	69391.02	41014.56	35853.55	34887
32	100701027002	方块堆放（200t 以内/件）	件	40	2465.00	98600	1754		79351.2	6166	5389.6	3313.2
33	100701027003	方块装运安	件	40	9538.40	381536	6114.8	913.2	307825.6	23386	20440.4	12820.4
34	010802003001	防腐涂料，码头环氧树脂漆防腐	m²	985.25	114.74	113048	6167.66	86485.24		7202.18	6295.75	3803.06
35	100900023001	预埋铁件，爬梯处	t	0.525	8470.48	4447	106.48	3417.68	88.68	297.49	260.02	149.44
36	040305004001	挡墙混凝土压顶 C25	m³	38.58	689.09	26585	2737.64	18192.4	1880	1251.15	1093.74	893.13
37	100504005001	M15浆砌块石护坡	m³	425.23	288.71	122768	18420.96	86746.92	1126.86	5362.15	4686.03	4124.73
38	100503005003	填筑二片石垫层	m³	205.25	85.51	17551	2477.37	12417.62		896.94	784.06	589.07
39	100503001001	填筑砂垫层	m³	205.25	100.17	20560	7	17458.56	886.68	628.06	548.02	691.69
40	100701043001	混凝土护脚 C25	m³	135.25	727.27	98363	13373.52	64107.15	6332.4	4882.53	4267.14	3305.51
41	100503017001	填筑码头棱体块石	m³	958.45	81.40	78018	1217.23	51152.48	9776.19	5750.7	5022.28	2626.15
42	100900023002	预埋铁件，系船柱护角处	t	0.852	9254.69	7885	885.63	5197.71	588.66	411.77	359.91	264.96

续上表

单位工程名称：陆域

序号	项目编码	项目名称	计量单位	工程数量	综合单价（元）	合价（元）	人工费	材料费	其 中 船机使用费	间接费	利润	税金
1	100501001001	挖一般土方,陆上 I-II 类土,运距2km	m³	890.35	10.38	9242	204.78	71.23	7674.82	427.37	373.95	311.62
2	100503004401	场地填砂,利用开挖的中粗砂	m³	35000.25	15.87	555454	4550.03	361202.58	135100.96	6300.04	24850.18	18550.13
3	100503003002	填筑碎石垫层,厚度30cm	m³	900.52	76.42	68818	342.2	53490.89	3872.24	3818.2	3340.93	2314.34
4	100503005004	填筑二片石垫层,厚度30cm	m³	900.52	85.51	77003	10869.28	54481.46		3935.27	3439.99	2584.49
5	100702056001	面层C20,厚度30cm	m³	900.52	414.91	373635	17542.13	276360.58	29095.8	16533.55	14453.35	12553.25
6	040307009001	钢拉杆,传力杆	t	15.368	9255.08	142232	15974.57	93754.02	10617.9	7427.35	6491.9	4779.29
7	100801001003	现浇混凝土钢筋	t	5.352	5888.27	31514	1899.64	24671.33	636.94	1409.88	1232.3	1058.95
8	050201004001	嵌草砖铺装	m²	600.55	74.42	44693	1987.82	35072.12	30.03	2648.43	2318.12	1501.38
9	100503045001	场地填土,50cm填土（或山皮土）	m²	352.25	28.18	9926	45.79	6643.44	1359.68	669.28	584.74	334.64
10	040203006001	块料面层,大理石铺面	m²	800.52	141.02	112889	6236.05	85831.75	312.2	7260.72	6340.12	3794.46
11	100503003003	填筑30cm级配碎石稳定层	m³	240.15	95.85	23018	134.48	17314.81	1870.77	1267.99	1109.49	773.28
12	100702057001	垫层,C20素混凝土,厚度10cm	m³	80.05	386.71	30956	1468.12	22929.52	2379.09	1363.25	1191.14	1039.85

序号	项目编码	项目名称	计量单位	工程数量	综合单价（元）	合价（元）	人工费	材料费	其 中 船机使用费	间接费	利润	税金
1	100100010101	暂列金额	项	1	1500000.00	1500000		1500000				
						19879690	632108	10710778	5816892	926736	829379	564758

六、综合单价分析表(表8-34~表8-38)

综合单价分析表

表8-34

清单项目编码:100200001001

清单项目名称:港池挖泥,Ⅰ类土,运距10km

序号	名称	型号规格	计量单位	数量	单价(元)	合价(元)
1	直接费					26.33
1.1	人工费		工日	0.0011	31.3	0.03
1.3	机械使用费					26.29
1.3.1	挖泥船	抓斗,斗容:8m³	艘班	0.00081	17548.04	14.214
1.3.2	非自航泥驳	容量:500m³	艘班	0.0024	2028.1	4.867
1.3.3	拖轮	功率:294kW(400hp)	艘班	0.00164	4358.18	7.147
1.3.4	其他船机		元			0.066
	其他直接费					0.78
2	间接费					1.81
3	利润					1.58
4	税金					1.06
5	合计					31.55
6	单价		元/m³			31.55

综合单价分析表

表8-35

清单项目编码:100502001001

清单项目名称:基槽挖泥,Ⅰ类土,运距10km

序号	名称	型号规格	计量单位	数量	单价(元)	合价(元)
1	直接费					26.33
1.1	人工费		工日	0.0011	31.3	0.03
1.3	机械使用费					26.29
1.3.1	挖泥船	抓斗,斗容:8m³	艘班	0.00081	17548.04	14.214
1.3.2	非自航泥驳	容量:500m³	艘班	0.0024	2028.1	4.867
1.3.3	拖轮	功率:294kW(400hp)	艘班	0.00164	4358.18	7.147
1.3.4	其他船机		元			0.066
	其他直接费					0.78
2	间接费					1.81
3	利润					1.58
4	税金					1.06
5	合计					31.55
6	单价		元/m³			31.55

综合单价分析表　　　　　　　　　　　　　　　　　　　　表8-36

清单项目编码:100503004001

清单项目名称:回填块石(10~100kg)

序号	名　　称	型号规格	计量单位	数量	单价(元)	合价(元)
1	直接费					58.25
1.1	人工费		工日	0.0093	31.3	0.29
1.2	材料费					49.87
1.2.1	块石	100kg内	m³	1.11	43.65	48.451
1.2.2	碴石		m³	0.04	33	1.320
1.2.3	其他材料		元			0.100
1.3	机械使用费					8.08
1.3.1	潜水组		组日	0.00694	720	4.997
1.3.2	履带式推土机	功率≤75kW(102hp)	台班	0.0006	732.08	0.439
1.3.3	轮胎式装载机	斗容≤2m³	台班	0.0032	824.91	2.640
1.3.4	其他船机		元			0.009
	其他直接费					1.79
2	间接费					4.16
3	利润					3.64
4	税金					2.36
5	合计					70.19
6	单价		元/m³			70.19

综合单价分析表　　　　　　　　　　　　　　　　　　　　表8-37

清单项目编码:100801001001

清单项目名称:现浇混凝土钢筋

序号	名　　称	型号规格	计量单位	数量	单价(元)	合价(元)
1	直接费					5083.69
1.1	人工费		工日	11.34	31.3	354.94
1.2	材料费					4609.74
1.2.1	钢筋		t	1.03	4422	4554.660
1.2.2	电焊条		kg	2	5.14	10.280
1.2.3	铁丝	#20	kg	7	6.4	44.800
1.3	机械使用费					119.01
1.3.1	履带式起重机	起重量≤15t	台班	0.05	641.97	32.098
1.3.2	钢筋切断机	直径≤40mm	台班	0.2	35.85	7.170
1.3.3	钢筋弯曲机	直径≤40mm	台班	0.2	20.89	4.178

续上表

序号	名　称	型号规格	计量单位	数量	单价(元)	合价(元)
1.3.4	交流对焊机	容量≤100kVA	台班	0.27	279.86	75.562
	其他直接费					113.04
2	间接费					263.43
3	利润					230.25
4	税金					197.86
5	合计					5888.34
6	单价		元/t			5888.34

综合单价分析表　　　　　　　　表8-38

清单项目编码:100701021001

清单项目名称:方形沉箱C40预制(单个300m³,1000t以内)

序号	名　称	型号规格	计量单位	数量	单价(元)	合价(元)
1	直接费					800.49
1.1	人工费		工日	2.891	31.3	100.01
1.2	材料费					601.28
1.2.1	板枋材	预制	m³	0.0084	1700	14.280
1.2.2	铁件		kg	6.5	5.782	37.583
1.2.3	定型组合钢模板面		kg	2.7	3.6	9.720
1.2.4	定型组合钢模骨架支撑		kg	5.4	3.4	18.360
1.2.5	定型组合钢模连接卡具		kg	0.6	3.6	2.160
1.2.6	普通半干硬性碎石混凝土(商品)	C40,粒径:40mm	m³	1.015	460	466.900
1.2.7	水泥砂浆	M25	m³	0.004	352.97	1.412
1.2.8	其他材料		元			38.969
1.2.9	固定预制厂使用费		元	34	1	34.000
1.3	机械使用费					99.20
1.3.1	门座式起重机	起重量≤30t	台班	0.046	811.81	37.343
1.3.2	混凝土搅拌运输车	罐容量≤6m³	台班	0.021	1402.88	29.460
1.3.3	混凝土输送泵车	排出量≤60m³/h	台班	0.01	1420.63	14.206
1.3.4	其他船机		元			5.606
	其他直接费					18.52
2	间接费					43.16
3	利润					37.72
4	税金					31.29
5	合计					931.18
6	单价		元/m³			931.18

七、主要材料设备价格表(表8-39)

主要材料设备价格表

表 8-39

工程名称:某沿海港口千吨级码头项目

序号	材料名称	规格型号	单位	单价(元)	数量	交货地点	备注
1	钢筋		t	4422.00	160.246		
2	钢筋		kg	4.42	1342.084		
3	圆钢	$\phi 10$	kg	4.37	908.32		
4	钢板		t	4618.00	8.309		
5	型钢		kg	4.56	1760		
6	型钢		t	4557.00	9.356		
7	板枋材		m^3	1700.00	1.468		
8	板枋材	现浇	m^3	1700.00	12.835		
9	板枋材	预制	m^3	1700.00	24.548		
10	水泥	32.5	t	504.00	83.458		
11	底胎模摊销(水泥)		kg	0.50	2917.888		
12	山皮土		m^3	15.00	765.902		
13	回填砂		m^3	15.00	25.045		
14	回填砂,利用基槽开挖中粗砂砂		m^3	8.00	44625.319		
15	回填砂	民船装运抛	m^3	19.00	2565.475		
16	中粗砂		m^3	71.00	466.417		
17	中粗砂	现浇混凝土用	m^3	71.00	0.279		
18	碎石		m^3	55.00	633.261		
19	碎石	民船装运抛	m^3	59.00	93.896		
20	碎石	倒滤层(20~80mm)	m^3	55.00	5396.512		
21	碎(卵)石		m^3	55.00	1287.398		
22	块石	浆砌用	m^3	85.00	501.771		
23	块石	100kg内	m^3	43.65	23405.105		
24	块石	100kg内民船装运抛	m^3	47.65	36487.973		
25	二片石		m^3	45.00	723.726		
26	二片石	民船装运	m^3	49.00	4294.596		
27	碴石		m^3	33.00	843.427		
28	橡胶护舷	D型$H=300mm,L=1500mm$	套	2000.00	8		
29	橡胶护舷	D型$H=300mm,L=2000mm$	套	5900.00	25		
30	编织袋	50×90mm	个	0.90	6995.419		
31	电焊条		kg	5.14	1339.007		

续上表

序号	材料名称	规格型号	单位	单价（元）	数量	交货地点	备注
32	清油		kg	5.00	1.5		
33	调和漆		kg	7.50	142.735		
34	汽油		kg	10.29	2418.463		
35	红丹粉		kg	11.00	208.665		
36	氧气		m³	7.27	483.995		
37	硫磺		kg	1.80	396.825		
38	乙炔气		m³	13.23	210.423		
39	柴油	机用	kg	8.66	23579.106		
40	柴油	船用	kg	8.79	164700.463		
41	铁丝	#20	kg	6.40	963.221		
42	铁件		kg	5.78	13036.633		
43	安装用铁件		kg	5.78	900		
44	螺栓带帽及垫圈		kg	7.80	1045.5		
45	铁链		t	6300.00	0.399		
46	钢丝绳		kg	8.50	536		
47	系船柱壳体		t	3000.00	5.25		
48	卡环		kg	12.00	12.075		
49	定型组合钢模板面		kg	3.60	5181.429		
50	定型组合钢模骨架支撑		kg	3.40	9579.94		
51	定型组合钢模连接卡具		kg	3.60	1149.09		
52	供水栓及仪表等		个	3500.00	4		
53	棕绳		kg	4.20	48		
54	水		m³	2.30	1767.625		
55	水	（现浇混凝土用）	m³	2.30	58.779		
56	水	（船舶用水）	t	8.30	1995.671		
57	电		kW·h	0.64	39212.09		
58	土工布	300g/m²	m²	5.40	9240.862		
59	普通半干硬性碎石混凝土（商品）	C20,粒径:40mm	m³	260.00	1000.181		
60	普通半干硬性碎石混凝土（商品）	C25,粒径:40mm	m³	320.00	177.652		
61	普通半干硬性碎石混凝土（商品）	C30,粒径:40mm	m³	400.00	2744.284		
62	普通半干硬性碎石混凝土（商品）	C40,粒径:40mm	m³	460.00	1218		
63	水泥砂浆	M15	m³	288.91	150.106		
64	水泥砂浆	M25	m³	352.97	40.821		
65	硫磺水泥砂浆		m³	1897.63	0.429		

续上表

序号	材料名称	规格型号	单位	单价(元)	数量	交货地点	备注
66	水泥	32.5(砂浆用)	kg	0.50	15975.462		
67	白水泥		kg	0.66	82.454		
68	锯末		m³	10.98	4.803		
69	镀锌扁钢	—25×4	kg	6.49	6		
70	钢板垫板		kg	4.63	1.2		
71	钨棒		kg	407.04	3.499		
72	不锈钢装饰盖	φ59	个	1.26	338.198		
73	镀锌精制带帽螺栓	M10×100 以内 2 平 1 弹垫	10套	6.10	2.44		
74	电焊条	结422φ3.2	kg	3.50	0.6		
75	不锈钢焊丝		kg	15.60	5.831		
76	焊锡丝		kg	26.50	0.6		
77	石料切割锯片		片	15.53	2.802		
78	中(细)砂	损耗2%+膨胀1.18	m³	65.00	37.298		
79	磨光大理石板	20 厚	m²	96.00	816.53		
80	酚醛磁漆	各种颜色	kg	11.60	0.08		
81	调和漆		kg	19.00	0.2		
82	电力复合酯	一级	kg	16.00	0.2		
83	氩气		m³	14.64	23.324		
84	环氧树脂	E44	kg	22.95	3780.243		
85	自粘性橡胶带	20mm×5m	卷	6.50	0.8		
86	不锈钢管	φ76×1.2	m	30.00	61.809		
87	不锈钢管	φ100 102×1.5	m	240.00	141.927		
88	塑料软管		kg	11.44	1.2		
89	镀锌弯头	DN50	个	8.26	4.04		
90	镀锌月弯	DN50	个	17.64	4.04		
91	镀锌活接头	DN50	个	15.61	4.04		
92	镀锌内接头	DN50	个	6.23	8.08		
93	镀锌管堵	DN50	个	3.90	4.04		
94	成套配电箱		台	4500.00	4		
95	水		m³	2.30	48.839		
96	破布		kg	1.70	0.4		
97	铁砂布	0#~2#	张	0.60	4		
98	棉纱头		kg	9.78	8.005		
99	抹灰砂浆水泥砂浆1:3(32.5)		m³	270.61	36.567		

续上表

序号	材料名称	规格型号	单位	单价（元）	数量	交货地点	备注
100	素水泥浆		m³	757.70	0.801		
101	嵌草砖		m²	50.00	630.578		
102	起重船	内燃,固定扒杆:200t	艘班	14629.67	21.032		
103	起重船	内燃,固定扒杆:500t	艘班	28709.74	1.9		
104	挖泥船	抓斗,斗容:8m³	艘班	17548.04	84.005		
105	非自航泥驳	容量:500m³	艘班	2028.10	248.904		
106	方驳	载重量:400t	艘班	552.07	356.858		
107	方驳	载重量:600t	艘班	698.49	0.748		
108	方驳	载重量:2000t	艘班	2948.99	7.6		
109	铁驳	载重量:50t	艘班	59.80	9.98		
110	拖轮	功率:294kW(400hp)	艘班	4358.18	231.197		
111	拖轮	功率:441kW(600hp)	艘班	6120.58	6.592		
112	拖轮	功率:721kW(980hp)	艘班	9479.46	3.664		
113	拖轮	功率:1228kW(1670hp)	艘班	16552.15	1.764		
114	打夯船	功率:132kW(180hp)	艘班	2103.76	124.548		
115	机动艇	功率:15kW(20hp)	艘班	189.68	6.27		
116	机动艇	功率:44kW(60hp)	艘班	435.89	94.699		
117	潜水组		组日	720.00	1672.541		
118	履带式单斗液压挖掘机	斗容≤1m³	台班	1052.72	1.514		
119	履带式推土机	功率≤60kW(82hp)	台班	491.50	1.336		
120	履带式推土机	功率≤75kW(102hp)	台班	732.08	87.779		
121	轮胎式装载机	斗容≤2m³	台班	824.91	175.187		
122	自卸汽车	载重量≤4t	台班	447.53	78.015		
123	自卸汽车	载重量≤6t	台班	488.61	31.003		
124	自卸汽车	载重量≤8t	台班	591.34	9.171		
125	机动翻斗车	载重量:1t	台班	114.99	99.881		
126	滑道大平车	载重量:800t	台班	441.21	3.8		
127	履带式起重机	起重量≤15t	台班	641.97	54.137		
128	履带式起重机	起重量≤30t	台班	951.16	7.6		
129	门座式起重机	起重量≤30t	台班	811.81	93.497		
130	皮带运输机	水平距离≤0.8×20m	台班	164.32	20.288		
131	钢筋切断机	直径≤40mm	台班	35.85	5.191		
132	钢筋弯曲机	直径≤40mm	台班	20.89	5.191		
133	灰浆搅拌机	容量≤200L	台班	52.14	21.602		

续上表

序号	材料名称	规格型号	单位	单价（元）	数量	交货地点	备注
134	混凝土搅拌运输车	罐容量≤6m³	台班	1402.88	25.2		
135	混凝土输送泵车	排出量≤60m³/h	台班	1420.63	12		
136	交流电焊机	容量≤30kVA	台班	68.11	155.392		
137	交流对焊机	容量≤100kVA	台班	279.86	7.008		
138	气焊设备	0.8m³	台班	17.22	10		
139	内燃发电机组	功率≤100kW	台班	1073.86	7.6		
140	电动单级离心水泵	直径≤150mm	台班	118.15	11.4		
141	潜水泵	直径≤150mm	台班	84.42	11.4		
142	高压油泵	压力≤80MPa	台班	191.52	3.8		
143	液压千斤顶	≤320t	台班	20.50	15.2		
144	汽车式起重机	提升质量5t	台班	387.84	0.4		
145	载货汽车	装载质量4t	台班	332.69	0.24		
146	灰浆搅拌机	拌筒容量200L	台班	14.69	6.397		
147	石料切割机		台班	18.48	13.449		
148	管子切断机	φ150	台班	38.65	6.443		
149	交流电焊机	容量21kV·A	台班	44.41	0.4		
150	氩弧焊机	电流500A	台班	81.99	3.42		

八、实例点评

本工程水工主体结构采用常见的沉箱及方块等重力式结构,工程内容包括码头主体工程、港池泊位疏浚、场地回填、道路工程等,工程量清单执行JTS 271—2008《水运工程工程量清单计价规范》,是很典型的一个沿海港口工程。

本工程预算考虑了工程保险、安全文明施工费、预制场建设费、临时码头建设费、大型船机进退场费、暂列金额等。税率执行福建省2012年2月起实施的最新税率。定额执行目前最新的沿海港口定额。主要材料单价按照当地2012年3月份材料信息价。详细考虑了沿海港口预算涉及的各种因素,具有实战代表性。

思 考 题

1. 沿海港口建设工程概、预算的作用是什么?
2. 沿海港口建设工程概、预算的编制依据是什么?

3. 沿海港口建设工程概、预算文件组成有哪些?

4. 沿海港口建设工程的概、预算费用的组成有哪些？分别如何计算?

5. 沿海港口建设工程总概算费用包括哪些？分别如何计算?

6. 某沿海重力式码头,根据施工图工程量计算出定额直接费为5760万元,基价定额直接费为5000万元,独立计算的费用为100万元,试计算该工程项目的预算金额(其中相关费率分别为:其他直接费5%,企业管理费4%,财务费1%,计划利润7%,税金3%,计算结果保留整数)。

第九章 内河航运建设工程概算、预算编制

> **学习要求：**
> 本章叙述内河航运建设工程概算预算的编制。要求掌握内河航运建设工程概算的工程内容、单位工程概、预算费用(建安工程费)的组成和计算,特别是人工、材料、机械的预算价格的确定,熟悉内河航运建设工程概算预算的编制程序和方法,了解内河航运建设工程概算预算的编制的依据和审批。

现行内河航运建设工程的概算预算编制以交通部(98)交基发 112 号 1998 年 3 月 10 日颁布的《内河航运建设工程概算预算编制规定》为准。适用于新建、改建和扩建的内河航运建设项目;不适用于长江干线千吨级以上(含千吨级)的港口工程以及水文特性以潮汐为主的河口港。

第一节 总概算的编制及管理

一、一般规定

1)初步设计概算是初步设计文件的重要组成部分。设计单位进行初步设计时,应根据工程的构成和工程造价管理的有关规定分别编制单项或单位工程概算以及建设项目总概算。

2)总概算应控制在批准的建设项目可行性研究报告投资估算范围以内。概算经批准后,是建设项目投资的最高限额,是筹措资金、编制和安排基本建设项目计划、签订建设项目总承包合同的依据,也是考核设计经济合理性的依据。

3)概算由设计单位负责编制。一个建设项目,如由几个设计单位共同设计时,须由主体设计单位负责统一概算的编制原则和依据,汇编总概算,并对全部概算的编制质量负责;其他设计单位负责编好所承担设计的工程概算。

4)使用国外贷款的建设项目,应依据本规定分别编制内币和外币概算。其中:

(1)施工取费的计算,以基价定额直接费为取费基础。

(2)计算总概算第二部分的有关费用时,进口设备和材料应按其包括运费、保险费在内的到岸价格(CIF)乘以当时的外汇牌价折算成人民币后,按照本规定有关费率计算。外汇牌价均以初步设计概算编制时中国人民银行公布的现行牌价为准。

二、概算的编制依据

(1)国家的有关法令及法规;

(2)初步设计(包括施工条件设计);

(3) 本规定以及有关定额和规定；
(4) 生产厂家的设备出厂价格；
(5) 当地基建主管部门颁发的市场材料价格及有关规定(或工程所在地的材料、半成品及各种设备器材的市场价格)。

三、概算编制内容

(1) 内河航运建设项目总概算,应包括建设项目从可行性研究到竣工验收所需的全部建设费用。

总概算按其费用构成分为工程费用、其他费用、预留费用和固定资产投资方向调节税、建设期贷款利息及铺底流动资金(详见图9-1)。

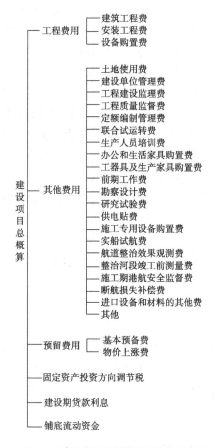

图9-1 建设项目总概算费用构成示意图

(2) 内河航运建设工程按其功能和效用可分为：航运枢纽工程、通航建筑工程、内河港口工程、航道整治工程和修造船厂工程等(修造船厂工程执行船厂定额)。各类建设项目单项或单位工程的划分详见"附录五 内河航运建设工程各类建设项目单项、单位工程的划分"。

四、概算文件组成

(1) 编制说明：包括工程概况、编制依据、工程总投资、主要技术经济指标及各项投资所占比例、存在的主要问题等；

(2) 建设项目总概算表；

(3) 建筑工程概算表；

(4) 设备购置及安装工程概算表；

(5) 建筑安装工程主要材料用量汇总表；

(6) 概算中采用的主要材料及设备价格汇总表；

(7) 补充单位估价表。

五、概算的审批及管理

(1) 建设单位在报批初步设计时，必须同时报批概算。初步设计概算由主管部门或授权单位主持审查并负责审批。概算审查时应有建设单位、设计单位和其他有关单位参加。

(2) 审查概算时，设计单位必须实事求是地向审批部门反映概算的编制情况及存在问题；审批部门应根据有关规定，认真协调各方意见，严格履行审批手续。设计单位应按照审批意见及时修改并调整概算。审批单位将经审查修改后的总概算印发给各有关单位。

(3) 各有关部门和有关单位都应认真实行批准的总概算，不得有任意突破。如单位工程或单项工程必须增加投资时，应使用已完工程的节余投资调剂解决。调剂有困难时，可分析原因，经主管部门批准，属于基本预备费内容的因素，可动用基本预备费；属于因人工、材料、设备价格上涨等内容的因素，可动用物价上涨费。如必须突破总概算时，其超过部分须经主管部门同意，并经设计单位修改后，报原概算审查部门审批。

(4) 建设单位应根据批准的总概算，认真做好投资的使用和管理，加强对各项工程经济资料的收集和分析。

第二节 工程总概算的设计编制

一、工程总概算的费用构成

总概算按其费用构成分为工程费用、其他费用、预留费用和固定资产投资方向调节税、建设期贷款利息及铺底流动资金六大部分，见图9-1。

二、工程总概算的费用计算

(一) 工程费用

工程费用由建筑工程费用、安装工程费用和设备购置费三部分组成，其中建筑工程费用、安装工程费用详见本章第四节，本节介绍设备购置费计算。如有临时工程费应列入工程费用范围内。

设备购置费分为国产和进口两种计算方法。

1. 国产设备

国产设备购置费指根据设计提出的设备清单按设备原价及有关规定计算的费用总和。通航建筑工程、内河港口工程、航道整治工程以及航运枢纽工程中的通航建筑工程和挡水建筑工程部分的设备购置费,包括设备原价、备品备件购置费运杂费和采购保管费等,应按下述规定计算。航运枢纽工程中的电站等有关部分设备购置费的构成及计算方法,执行水利定额及有关规定。

(1)设备原价:设备原价系指生产厂家规定的现行出厂价格,非标产品则按生产厂家的实际价格或合同价格(不包括非标设计费)确定。

(2)备品备件购置费:备品备件购置费系指工程在投产运行初期所必须添置的易损零部件专用替换材料等的购置费。但不包括随设备出厂价格所配备的备品备件以及港口装卸工艺中所需要的网络货板,上述二项应计入设备购置费中。

备品备件购置费以设备原价为基础按下述费率计算:

航运枢纽工程:0.50%;

通航建筑及内河港口工程:0.60%;

航道整治工程:0.70%。

(3)运杂费:运杂费系指国产设备由出厂地点或调拨地点运至安装现场所发生的一切费用,包括运输费、包装费、装卸费以及其他可能发生的各项杂费。港口装卸设备、一般起重设备、通信及航标设备、通航启闭设备、机修和其他生产设备:其设备运杂费按设备原价与备品备件购置费之和乘以表9-1的费率计算;港作车船和其他交通车辆的运杂费费率按表9-1的费率乘以0.50系数计算。

设备运杂费费率表　　　　　　　　　　　　　表9-1

序号	工程所在地	费率(%)
1	浙江、上海、天津、辽宁、河北、山东、安徽、江苏、山西、陕西	4.0
2	江西、湖北、黑龙江、吉林	5.0
3	广东、广西、云南、贵州、福建、四川、湖南、河南、重庆、	6.0

设备到达安装现场后直至安装前所发生的设备二次转运费包括在运杂费内。二次转运费占设备运杂费的5%~8%。

(4)采购保管费:采购保管费系指设备在采购、保管过程中发生的各项费用,主要包括:

①采购保管部门支付的工作人员的人工费、工具用具使用费以及办公费、差旅交通费等各项管理费;

②仓库、转运站等设施的固定资产折旧费(或租赁费)、检修费以及技术安全措施费等;

③设备在采购保管中必要的检验、试验费;

④供销部门以及在中转环节发生的各项手续费等。

采购保管费按设备原价与备品备件购置费之和的0.8%计算。

2.进口设备

(1)设备原价:进口设备原价按设备的外币到岸价(CIF)确定。

(2)进口设备国内接运保管费:按照规定计算。

(二)其他费用

内河航运建设工程其他费用包括:土地使用费、建设单位管理费、工程建设监理费、工程质量监督费、定额编制管理费、联合试运转费、生产人员培训费、办公和生活家具购置费、工器具及生产家具购置费、前期工作费、勘察设计费、研究试验费、供电贴费、施工专用设备购置费、实船试航费、航道整治效果观测费、整治河段竣工前测量费、施工期港航安全监督费、断航损失补偿费等。见"附录六　内河航运建设工程其他费用"。

(三)预留费用

预留费用包括基本预备费和物价上涨费

1. 基本预备费

基本预备费系指在初步设计时难以预料的工程和费用。其内容包括：

(1)在施工图设计及施工过程中,因局部的结构变更、标准的改变以及局部设计条件的变化等所增加的费用。

(2)一般自然灾害造成的损失和预防自然灾害所采取的措施费用以及为保证正常的航运生产而对施工造成干扰等所增加的费用。

(3)组织竣工验收时,必须开挖和修复隐蔽工程的费用。

基本预备费以工程费用和其他费用之和为计算基础,按5%计算。外币部分的基本预备费按外币计列。

2. 物价上涨费

物价上涨费系指在工程建设期间由于价格的上涨引起工程造价变化的投资增加额。

物价上涨费应根据合理建设工期和分年度投资(仅限工程费用和其他费用,不含土地使用费)按年投资价格指数计算。

计算公式：

$$E = \sum_{n=1}^{N} F_n [(1+P)^n - 1]$$

式中：E——物价上涨费；

N——合理建设工期(按施工条件设计确定)；

n——建设年度；

P——年投资价格指数；

F_n——第 n 年的年度投资。

年投资价格指数应以国家或有关部门发布的价格指数为准。年投资价格指数一般为6%。

(四)固定资产投资方向调节税

指根据1991年中华人民共和国国务院令第82号《中华人民共和国固定资产投资方向调节税暂行条例》和1991年国家税务局国税发[1991]113号《中华人民共和国固定资产投资方向调节税暂行条例实施细则》以及1991年国家计委、国家税务局计投资[1991]1045号《关于实施〈中华人民共和国固定资产投资方向调节税暂行条例〉的若干补充规定》,应缴纳的固定资产投资方向调节税。

(五)建设期贷款利息

建设期贷款利息系指本建设项目投资中分年度使用国内贷款或国外贷款部分,在建设期内应归还的工程贷款利息。国外贷款部分利息按外币计列。

在编制概算时,建设期贷款利息可根据需付息的分年度投资(包括工程费用、其他费用、基本预备费、物价上涨费和固定资产投资方向调节税)按现行利率计算。

计算公式：

建设期贷款利息 = Σ〔本年初需付息贷款本息累计 + (本年度付息贷款额÷2)〕×年利率

(六)铺底流动资金

指新建项目建成投产初期需要的流动资金。有老企业作依托进行改建或扩建的项目所需的流动资金，由老企业自筹解决，原则上不得计列此项费用。

铺底流动资金按流动资金计划需要量的30%计列。新建项目计列此项费用。

第三节 施工图预算的编制

施工图预算(以下简称预算)是施工图设计文件的组成部分。进行施工图设计时，应根据设计划分的单位工程编制预算。

一、预算的作用

按预算承包的工程，其预算经审定后是确定工程造、签订建筑安装工程合同和办理工程结算的依据。

实行施工招标的工程，预算是编制工程标底的依据。

在设计单位内部，预算是考核施工图设计经济合理性的依据。

预算应严格控制在批准的初步设计概算范围之内。如单位工程预算突破相应概算时，应分析原因，剔除不合理因素，确需突破概算的，应在总概算范围内调剂解决。

二、预算的编制依据

(1)国家有关法令及法规；
(2)施工图设计和施工组织设计；
(3)内河航运建设工程概预算编制规定(1998)及有关定额和规定；
(4)当地基建主管部门颁发的市场材料价格及有关规定。

三、预算文件组成

(1)编制说明包括工程概况、定额费率的采用、主要施工工艺和使用的主要船机设备、人工及主要材料单价、主要技术经济指标、存在的主要问题及其他必要的说明；
(2)建筑工程或设备安装工程预算表；
(3)主要材料汇总表；
(4)补充单位估价表；单位估价表和主要工程量计算表，在预算审查时一并送审。

四、其他

凡实行按施工图预算加系数包干的工程，应包括预算包干费。预算包干费以建安工程费用为基础按3%计算。

第四节　内河航运建设工程工程费用

一、水工建筑和设备及大型钢结构制作安装工程项目划分

(一) 航务建筑工程

包括：各种码头，船闸，升船机，航运枢纽工程中的水坝、水闸、节制闸等，护岸，防汛墙，系(靠)船建筑物，引堤，栈引桥，港区堆场、港(场)区道路以及软基加固等工程。适用于港区以内、引航道以内的航务水工建筑物及其有关的配套设施。

(二) 整治建筑工程

包括：航道的炸礁、清渣、筑坝和护岸工程。适用于港区以外、航运枢纽及通航建筑中引航道以外的航道整治工程。

(三) 大型土石方工程

系指在一个单位工程内开挖或回填的土石方工程量在 1 万立方米以上的没有结构要求的土石方工程。适用于各类建、构筑物的基础上、石方开挖工程、回填造陆工程以及新开河道、引航道的土石方开挖工程等。

(四) 设备及大型钢结构制作安装工程

包括：装卸设备和启闭机的安装、航运枢纽及通航建筑工程中的闸(阀)门及钢结构等的制作安装及附属工程。适用于内河港口工程、通航建筑工程及航运枢纽工程中通航建筑部分的设备及大型钢结构的制作安装工程。

关于内河航运建设工程项目划分，详见"附录五　内河航运建设工程各类建设项目单项、单位工程的划分"。

二、工程类别划分

内河航运建设工程根据其主体工程的建设规模和难易程度，划分为两类，见表 9-2。

内河航运工程类别分类表　　　　　表 9-2

工程类别 主体工程名称	一类工程 (a)	二类工程 (b)
航运枢纽工程：		
船闸	$a \geqslant 300t$	$100t \leqslant b < 300t$
航道等级	$a \geqslant$ Ⅳ 级	Ⅴ 级 $\leqslant b <$ Ⅳ 级
航道建筑工程：		
船闸	$a \geqslant 300t$	$100t \leqslant b < 300t$
升船机	$a \geqslant 100t$	$50t \leqslant b < 100t$
内河港口工程：码头吨级	$a \geqslant 1000t$	$500t \leqslant b < 1000t$
航道整治工程：		
航道等级	$a \geqslant$ Ⅳ 级	Ⅴ 级 $\leqslant b <$ Ⅳ 级
炸　礁	$a \geqslant 2$ 万立方米	1 万立方米 $\leqslant b < 2$ 万立方米

注：1. 工程类别的判别，两项条件中满足其一即符合该类工程条件。

　　2. 当以航道等级作为判别依据时，对于山区航道，其判别条件应降一等级。

三、单位工程概、预算费用的组成

单位工程概、预算费用由直接工程费、间接费、计划利润、税金和专项费用五部分组成。详见表9-3,与沿海港口建设工程费用组成不同之处,在于直接工程费组成不同。

内河航运建设工程费用组成 表9-3

单位工程概、预算费用(建安工程费)	直接工程费	定额直接费	人工费
			材料费
			施工船机使用费
		其他直接费	临时设施费
			冬季、雨季、夜间施工增加费
			材料二次倒运费
			施工辅助费
			施工队伍进退场费
		现场经费	临时设施费
			现场管理费
	间接费	企业管理费	
		财务费用	
	利润		
	税金		
	专项费用		

四、施工取费计费规定

(1)水工建筑和设备及大型钢结构制作安装工程的计费基础为基价定额直接费。此计费基础适用于计算其他直接费、现场经费、间接费和计划利润。

基价定额直接费是指按定额规定的人工、材料、船机艘(台)班基价计算的工、料、机费用之和。

(2)设备及大型钢结构安装工程中,设备、大型钢结构本身的价值不参与任何取费计算。

(3)钢闸(阀)门及大型钢结构制作工程中的主体结构钢材本身价值不参与计算其他直接费、现场经费和间接费,只计算计划利润。

(4)大型土石方工程中的填料价值不参与计算其他直接费、现场经费和间接费,只计算计划利润。

(5)橡胶护舷,按其基价确定的购置价格的30%参与取费。

(6)航道整治工程的筑坝、护岸等在建设期的维护工程,其费用应根据水流条件、流冰情况及建设期限等由设计单位确定其工程量,并视为永久工程计算建筑工程费。

五、直接工程费

直接工程费包括定额直接费、其他直接费和现场经费。

(一)定额直接费

指施工过程中消耗的构成工程实体和有助于工程形成的各项费用,包括人工费、材料费和施工船舶机械使用费。

(1)人工费:指直接从事建筑安装工程施工的生产工人开支的各项费用。内容包括:

①基本工资:指发给生产工人的基本工资。

②工资性补贴:指按规定标准发放的物价及生活补贴、地区津贴、流动施工津贴、水上津贴、少数民族津贴等。

③辅助工资:指生产工人年平均有效作业天数以外非作业天数的工资,包括职工学习、培训期间的工资,调动工作、探亲、休假期间的工资,女工哺乳期间的工资,因气候影响的停工工资,病假在6个月以内的工资及产、婚、丧假期的工资。

④职工福利费:指按规定标准计提的职工福利费。

⑤劳动保护费:指规定标准发放的劳动保护用品的购置费及修理费、防暑降温费、徒工服装补贴,在有碍身体健康环境中施工的保健费用等。

工资单价应根据工程所在地的工资区类别按表9-4选用。

建筑安装生产工人工资单价(单位:元/工日)　　　　　表9-4

项　目	工资区类别					
	六	七	八	九	十	十一
工资单价	20.44	20.58	20.72	21.07	21.21	21.34

注:东北地区按上述工资单价乘以1.13系数。

(2)材料费:内容与计算同沿海港口工程建设工程。

(3)施工船舶及机械使用费:内容与计算同沿海港口工程建设工程。

(二)其他直接费

指定额直接费以外施工过程中发生的其他直接费。包括以下内容:

(1)冬季、雨季及夜间施工增加费

指工程在冬季、雨季及夜间施工增加的费用。包括冬季、雨季及夜间施工功效降低;在冬季施工需要采取防寒、保暖措施;在雨季施工需采取防雨、防潮、防冲措施;在夜间施工的夜班津贴、照明及有关设施的折旧、维修、安拆、运输管理所增加的费用。但不包括蒸汽养护混凝土构件的费用以及属于企业管理开支的值班人员野餐津贴和现场一般照明等费用。计算办法:以各类工程基价定额直接费为基础,按表9-5费率计算。

冬季、雨季及夜间施工增加费费率(%)　　　　　表9-5

序号	工程类别 专业工程名称		一类工程	二类工程
1	航务建筑工程		0.74	0.66
2	整治建筑工程	筑坝、护岸	0.46	0.39
3		炸礁	0.65	0.54
4	大型土石方工程	机械施工	0.14	0.14
5		人力施工	0.10	0.09
6	设备及大型钢结构制作安装工程	制作	0.82	0.76
7		安装	0.78	0.71

注:费率适用于华东、华南、中南和西南地区,东北地区按上述费率乘以2.0系数,华北、西北地区乘1.60系数。

第九章 内河航运建设工程概算、预算编制

(2) 材料二次搬运费

指在施工现场发生的材料、成品及半成品的二次倒运费。计算办法：以各类工程的基价定额直接费为基础，按表9-6费率计算。

材料二次搬运费费率(%) 表9-6

序号	专业工程名称	工程类别	一类工程	二类工程
1	航务建筑工程		0.26	0.22
2	整治建筑工程	筑坝、护岸	0.12	0.08
3		炸礁	0.32	0.27
4	设备及大型钢结构制作安装工程	制作	0.25	0.22
5		安装	0.24	0.21

(3) 施工辅助费

包括以下四项内容：

①生产工具用具使用费：指施工生产所需不属于固定资产的生产工具及检验、试验用具等的购置、摊销和维修费，以及支付给生产工人自备工具的补贴费。

②检验试验费：指建筑材料、构件和建筑安装物进行一般鉴定、检查所发生的费用，包括自设试验室进行试验所耗用的材料和化学用品费用等，以及技术革新和研究试验费。不包括新结构、新材料的试验费和建设单位要求对具有出厂合格证明的材料进行检验、对构件破坏性试验及其他特殊要求检验试验的费用。

③工程定位复测、工程点交、场地清理等费用。

④爆破测震及扫床费：专指水下炸礁工程中为观测爆破产生的震波对周围环境的影响以及交工前扫床验收所发生的费用。

计算办法：以各类工程的基价定额直接费为基础，按表9-7费率计算。

施工辅助费费率(%) 表9-7

序号	专业工程名称	工程类别	一类工程	二类工程
1	航务建筑工程		1.11	1.03
2	整治建筑工程	筑坝、护岸	0.12	0.08
3		炸礁	1.30	1.14
4	大型土石方工程	机械施工	0.14	0.14
5		人力施工	0.08	0.08
6	设备及大型钢结构制作安装工程	制作	1.23	1.14
7		安装	1.17	1.08

(4) 施工队伍进退场费

指施工单位承担工程施工时，所使用的船舶及施工机械进入和退出施工现场的费用及派出部分施工力量所发生的往返调遣费用。

内容包括：调遣期间职工工资、差旅交通费、施工船舶、机械、工具、器具、周转材料和生产

及管理用具的调遣和运杂费,以及船舶、机械在调遣时需要开舱、改装、复原、拆卸、安装的费用。

计算办法:以各类工程的基价定额直接费为基础,按表9-8费率计算。

施工队伍进退场费费率(%)　　　　　　　　　　　　　　表9-8

工程类别		施工单位距工程所在地距离(km)						
		≤25	≤100	≤200	≤300	≤400	≤500	>500(费率 a)
航务建筑工程		0.55 / 0.52	0.99 / 0.93	1.17 / 1.08	1.36 / 1.25	1.54 / 1.41	1.72 / 1.60	1.72<a≤4.03 / 1.60<a≤3.75
整治建筑工程	筑坝、护岸	0.39 / 0.35	0.69 / 0.62	0.78 / 0.70	0.92 / 0.86	1.06 / 0.93	1.17 / 1.05	1.17<a≤2.73 / 1.05<a≤2.45
	炸礁	1.08 / 1.03	1.60 / 1.53	2.50 / 2.36	3.35 / 3.17	4.24 / 4.04	5.10 / 4.85	5.10<a≤7.15 / 4.85<a≤6.79
大型土石方工程	机械	0.16 / 0.15	0.28 / 0.26	0.33 / 0.30	0.36 / 0.34	0.41 / 0.38	0.47 / 0.43	0.47<a≤1.10 / 0.43<a≤1.01
	人力	0.01 / 0.01	0.01 / 0.01	0.01 / 0.01	0.02 / 0.02	0.02 / 0.02	0.02 / 0.02	0.02<a≤0.05 / 0.02<a≤0.05
设备及大型钢结构制作安装工程	制作	0.89 / 0.92	1.56 / 1.45	1.81 / 1.67	2.13 / 1.96	2.42 / 2.21	2.73 / 2.49	2.73<a≤6.36 / 2.49<a≤5.80
	安装	0.84 / 0.78	1.47 / 1.38	1.71 / 1.59	2.01 / 1.86	2.28 / 2.10	2.58 / 2.37	2.58<a≤6.00 / 2.37<a≤5.52

注:表内分子为一类工程,分母为二类工程。

(三) 现场经费

指为施工准备、组织施工生产和管理所需要的费用,内容包括:

(1) 临时设施费

指施工企业为进行建筑安装工程施工所必须的生活和生产用的临时建筑物、构筑物、和其他临时设施费用等。临时设施包括临时宿舍、仓库、办公室、加工厂等临时建筑物与临时构筑物以及现场范围内临时道路、水、电、管线和小型临时设施。内容包括临时设施的搭设、维修、拆除费或摊销费。

航运枢纽工程中的电站部分所需的临时设施费用,按规定计算。

计算办法:以各类工程的基价定额直接费为基础,按表9-9费率计算。

临时设施费费率(%)　　　　　　　　　　　　　　表9-9

序号	专业工程名称	工程类别	一类工程	二类工程
1	航务建筑工程		1.48	1.33
2	整治建筑工程	筑坝、护岸	0.39	0.35
3		炸礁	0.54	0.49
4	大型土石方工程	机械施工	0.32	0.29
5		人力施工	0.20	0.18
6	设备及大型钢结构制作安装工程	制作	0.66	0.60
7		安装	2.10	1.92

（2）现场管理费

指企业在现场为组织和管理工程施工所需的费用,内容包括：

①现场管理人员的基本工资、工资性补贴、职工福利费和劳动保护费等。

②办公费,指现场管理办公用的文具、纸张、账表、印刷、邮电、书报、会议、水电、烧水和集体取暖(包括现场临时宿舍取暖)用煤等费用。

③差旅交通费,指职工因公出差期间的住勤补助费、市内交通费和误餐补助费,职工探亲路费,劳动力招募费,职工离退休、退职一次性路费,工伤人员就医路费以及现场管理使用的交通工具的油料、燃料、养路费和牌照费等。

④固定资产使用费,指现场管理和试验部门使用的属于固定资产的设备、仪器等的折旧、大修理、维修费或租赁费等。

⑤工具用具使用费,指现场管理使用的不属于固定资产的工具、器具、家具、交通工具和检验、试验、测绘、消防用具等的购置、维修和摊销费。

⑥保险费,指施工管理用财产、车辆等的保险费用。

⑦工程保修费,指工程竣工交付使用后,在规定保修以内的修理费用。

⑧工程排污费,指施工现场按规定缴纳的排污费。

⑨其他费用,指施工现场一般照明费、临时工管理费等。

计算办法:以各类工程的基价定额直接费为基础,按表9-10费率计算。

现场管理费费率(％)　　　　　　　　　　　　表9-10

序号	专业工程名称	工程类别	一类工程	二类工程
1	航务建筑工程		4.46	3.87
2	整治建筑工程	筑坝、护岸	2.47	2.16
3		炸礁	3.78	3.35
4	大型土石方工程	机械施工	0.62	0.54
5		人力施工	0.41	0.40
6	设备及大型钢结构制作安装工程	制作	4.27	3.70
7		安装	7.79	6.89

六、间接费

间接费包括企业管理费和财务费用。

(一)企业管理费

指施工企业为组织施工生产和经营活动所发生的管理费用。内容同沿海港口工程。

企业管理费计算办法:以各类工程的基价定额直接费、其他直接费之和为基础,按表9-11费率计算。

(二)财务费用

内容同沿海港口工程。

计算办法:以各类工程的基价定额直接费、其他直接费之和为基础,按表9-12费率计算。

企业管理费费率(%)   表9-11

序号	专业工程名称	工程类别	一类工程	二类工程
1	航务建筑工程		3.39	2.95
2	整治建筑工程	筑坝、护岸	2.00	1.77
3	整治建筑工程	炸礁	3.03	2.59
4	大型土石方工程	机械施工	0.50	0.43
5	大型土石方工程	人力施工	0.35	0.30
6	设备及大型钢结构制作安装工程	制作	3.23	2.82
7	设备及大型钢结构制作安装工程	安装	5.60	4.88

财务费用费率(%)   表9-12

序号	专业工程名称	工程类别	一、二类工程
1	航务建筑工程		0.74
2	整治建筑工程	筑坝、护岸	0.69
3	整治建筑工程	炸礁	0.97
4	大型土石方工程	机械施工	0.15
5	大型土石方工程	人力施工	0.06
6	设备及大型钢结构制作安装工程	制作	0.57
7	设备及大型钢结构制作安装工程	安装	0.54

七、计划利润

指按国家规定的计划利润计算的利润。

利润以基价定额直接费、其他直接费、现场经费、间接费之和为基础计算。

编制概(预)算时利润按7%计算;大型土石方工程的填料价值,其利润按3%计算;钢闸(阀)门及大型钢结构制作过程中的主体结构钢材本身的价值,其计划利润按钢材价值的2%计算。

八、税金

内容和计算办法同沿海港口工程。

九、专项费用

指需要独立计算的政策性调差、调价费用;以及根据国家、省、直辖市(自治区)政府规定应计列的费用,此项费用应计算税金。

在编制概、预算时,凡需计列专项费用的应将有关依据文件报交通部水运工程定额站备案。

十、工程费用费率汇总及计算程序

施工取费费率汇总详见表 9-13 和表 9-14；费用计算程序详见表 9-15。

一类建筑、安装工程各项费率汇总表   表 9-13

序号	费用项目及名称			计费基础	费率(%)						
					航务建筑工程	整治建筑工程		大型土石方工程		设备制作安装工程	
						筑坝护岸	炸礁	机械	人力	制作	安装
1	其他直接费	冬季、雨季及夜间施工增加费		基价定额直接费	0.74	0.46	0.65	0.14	0.10	0.82	0.78
2		材料二次搬运费			0.26	0.12	0.32	—	—	0.25	0.24
3		施工辅助费			1.11	0.12	1.30	0.14	0.08	1.23	1.17
4		施工队伍进退场费	25km 内		0.55	0.39	1.08	0.16	0.01	0.89	0.84
5			25km 外		见表 9-8						
6	现场经费	临时设施费			1.48	0.39	0.54	0.32	0.20	0.66	2.10
7		现场管理费			4.46	2.47	3.78	0.62	0.41	4.27	7.97
8	间接费	企业管理费		基价定额直接费+其他直接费+现场经费	3.39	2.00	3.03	0.50	0.35	3.23	5.60
9		财务费用			0.74	0.69	0.97	0.15	0.06	0.57	0.54

注：冬季、雨季及夜间施工增加费率以华东、华南、中南、西南地区为准，东北地区乘以 2.0 系数；华北、西北地区乘以 1.60 系数。

二类建筑、安装工程各项费率汇总表   表 9-14

序号	费用项目及名称			计费基础	费率(%)						
					航务建筑工程	整治建筑工程		大型土石方工程		设备制作安装工程	
						筑坝护岸	炸礁	机械	人力	制作	安装
1	其他直接费	冬季、雨季及夜间施工增加费		基价定额直接费	0.66	0.39	0.54	0.14	0.09	0.76	0.71
2		材料二次搬运费			0.22	0.08	0.27	—	—	0.22	0.21
3		施工辅助费			1.03	0.08	1.14	0.14	0.08	1.14	1.08
4		施工队伍进退场费	25km 内		0.52	0.35	1.03	0.15	0.01	0.82	0.78
5			25km 外		见表 9-8						
6	现场经费	临时设施费			1.33	0.35	0.49	0.29	0.18	0.60	1.92
7		现场管理费			3.87	2.16	3.35	0.54	0.40	3.70	6.89
8	间接费	企业管理费		基价定额直接费+其他直接费+现场经费	2.95	1.77	2.59	0.43	0.30	2.82	4.88
9		财务费用			0.74	0.69	0.97	0.15	0.06	0.57	0.54

注：冬季、雨季及夜间施工增加费率以华东、华南、中南、西南地区为准，东北地区乘以 2.0 系数；华北、西北地区乘以 1.60 系数。

水工建筑、设备及大型钢结构制作安装工程各项费用计算程序及计算方式表　　表9-15

序号	项目	说明及计算方式
(一)	基价定额直接费	指按定额规定的人工、材料、船机艘(台)班基价计算的工、料、机费用之和
(二)	定额直接费	指按工程所在地的人工、材料、船机艘(台)班基价计算的工、料、机费用之和
(三)	其他直接费	(一)×其他直接费费率
(四)	临时设施费	(一)×临时设施费费率
(五)	现场管理费	(一)×现场管理费费率
(六)	直接工程费	(二)+(三)+(四)+(五)
(七)	企业管理费	[(一)+(三)+(四)+(五)]×企业管理费费率
(八)	财务费用	[(一)+(三)+(四)+(五)]×财务费用费率
(九)	计划利润	[(一)+(三)+(四)+(五)+(七)+(八)]×计划利润率
(十)	税金	[(六)+(七)+(八)+(九)]×税率
(十一)	专项费用	(1+税率)×独立计算的费用
(十二)	单位工程概(预)算金额	(六)+(七)+(八)+(九)+(十)+(十一)

第五节　内河码头工程预算实例

本案例某内河码头项目工程位于福建某内河港口,主要工程内容有:陆域土石方、码头及斜坡道等。

某内河码头项目工程预算书

一、工程名称:某内河码头项目工程项目

概况:略。

二、编制说明

(一)编制依据

1.图纸依据:某设计院设计的《某内河码头工程》施工图设计(出图时间:2012年03月)。

2.计价规范及定额依据:

(1)《水运工程工程量清单计价规范》(JTS 271—2008)的工程量计算规则。

(2)交通部文件交基发[1998]112号关于发布《内河航运水工建筑工程定额》等五本定额的通知及配套定额。

(3)闽交建[2010]151号《福建省交通运输厅关于印发福建省公路水运建设工程安全生产费用暂行规定的通知》。

(4)闽建筑[2012]4号《关于调整建筑安装工程税率的通知》。

(5)省、市有关工程量计算规则及相关规定、文件、通知等。

3.其他依据：与本项目有关的其他资料。

(二)取费标准

1.工程类别按二类工程。

2.施工地区属于：华东、华南、中南、西南地区。

3.利润按7%计算。

4.税金按闽建筑[2012]4号文的市区标准,税率按3.477%计算。

(三)调遣距离

1.基地与工程所在地距离按100km计算施工队伍进退场费率。

2.挖泥船、拖轮、泥驳、灌注桩冲孔机、履带式起重机等大型船机进退场费按15万计算在一般项目的"施工措施项目"中。

(四)主要材料市场价格

1.人工单价按七类地区的20.58元/工日,船员按规定的34.04元/工日,司机和机械使用工按规定的24.43元/工日。

2.主要材料单价按照工程所在地2012年3月份信息价及现场询价。水泥32.5按504元/t;钢筋按4500元/t;板枋材按1280元/m³;柴油机用按8.66元/kg,柴油船用按8.79元/kg,汽油按10.29元/kg;混凝土用中粗砂按60元/m³;碎石按65元/m³;水按1.8元/m³;电按0.64元/度;其余请详细见预算书。

3.船机台班单价根据船机艘台班定额及船员工资、燃料动力材料单价等由软件自动计算其市场价。

(五)其他说明

1.本工程执行JTS 271—2008《水运工程工程量清单计价规范》,清单编码为12位编码。

2.一般项目为总价项目,具体详细见一般项目报价表。

3.保险费包含工程一切险及第三方责任险。工程一切险按工程实体项目的3‰计算;第三方责任险,投保额按200万,费率按4‰计算。

4.安全文明施工费按照规定不少得于工程总价1%,按9万元计算。

5.工程量清单综合单价中,已包括完成该工程项目的直接费、间接费、工程取费、利润、劳保费、税金等所有费用。

6.混凝土采用现场搅拌混凝土。

7.暂列金额按50万计列。

8.预算软件采用亿吉尔内河概预算软件。

9.其余请详细见预算书。

三、工程量清单项目总价表(表9-16)

工程量清单项目总价表　　　　　　　　　　　表9-16

工程名称:某内河码头项目

序　号	项目名称	金额(元)
100	一般项目	530997
200	陆域土石方	3504670
300	码头及斜坡道	3660958
400	暂列金额	500000
	合计	8196625

四、分项工程量清单计价表(表9-17～表9-19)

分项工程量清单计价表　　　　　　　　　　　表9-17

单位工程名称:陆域土石方

序号	项目编码	项目名称	计量单位	工程数量	金额(元)	
					综合单价	合价
1	100501001001	开挖土方,运距5km	m^3	8600	22.85	196510
2	100501005001	场地清表	m^2	32000	8.43	269760
3	100503048001	回填砂卵石	m^3	45000	67.52	3038400
		合计				3504670

分项工程量清单计价表　　　　　　　　　　　表9-18

单位工程名称:码头及斜坡道

序号	项目编码	项目名称	计量单位	工程数量	金额(元)	
					综合单价	合价
1	100502001001	基槽挖泥,运距5km	m^3	23000	32.48	747040
2	100602001001	钻孔灌注桩 C30	根	22	38784.23	853253
3	100701001001	现浇混凝土盖梁 C30	m^3	210.58	695.35	146427
4	100701001002	盖梁橡胶支座	块	230	132.31	30431
5	100701009001	现浇混凝土T型梁及横隔 C30	m^3	700.52	763.93	535148
6	100702013001	现浇混凝土面板 C30	m^3	30.52	571.26	17435
7	100702056001	现浇混凝土面层 C30	m^3	235.36	487.37	114707
8	100702055001	现浇混凝土护轮坎 C30	m^3	58.36	775.07	45233
9	100801001001	现浇钢筋加工	t	150.252	5822.61	874859

续上表

序号	项目编码	项目名称	计量单位	工程数量	金额(元)	
					综合单价	合价
10	100900023001	预埋铁件制作安装	t	8.152	9904.07	80738
11	100900023002	抗震锚栓制作安装	套	20	18.95	379
12	100900019001	栏杆制作安装	t	6.398	8458.11	54115
13	100900016001	钢板轨道制作安装	m	315.25	505.70	159422
14	101100006001	变形缝	m	44.18	40.09	1771
		合计				3660958

分项工程量清单计价表　　　　　表9-19

单位工程名称：暂列金额

序号	项目编码	项目名称	计量单位	工程数量	金额(元)	
					综合单价	合价
1	100100101001	暂列金额	项	1	500000.00	500000
		合计				500000

五、一般项目清单计价表（表9-20）

一般项目清单计价表　　　　　表9-20

序号	项目编码	项目名称	金额(元)
1	100100103001	保险费	30997
2	100100104001	安全文明施工费	90000
3	100100105001	施工环保费	20000
4	100100106001	生产及生活房屋	80000
5	100100107001	临时道路	30000
6	100100108001	临时用电	50000
7	100100109001	临时用水	30000
8	100100110001	临时通信	20000
9	100100111001	临时用地	20000
10	100100115001	竣工文件编制	10000
11	100100116001	施工措施项目	150000
		合计	530997

六、分项工程量清单综合单价汇总表（表 9-21 ~ 表 9-24）

单位工程名称：一般项目

分项工程量清单综合单价汇总表

表 9-21

序号	项目编码	项目名称	计量单位	工程数量	综合单价（元）	合价（元）	人工费	材料费	其中 船机使用费	间接费	利润	税金
1	100100103001	保险费	项	1	30996.884	30997	0	30996.88	0	0	0	0
2	100100104001	安全文明施工费	项	1	90000	90000	0	90000	0	0	0	0
3	100100105001	施工环保费	项	1	20000	20000	0	20000	0	0	0	0
4	100100106001	生产及生活房屋	项	1	80000	80000	0	80000	0	0	0	0
5	100100107001	临时道路	项	1	30000	30000	0	30000	0	0	0	0
6	100100108001	临时用电	项	1	50000	50000	0	50000	0	0	0	0
7	100100109001	临时用水	项	1	30000	30000	0	30000	0	0	0	0
8	100100110001	临时通信	项	1	20000	20000	0	20000	0	0	0	0
9	100100111001	临时用地	项	1	20000	20000	0	20000	0	0	0	0
10	100100115001	竣工文件编制	项	1	10000	10000	0	10000	0	0	0	0
11	100100116001	施工措施项目	项	1	150000	150000	0	150000	0	0	0	0

单位工程名称：陆域土石方

分项工程量清单综合单价汇总表

表 9-22

序号	项目编码	项目名称	计量单位	工程数量	综合单价（元）	合价（元）	人工费	材料费	其中 船机使用费	间接费	利润	税金
1	100501001001	开挖土方,运距 5km	m³	8600	22.85	196510	3526	688	164432	4300	8342	6622
2	100501005001	场地清表	m²	32000	8.43	269760	4800	960	225920	6080	11520	8960
3	100503048001	回填砂卵石	m³	45000	67.52	3038400	5400	2178900	375300	75600	148500	102150

第九章　内河航运建设工程概算、预算编制

表 9-23

分项工程清单综合单价汇总表

单位工程名称：码头及斜坡道

序号	项目编码	项目名称	计量单位	工程数量	综合单价（元）	合价（元）	人工费	材料费	船机使用费	其中 间接费	利润	税金
1	100502001001	基槽挖泥，运距 5km	m³	23000	32.48	747040	4830	230	650670	13340	26220	25070
2	100602001001	钻孔灌注桩 C30	根	22	38784.23	853253	88715.02	386085.48	257182.86	18579.66	36546.62	28670.62
3	100701001001	现浇混凝土盖梁 C30	m³	210.58	695.35	146427	19935.61	102950.46	1672.01	3400.87	6690.13	4919.15
4	100701001002	盖梁橡胶支座	块	230	132.31	30431	414	27054.9	0	391	768.2	1023.5
5	100701009001	现浇混凝土 T 型梁及横隔 C30	m³	700.52	763.93	535148	72083.51	376732.65	5786.3	12553.32	24693.33	17982.35
6	100702013001	现浇混凝土面板 C30	m³	30.52	571.26	17435	2324.1	12356.02	203.87	394.32	775.51	585.68
7	100702056001	现浇混凝土面层 C30	m³	235.36	487.37	114707	12109.27	84774.32	1499.24	2501.88	4921.38	3855.2
8	100702055001	现浇混凝土护轮坎 C30	m³	58.36	775.07	45233	8287.12	29442.62	585.93	1083.16	2130.14	1519.69
9	100801001001	现浇钢筋加工	t	150.252	5822.61	874859	46382.79	699670.98	6913.09	18559.13	36506.73	29396.8
10	100900023001	预埋铁件制作安装	t	8.152	9904.07	80738	6878.49	52829.36	8527.16	1964.47	3864.13	2712.9
11	100900023002	抗震锚栓制作安装	套	20	18.95	379	13	273	24.6	11.2	22	12.8
12	100900019001	栏杆制作安装	t	6.398	8458.11	54115	4345.14	40434.34	1431.62	1221.19	2402	1818.38
13	100900016001	钢板轨道制作安装	m	315.25	505.7	159422	13688.16	104060.87	16969.91	3880.73	7635.36	5356.1
14	101100006001	变形缝	m	44.18	40.09	1771	245.64	1284.75	0	36.67	71.57	59.64

表 9-24

分项工程清单综合单价汇总表

单位工程名称：暂列金额

序号	项目编码	项目名称	计量单位	工程数量	综合单价（元）	合价（元）	人工费	材料费	船机使用费	其中 间接费	利润	税金
1	100100101001	暂列金额	项	1	500000	500000	0	500000	0	0	0	0
		合计				8196625	293976	5129725	1717119	163560	321726	240781

七、综合单价分析表(表9-25~表9-29,仅列出5个表)

综合单价分析表 表9-25

清单项目编码:100501001001

清单项目名称:开挖土方,运距5km

序号	名　称	型号规格	计量单位	数量	单价(元)	合价(元)
1	直接费					19.61
1.1	人工费		工日	0.02	20.58	0.41
1.2	材料费					0.08
1.2.1	其他材料		元	0.08	1.00	0.080
1.3	机械使用费					19.12
1.3.1	液压单斗挖掘机	斗容量≤0.6m^3	台班	0.003	639.94	1.920
1.3.2	履带式推土机	功率≤60kW(82HP)	台班	0.0024	529.86	1.272
1.3.3	自卸汽车	载重量≤12t	台班	0.0174	915.26	15.926
	其他直接费					0.35
	现场经费					0.65
2	间接费					0.50
3	利润					0.97
4	税金					0.77
5	合计					22.85
6	单价		元/m^3			22.85

综合单价分析表 表9-26

清单项目编码:100503048001

清单项目名称:回填砂卵石

序号	名　称	型号规格	计量单位	数量	单价(元)	合价(元)
1	直接费					56.88
1.1	人工费		工日	0.006	20.58	0.12
1.2	材料费					48.42
1.2.1	砂夹卵石		m^3	1.21	40.00	48.400
1.2.2	水		m^3	0.01	1.80	0.018
1.3	机械使用费					8.34
1.3.1	履带式推土机	功率≤165kW(225HP)	台班	0.00056	1367.37	0.760
1.3.2	内燃光轮压路机	重量≤12t	台班	0.00174	452.69	0.786
1.3.3	内燃光轮压路机	重量≤20t	台班	0.00217	927.27	2.016
1.3.4	液压振动压路机	重量≤15t	台班	0.00287	1534.68	4.397

第九章 内河航运建设工程概算、预算编制

续上表

序号	名　　称	型号规格	计量单位	数量	单价(元)	合价(元)
1.3.5	洒水车	罐容量≤4000L	台班	0.00075	511.64	0.382
	其他直接费					1.20
	现场经费					2.19
2	间接费					1.68
3	利润					3.30
4	税金					2.27
5	合计					67.52
6	单价		元/m³			67.52

综合单价分析表　　　　　　　　　　　　　　　　表 9-27

清单项目编码:100602001001

清单项目名称:钻孔灌注桩 C30

序号	名　　称	型号规格	计量单位	数量	单价(元)	合价(元)
1	直接费					33271.87
1.1	人工费		工日	195.9419	20.58	4032.41
1.2	材料费					17549.34
1.2.1	钢筋	各种规格	t	1.52861	4500.00	6878.761
1.2.2	板枋材		m³	0.11844	1280.00	151.603
1.2.3	板枋材		m³	0.0213	1280.00	27.261
1.2.4	粘土		m³	35.49545	15.00	532.432
1.2.5	电焊条		kg	14.45206	6.50	93.938
1.2.6	铁件		kg	0.95664	4.20	4.018
1.2.7	铁丝	20号	kg	5.93636	6.80	40.367
1.2.8	铁钉		kg	1.32	3.50	4.620
1.2.9	水		m³	47.32727	1.80	85.189
1.2.10	草袋		个	36.24	1.52	55.085
1.2.11	水下灌注碎石混凝土	C30,粒径:40mm	m³	25.89108	369.63	9570.121
1.2.12	其他材料		元			106.006
1.3	机械使用费					11690.13
1.3.1	单筒慢速电动卷扬机	牵引力≤5t	台班	3.45355	81.58	281.742
1.3.2	300型回旋钻机		台班	19.23854	533.98	10272.994
1.3.3	滚筒式混凝土搅拌机	出料容量≤400L	台班	1.59396	94.73	150.995
1.3.4	灰浆搅拌机	出料容量≤200L	台班	11.65434	45.12	525.844
1.3.5	交流电焊机	容量≤30kV·A	台班	4.29361	97.06	416.738

223

续上表

序号	名　称	型号规格	计量单位	数量	单价（元）	合价（元）
1.3.6	其他船机		元	0.84	1.00	0.840
1.3.7	其他船机		元			41.053
	其他直接费					601.62
	现场经费					1101.57
2	间接费					844.53
3	利润					1661.21
4	税金					1303.21
5	合计					38784.23
6	单价		元/根			38784.23

综合单价分析表　　　　　　　　　表9-28

清单项目编码:100701001001

清单项目名称:现浇混凝土盖梁C30

序号	名　称	型号规格	计量单位	数量	单价（元）	合价（元）
1	直接费					591.50
1.1	人工费		工日	4.6	20.58	94.67
1.2	材料费					488.89
1.2.1	板枋材		m^3	0.1377	1280.00	176.256
1.2.2	模板铁件		kg	0.887	5.50	4.878
1.2.3	铁钉		kg	1.388	3.50	4.858
1.2.4	普通半干硬性碎石混凝土(现浇)	C30,粒径:40mm	m^3	1.03	283.77	292.283
1.2.5	其他材料		元			10.618
1.3	机械使用费					7.94
1.3.1	皮带运输机	水平运距≤15m	台班	0.018	88.05	1.585
1.3.2	滚筒式混凝土搅拌机	出料容量≤400L	台班	0.05	94.73	4.737
1.3.3	筛洗石子机	洗石量:10m^3/h	台班	0.009	64.50	0.580
1.3.4	其他船机		元			1.042
	其他直接费					11.50
	现场经费					21.07
2	间接费					16.15
3	利润					31.77
4	税金					23.36
5	合计					695.35
6	单价		元/m^3			695.35

综合单价分析表

表 9-29

清单项目编码:100900016001
清单项目名称:钢板轨道制作安装

序号	名　　称	型号规格	计量单位	数量	单价(元)	合价(元)
1	直接费					427.35
1.1	人工费		工日	2.11002	20.58	43.42
1.2	材料费					330.09
1.2.1	圆钢	φ10	kg	1.18367	4.50	5.327
1.2.2	型钢		t	0.05558	4720.00	262.342
1.2.3	电焊条		kg	3.24223	6.50	21.074
1.2.4	调和漆		kg	0.41171	8.50	3.500
1.2.5	红丹		kg	0.61757	14.00	8.646
1.2.6	氧气		m³	1.53054	12.00	18.366
1.2.7	乙炔气		m³	0.66543	15.00	9.981
1.2.8	其他材料		元			0.856
1.3	机械使用费					53.83
1.3.1	交流电焊机	容量≤30kV·A	台班	0.51464	97.06	49.951
1.3.2	其他船机		元			3.881
	其他直接费					8.77
	现场经费					16.06
2	间接费					12.31
3	利润					24.22
4	税金					16.99
5	合计					505.70
6	单价		元/m			505.70

八、主要材料设备价格表(表 9-30)

主要材料设备价格表

表 9-30

工程名称:某内河码头项目

序号	材料名称	规格型号	单位	单价(元)	数量	交货地点	备注
一	招标人供应						
二	投标人采购						
1	钢筋	各种规格	t	4500.00	186.89		
2	圆钢	φ10	kg	4.50	840.13		
3	钢板	各种规格	t	4550.00	4.16		

续上表

序号	材料名称	规格型号	单位	单价（元）	数量	交货地点	备注
4	型钢		t	4720.00	22.17		
5	板枋材		m³	1280.00	178.48		
6	板枋材		m³	1280.00	0.47		
7	板材		m³	1280.00	0.50		
8	水泥	32.5	t	504.00	795.01		
9	粘土		m³	15.00	780.90		
10	碎石	40mm 混凝土	m³	65.00	1566.67		
11	中粗砂	混凝土 砂浆用	m³	60.00	913.97		
12	砂夹卵石		m³	40.00	54450.00		
13	电焊条		kg	6.50	2428.80		
14	调和漆		kg	8.50	220.60		
15	沥青		kg	4.50	140.71		
16	红丹		kg	14.00	330.90		
17	氧气		m³	12.00	757.89		
18	柴油	船用	kg	8.79	45627.17		
19	柴油	机用	kg	8.66	58883.18		
20	汽油		kg	10.29	1007.10		
21	引气剂		kg	3.00	48.42		
22	乙炔气		m³	15.00	329.51		
23	萘系		kg	9.00	1265.09		
24	木钙		kg	7.00	301.32		
25	模板铁件		kg	5.50	383.22		
26	铁件		kg	4.20	21.05		
27	铁丝	20号	kg	6.80	130.60		
28	螺栓带帽及垫圈		t	8500.00	0.03		
29	铁钉		kg	3.50	1546.65		
30	铅丝	20号	kg	8.50	841.41		
31	钢管		t	5600.00	6.78		
32	水	混凝土用	m³	1.80	339.44		
33	水	船用	m³	7.00	842.70		
34	水		m³	1.80	1491.20		
35	草袋		个	1.52	797.28		
36	电		度	0.64	44754.10		
37	普通半干硬性碎石混凝土（现浇）	C30,粒径:40mm	m³	283.77	1272.40		

续上表

序号	材料名称	规格型号	单位	单价（元）	数量	交货地点	备注
38	水下灌注碎石混凝土	C30,粒径:40mm	m³	369.63	569.60		
39	橡胶支座 GJZ200×350×12		100cm³	26.84	1008.00		
40	抓斗式挖泥船	斗容:1.0m³	艘班	1902.61	57.27		
41	拖轮	主机功率:176kW(240HP)	艘班	2227.12	210.22		
42	泥驳	仓容量:60m³	艘班	260.38	266.34		
43	起锚艇	主机功率:18kW(25HP)	艘班	257.01	11.50		
44	液压单斗挖掘机	斗容量≤0.6m³	台班	639.94	61.23		
45	履带式推土机	功率≤60kW(82HP)	台班	529.86	48.98		
46	履带式推土机	功率≤165kW(225HP)	台班	1367.37	25.02		
47	内燃光轮压路机	重量≤12t	台班	452.69	78.12		
48	内燃光轮压路机	重量≤20t	台班	927.27	97.83		
49	液压振动压路机	重量≤15t	台班	1534.68	128.93		
50	洒水车	罐容量≤4000L	台班	511.64	33.57		
51	自卸汽车	载重量≤12t	台班	915.26	355.13		
52	单筒慢速电动卷扬机	牵引力≤5t	台班	81.58	75.98		
53	皮带运输机	水平运距≤15m	台班	88.05	22.24		
54	300型回旋钻机		台班	533.98	423.25		
55	滚筒式混凝土搅拌机	出料容量≤400L	台班	94.73	94.76		
56	灰浆搅拌机	出料容量≤200L	台班	45.12	256.39		
57	筛洗石子机	洗石量≥10m³/h	台班	64.50	11.12		
58	钢筋切断机	直径≤40mm	台班	37.01	16.53		
59	钢筋弯曲机	直径≤40mm	台班	20.97	33.06		
60	交流电焊机	容量≤30kV·A	台班	97.06	401.06		
61	对焊机	容量≤25kV·A	台班	69.59	13.52		

九、例子点评

本工程主要包括码头及滑道工程、陆域土石方等，工程量清单执行JTS 271—2008《水运工程工程量清单计价规范》，是很典型的一个内河港口工程。

本工程预算考虑了工程保险、安全文明施工费、大型船机进退场费、暂列金额等。税率执行福建省2012年2月起实施的最新税率。定额执行目前最新的内河定额。主要材料单价按照当地2012年3月份材料信息价。详细考虑了内河港口预算涉及的各种因素，具有代表性。

思 考 题

1. 内河航运建设工程概、预算的作用是什么?
2. 内河航运建设工程概、预算的编制依据是什么?
3. 内河航运建设工程概、预算文件组成有哪些?
4. 内河航运建设工程单位工程概、预算费用的组成有哪些?分别如何计算?
5. 内河航运建设工程总概算费用包括哪些?分别如何计算?
6. 某内河重力式码头,根据施工图工程量计算出定额直接费为 5760 万元,基价定额直接费为 5000 万元,独立计算的费用为 100 万元,试计算该工程项目的预算金额(其中相关费率分别为:其他直接费 5%,临时设施费 3%,现场管理费 7%,企业管理费 4%,财务费 1%,计划利润 7%,税金 3%,计算结果保留整数)。

第十章　疏浚工程概算、预算编制

> **学习要求：**
> 本章叙述疏浚工程概算、预算的编制。要求掌握疏浚工程费用的组成，熟悉疏浚工程概算预算的编制规定和方法，了解疏浚工程预算的编制程序。

第一节　疏浚工程概算、预算编制规定

现行疏浚工程的概算预算编制以交通部(97)交基发246号1997年5月4日颁布的《疏浚工程概算预算编制规定》为准。

(1)编制规定应与《疏浚工程预算定额》和《疏浚工程船舶艘班费用定额》配套使用，是编制疏浚工程概算、预算的依据。

(2)编制规定适用于航道、港池等疏浚工程。陆域吹填工程和维护性疏浚工程可参照使用。

(3)编制规定的取费标准适用于一级疏浚施工企业。其他不同资质等级施工企业的取费标准，可由各省、直辖市、自治区的水运、疏浚工程基建主管部门指定颁发并抄报交通部基建管理司备案。

(4)编制规定中的直接工程费采用统一基价计算，其工、料、机的市场价格与基价的差价列入专项费用。

(5)部交工发[1993]441号文颁发的《疏浚工程概算定额》因其基础数据已有变化，应停止使用。在新的概算定额未颁发前，编制疏浚工程概算时，可根据施工条件，合理地套用《疏浚工程预算定额》，计算出疏浚工程费后乘于扩大系数1.05。

(6)单项疏浚工程(需单独编制概算的工程项目)应根据《沿海港口建设工程概算、预算编制规定》和《内河航运建设工程概算、预算编制规定》计列工程费用以外的其他费用和预留费用等有关费用。

第二节　疏浚工程费用组成

疏浚工程费用由直接工程费、间接费、计划利润、税金和专项费用五个部分组成，见图10-1。

疏浚工程各项费用计算见表10-1。

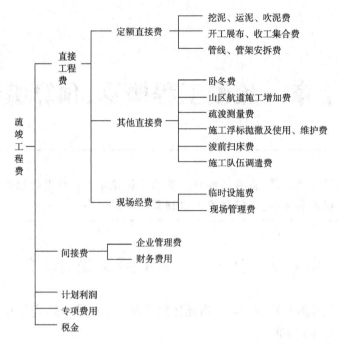

图 10-1 疏浚工程费用组成

疏浚工程各项费用计算表　　　　　　　　　　表 10-1

序号	项目	说明及计算
(1)	定额直接费	
(2)	其他直接费	
(3)	临时设施费	(1)×2%
(4)	现场管理费	(1)×5%
(5)	直接工程费	(1)+(2)+(3)+(4)
(6)	企业管理费	(5)×10%
(7)	财务费用	(5)×1%
(8)	计划利润	[(5)+(6)+(7)]×7%
(9)	专项费用	独立计算的费用
(10)	税金	[(5)+(6)+(7)+(8)+(9)]×税率
(11)	单位工程概、预算金额	(5)+(6)+(7)+(8)+(9)+(10)

一、直接工程费

直接工程费包括定额直接费、其他直接费和现场经费。

(一)定额直接费

指施工过程中消耗的构成工程实体和有助于工程形成的各项费用,包括挖泥、运泥、吹泥费,开工展布、收工集合费,管线、管架安拆费。

(1)挖泥、运泥、吹泥费:指在挖泥、运泥、吹泥过程中各种船舶和排泥管的使用费。编制概、预算时,按疏浚工程相关定额计算。

(2)开工展布、收工集合费:指船舶进退场的费用,编制概、预算时按疏浚工程相关定额计算。开工展布、收工集合的次数,一个单位工程原则上只计算一次。若因工程量较大,需要跨冰封期施工,可按实际情况计算开工展布、收工集合次数;自航耙吸挖泥船开工展布、收工集合按挖槽长度10公里计算一次,小于10公里时按一次计算,每超过10公里增加一次;对经常进行维护的疏浚工程,则按每月计算一次。

(3)管线、管架安拆费:按疏浚工程相关定额计算。

(二)其他直接费

指疏浚工程定额直接费以外施工过程中发生的直接费,包括卧冬费、山区航道施工增加费、疏浚测量费、施工浮标抛撒及使用维护费、浚前扫床费、施工队伍调遣费等。

(1)卧冬费:指各种船舶在烟台和黄河以北地区(包括烟台和黄河地区)施工时因卧冬需要所增加的费用。编制概、预算时,烟台及其以北沿海地区按定额直接费的15%计算,黄河及其以北的内河地区按定额直接费的15%计算,其中黑龙江地区按定额直接费的30%计算。

(2)山区航道施工增加费:指挖泥船在山区河流航道上施工时因洪水期流速大,影响工效所增加的费用。编制概、预算时,按定额直接费乘费率计算(详见表10-2)。黄河及其以北内河地区卧冬费与山区航道增加费不得重复计算。

山区航道施工增加费费率表　　表10-2

船舶类型	流　速(m/s)	增加定额直接费(%)
2m³及2m³以下抓斗、铲斗挖泥船	1.51~2.10	10
	2.11~2.70	20
	2.71~3.30	30
	3.30以下	35
4m³抓斗及4m³铲斗挖泥船	3.01~4.20	10
	4.21~5.40	20
	5.41~6.60	30
	6.60以上	35
200m³/h及200m³/h以下链斗挖泥船	1.81~2.52	10
	2.53~3.24	20
	3.25~3.96	30
	3.96以上	35

注:山区航道指山区河流穿过高山、峡谷和丘陵地区,河床形态复杂,礁石林立,险滩多,河面宽窄不一,水位和流量变化剧烈的航道。

(3)疏浚测量费:指浚前、浚中、浚后的施工测量费。编制概、预算时均按疏浚工程量每万立方米测量费700元计算。

(4)施工浮标抛撒及使用、维护费:指浮标的抛撒、使用及维护所发生的费用。沿海地区按每座天200元计算,内河地区按每座天100元计算。浮标抛撒需要使用航标船时,其调遣费按相同功率拖轮的调遣费计算。

(5)浚前扫床费:指新建工程因对水下情况不明,需要在施工前扫床所发生的费用(不包括清理障碍物和扫床船舶的调遣费)。编制概、预算时按扫床面积每平方公里3万元计费。

(6)施工队伍调遣费:指施工船舶、设备等根据建设任务的需要,非成建制地由原施工地点(或由基地)至另一施工地点所发生的往返调遣费用。调遣次数,工期在一年以内原则上按一次计算,工期超过一年的按施工组织设计确定。费用内容:包括被调遣船舶准备、结束调遣和执行调遣中的船舶艘班费及封舱、启舱、改装、拆除、复原所发生的费用及管线人员、设备、仪器、材料的调遣费等。

①船舶在调遣航行期间,自航船舶按使用艘班计算,被拖船舶按停置艘班费计算,调遣航行期间自航船舶的航速按规定计算。

②船舶在准备调遣、结束调遣期间按停置艘班费计算,疏浚工程船舶及辅助船舶在准备、结束调遣期间需要的艘班数按规定计算。

③人员、设备、仪器、材料的调遣费按船舶调遣费的 5% 计算。

④调遣距离小于 25 海里时,不计算施工队伍调遣费,大于等于 25 海里时按实际距离计算计算施工队伍调遣费。

(三)现场经费

指为施工准备、组织施工生产和管理所需要的费用,临时设施费按定额直接费的 2% 计算。内容包括临时设施费和现场管理费。

1. 临时设施费

指施工企业为进行疏浚工程施工所必须的生活和生产用的临时建筑物、构筑物和其他临时设施费用。内容包括临时设施(如水位站、临时工棚等)的搭设、维修、拆除费或摊销费。

2. 现场管理费

指企业在现场为组织和管理工程所需的费用,现场管理费按定额直接费的 5% 计算。内容包括:

(1)现场工作人员的基本工资、工资性补贴、职工福利费和劳动保护费等。

(2)办公费,指现场管理办公用的文具、纸张、账表、印刷、邮电、书报、会议、水电、烧水和集体取暖(包括现场临时宿舍取暖)用煤等费用。

(3)差旅交通费,指职工因公出差期间的住勤补助费、市内交通费和误餐补助费,职工探亲路费、劳动力招募费、职工离退休、退职一次性路费,工伤人员就医路费以及现场管理使用的交通工具的油料、燃料、养路费和牌照费等。

(4)固定资产使用费,指现场管理和试验部门使用的属于固定资产的设备、仪器等的折旧费、大修理费、维修费或租赁费等。

(5)工具用具使用费,指现场管理人员使用的不属于固定资产的工具、器具、家具、交通工具,以及检验、试验、测绘、消防用具等的购置、维修和摊销费。

(6)保险费,指施工管理用的财产、车辆等保险费用。

(7)其他费用,指施工现场一般照明费、临时工管理费等。

二、间接费

间接费包括企业管理费和财务费用。

(一)企业管理费

指施工企业为组织施工、生产经营活动所发生的管理费用。内容与沿海港口工程相同。

企业管理费按直接工程费的 10% 计算。

(二) 财务费用

指企业为筹集资金而发生的各项费用,包括企业经营期间发生的短期贷款利息净支出、汇兑净损失、调剂外汇手续费、金融机构手续费,以及企业筹集资金发生的其他财务费用。

财务费用按直接工程费的1%计算。

三、计划利润、专项费用、税金计算

(一) 计划利润

指按国家规定的计划利润率计算的利润。计划利润按直接工程费和间接费之和的7%计算。

(二) 专项费用

指需要独立计算的费用,包括燃料差价、人工费差价、高原津贴、特区津贴、疏浚土废弃物倾倒费、航养费、过闸费等费用。

(三) 税金

(1) 指按国家税法规定应计入建筑安装工程造价内的营业税、城市维护建设税及教育费附加。营业税按直接工程费、间接费、计划利润之和的3%计算;城市维护建设税及教育费附加,分别按营业税的7%和2%计算。

(2) 计算方法:

$$税金 = 计税基数 \times 税率$$

式中:

计税基数 = 直接工程费 + 间接费 + 计划利润 + 专项费用

税率 = 3.38%

如果工程所在地的计税标准与本规定不同时可按下列公式计算其税率:

$$税率 = \frac{1}{1 - 营业税税率(1 + 城市维护建设税税率 + 教育费附加税税率)} - 1$$

第三节 疏浚工程预算实例

本案例某深水航道疏浚工程,是对福建某港口20万吨深水航道进行疏浚,主要工程内容有:耙吸船开工展布、挖泥、运泥、弃泥、收工集合等。

某深水航道疏浚工程预算书

一、工程名称:某深水航道疏浚工程项目

概况:略,见上。

二、编制说明

(一) 编制依据

1. 图纸依据:某设计院设计的《某深水航道疏浚工程》施工图设计(出图时间:2012 年 3

月)。

2. 计价规范及定额依据：

(1)《水运工程工程量清单计价规范》(JTS 271—2008)的工程量计算规则。

(2)交通部交水发[1997]246号《疏浚工程概算、预算编制规定》、《疏浚工程船舶艘班费用定额》、《疏浚工程预算定额》等。

(3)闽交建[2010]151号《福建省交通运输厅关于印发福建省公路水运建设工程安全生产费用暂行规定的通知》。

(4)闽建筑[2012]4号《关于调整建筑安装工程税率的通知》。

(5)省、市有关工程量计算规则及相关规定、文件、通知等。

3. 其他依据：与本项目有关的其他资料。

(二)取费标准

1. 取费标准按照一级疏浚施工企业。

2. 卧冬地区：不计。

3. 山区航道：不计。

4. 利润按7%计算。

5. 税金按闽建筑[2012]4号文的县乡镇标准，税率按3.413%计算。

(三)调遣距离

1. 船机调遣距离为往返总距离，按200海里计算调遣费。

2. 按规定，人员、设备、仪器、材料等调遣费按船机调遣费的5%计算。

(四)主要材料市场价格

1. 船员月人工费按规定的912元/人月。

2. 主要材料单价按照工程所在地2012年3月份信息价及现场询价。柴油船用按8.79元/kg,其余请详细见预算书。

3. 船机台班单价根据船机艘台班定额及船员工资、燃料动力材料单价等由软件自动计算其市场价。

(五)其他说明

1. 本工程执行JTS 271—2008《水运工程工程量清单计价规范》,清单编码为12位编码。

2. 一般项目为总价项目,具体详细见一般项目报价表。

3. 保险费包含工程一切险及第三方责任险。工程一切险按工程实体项目的3‰计算；第三方责任险,投保额按200万元,费率按4‰计算。

4. 安全文明施工费按照规定不少得于工程总价1%,按90万元计算。

5. 工程量清单综合单价中,已包括完成该工程项目的直接费、间接费、工程取费、利润、劳保费、税金等所有费用。

6. 工况按照五级工况,船机采用2300m^3自航耙吸挖泥船。

7. 疏浚物倾倒费按0.5元/m^3计算。

8. 预算软件采用亿吉尔疏浚概预算软件。

9. 其余请详细见预算书。

三、工程量清单项目总价表(表10-3)

工程量清单项目总价表   表10-3

工程名称:某深水航道疏浚

序　号	项目名称	金额(元)
100	一般项目	1728500
200	疏浚	82030000
	合计	83758500

四、分项工程量清单计价表(表10-4)

分项工程量清单计价表   表10-4

单位工程名称:疏浚

序号	项目编码	项目名称	计量单位	工程数量	金额(元)	
					综合单价	合价
1	100200002001	航道挖泥,综合土类,运距21km	m^3	2600000	31.55	82030000
2	100200002002	每公里卸泥超运距单价	m^3	0	0.59	0
		合计				82030000

五、一般项目清单计价表(表10-5)

一般项目清单计价表   表10-5

工程名称:某深水航道疏浚

序号	项目编码	项目名称	金额(元)
1	100100103001	保险费	258500
2	100100104001	安全文明施工费	900000
3	100100105001	施工环保费	100000
4	100100106001	生产及生活房屋	80000
5	100100107001	临时道路	20000
6	100100108001	临时用电	50000
7	100100109001	临时用水	40000
8	100100110001	临时通信	30000
9	100100111001	临时用地	20000
10	100100114001	临时工作项目	10000
11	100100115001	竣工文件编制	20000
12	100100116001	施工措施项目	200000
		合计	1728500

六、分项工程量清单综合单价汇总表（表10-6）

单位工程名称：一般项目

分项工程量清单综合单价汇总表

表10-6

序号	项目编码	项目名称	计量单位	工程数量	综合单价（元）	合价（元）	人工费	材料费	船机使用费	间接费	利润	税金
1	100100103001	保险费	项	1	258500	258500	0	258500	0	0	0	0
2	100100104001	安全文明施工费	项	1	900000	900000	0	900000	0	0	0	0
3	100100105001	施工环保费	项	1	100000	100000	0	100000	0	0	0	0
4	100100106001	生产及生活房屋	项	1	80000	80000	0	80000	0	0	0	0
5	100100107001	临时道路	项	1	20000	20000	0	20000	0	0	0	0
6	100100108001	临时用电	项	1	50000	50000	0	50000	0	0	0	0
7	100100109001	临时用水	项	1	40000	40000	0	40000	0	0	0	0
8	100100110001	临时通信	项	1	30000	30000	0	30000	0	0	0	0
9	100100111001	临时用地	项	1	20000	20000	0	20000	0	0	0	0
10	100100114001	临时工作项目	项	1	10000	10000	0	10000	0	0	0	0
11	100100115001	竣工文件编制	项	1	20000	20000	0	20000	0	0	0	0
12	100100116001	施工措施项目	项	1	200000	200000	0	200000	0	0	0	0
13	100200002001	航道挖泥，综合土类，运距21km	m^3	2600000	31.55	82030000	0	0	68926000	3718000	2626000	2704000
14	100200002002	每公里舱泥超距运输单价	m^3	0	0.59	0	0	0	0	0	0	0
		合计				83758500	0	1728500	68926000	3720332	2627907	2707338

七、综合单价分析表(表10-7)

综合单价分析表

表10-7

清单项目编码:100200002001

清单项目名称:航道挖泥,综合土类,运距21km

序 号	名 称	型号规格	单位	数量	单价(元)	合价(元)
1	直接费					26.51
1.3.1	自航耙吸挖泥船	2300m³,挖泥,五级工况	艘班	0.00043	27631.00	12.013
	其他直接费					0.17
2	间接费					1.43
3	利润					1.01
4	税金					1.04
5	合计					31.55
6	单价		元/m³			31.55

八、主要材料设备价格表(表10-8)

主要材料设备价格表

表10-8

工程名称:某深水航道疏浚

序号	材料名称	规格型号	单位	单价(元)	数量	交货地点	备注
一	招标人供应						
二	投标人采购						
1	轻柴油		kg	8.79	5530572.36		
2	自航耙吸挖泥船	2300m³,挖泥,五级工况	艘班	27631.00	1130.35		
3	自航耙吸挖泥船	2300m³,挖砂,五级工况	艘班	28681.79	1194.84		
4	拖轮	720kW,五级工况	艘班	7333.19	465.53		

九、某深水航道工程疏浚工程预算费用（表10-9）

某深水航道疏浚工程预算费用

表10-9

序号	项目	单位	数量	单价（元）	总计（元）	其中燃料（kg）	其中船员（人工月）	备注
一	直接工程费				35541542	5551771.997	2315.049	
（一）	定额直接费				32928500	5530572.36	2286.816	
（二）	其他直接费				435881	21199.637	28.233	
1	卧冬费			0%	0			
2	山区施工增加费			0%	0			
3	疏浚测量费	万 m³	260	700	182000			
4	施工浮标抛撒及使用、维护费	座天	134	200	26800			
5	竣前扫床费	km²	1.3	30000	39000			
6	施工队伍调遣费	项	1	188038	188038	21199.637	28.233	
6.1	船舶调遣费	项	1	179084	179084	21199.637	28.233	
6.2	人工、设备、仪器、材料等调遣费	项	1	8954	8954			
（三）	现场经费				2184086			
1	临时设施费			2%	624025			
2	现场管理费			5%	1560061			
二	间接费				3720332			
1	企业管理费			10%	3382120			
2	财务费用			1%	338212			
三	计划利润			7%	2627907			
四	专项费用				39160900			
1	燃料差价	kg	5551771.997	6.79	37696532			
2	人工费差价	人·月	2315.049	71	164368			
3	疏浚物倾倒费	m³	2600000	0.5	1300000			
五	税金			3.413%	2707338			
	合计				83758500			

十、工程计价条件(表10-10)和工程取费费率表(表10-11)

工程计价条件   表10-10

序号	条件名称	条件值
1	取费标准	一级疏浚施工企业
2	卧冬地区	不计
3	山区航道	不计
4	税金类别	县乡镇
5	纳税省市	福建

工程取费费率表   表10-11

序号	费率名称	默认费率(%)	费率(%)
1	其他直接费率	1.397	1.397
(1)	卧冬费率	0.000	0.000
(2)	山区航道施工增加费	0.000	0.000
(3)	疏浚测量费率	0.583	0.583
(4)	施工浮标抛撒及使用、维护费率	0.086	0.086
(5)	浚前扫床费率	0.125	0.125
(6)	施工队伍调遣费率	0.603	0.603
2	临时设施费率	2.000	2.000
3	现场管理费率	5.000	5.000
4	企业管理费率	10.000	10.000
5	财务费率	1.000	1.000
6	利润率	7.000	7.000
7	税率	3.413	3.413

十一、单位工程综合价表(表10-12)

单位工程综合价表 表10-12

序号	编号	分部分项工程名称	单位	工程数量	综合单价	合价
100 一般项目					
1	100100103001	保险费	项	1	258500.00	258500
2	100100104001	安全文明施工费	项	1	900000.00	900000
3	100100105001	施工环保费	项	1	100000.00	100000
4	100100106001	生产及生活房屋	项	1	80000.00	80000
5	100100107001	临时道路	项	1	20000.00	20000
6	100100108001	临时用电	项	1	50000.00	50000
7	100100109001	临时用水	项	1	40000.00	40000
8	100100110001	临时通信	项	1	30000.00	30000
9	100100111001	临时用地	项	1	20000.00	20000
10	100100114001	临时工作项目	项	1	10000.00	10000
11	100100115001	竣工文件编制	项	1	20000.00	20000
12	100100116001	施工措施项目	项	1	200000.00	200000
100 一般项目 小计						1728500
200 疏浚					
1	100200002001	航道挖泥,综合土类,运距21km	m³	2600000	31.55	82030000
2	100200002002	每公里卸泥超运距单价	m³	0	0.59	0
200 疏浚小计						82030000
单位工程费合计:83758500					

第十章 疏浚工程概算、预算编制

十二、挖、运、吹泥费用计算表（表10-13）

挖、运、吹泥费用计算表

表10-13

序号	项目	工况级别	土质级别	预算定额									艘班费用定额				费用合计		
				基本定额		超深及超深定额		超运距及超运距定额		增加掉头定额		每百米台班数或合计	定额编号	一类费（元）	燃料（kg）	船员（人工月）	基价小计（元）	基价（元）	其中燃料（kg）	其中船员（人工月）
				基本定额编号	增加系数	超深	超深定额	超运距	超运距定额	增加掉头次数	增加掉头定额									
1	自航耙吸挖泥船 2300m³，挖泥，五级工况	五	2	278	2.17	7.7	0.043	19	0.326	0	0.260	8.7	10-5	7136.41	2240	0.8827	12358.71	107458.98	19476.8	7.6747
2	拖轮720kW，五级工况	五	2	278	0.43	7.7	0.009	19	0.065	0	0.052	1.74	115-5	791.18	692	0.5037	2598.78	4516.68	1202.7	0.8753
	小计																	111975.66	20679.5	8.5501
1	自航耙吸挖泥船 2300m³，挖砂，五级工况	五	8	284	9.17	7.7	0.054	19	0.318	0	0.254	9.17	11-5	8187.20	2240	0.8827	13409.50	122938.30	20536.32	8.0922
2	拖轮720kW，五级工况	五	8	284	1.84	7.7	0.011	19	0.064	0	0.051	1.84	115-5	791.18	692	0.5037	2598.78	4789.55	1275.36	0.9282
	小计																	127727.85	21811.68	9.0205

十三、开工展布、收工集合费(表 10-14)

开工展布、收工集合费

表 10-14

序号	项 目	预算定额			艘班费用定额				基价(元)	费用合计	
		编号	开收工艘班	编号	一类费(元)	燃料(kg)	船员(人工月)	基价小计(元)		其中燃料(kg)	其中船员(人工月)
1	自航耙吸挖泥船 2300m³,挖砂,五级工况	4482	1.5	11-5	8187.20	2240	0.8827	13409.50	20114.25	3360	1.3240
2	自航耙吸挖泥船 2300m³,挖砂,五级工况	4481	1.5	11-5	8187.20	2240	0.8827	13409.50	20114.25	3360	1.3240
	小 计								40228.50	6720	2.6480

十四、测量、浮标、扫床、调遣等费用表(表 10-15)

测量、浮标、扫床、调遣等费用表

表 10-15

序 号	费用名称	单 位	工程数量	单 价	合 价
1	疏浚测量费	万 m³	260	700	182000
2	施工浮标抛撒及使用、维护费	座天	134	200	26800
3	竣前扫床费	km²	1.3	30000	39000
4	施工队伍调遣费	项	1	188038	188038
4.1	船舶调遣费	项	1	179084	179084
4.2	人工、设备、仪器、材料等调遣费	项	1	8954	8954

第十章 疏浚工程概算、预算编制

十五、单位估价分析表（表10-16～表10-20）

工程名称：2300m³ 耙吸挖泥船,五级工况,2级岩土

表10-16

单位估价分析表

单位：10000m³   定额编号：278*   序号：1

序号	项目名称	单位	数量	单价(元) 基价	单价(元) 市场价	合价(元) 基价	合价(元) 市场价
	人工费	m³	1300000.00			14560000.00	32890000.00
	材料费					0.00	0.00
	船机费			11.2	25.30	0.00	0.00
						11.20	25.30
1	自航耙吸挖泥船2300m³,挖泥,五级工况	艘班	8.695	12358.71	27631.00	107458.983	240251.545
2	拖轮720kW,五级工况	艘班	1.738	2598.78	7333.19	4516.680	12745.084
	基价直接费(元)						11.20
	定额直接费(元)						25.30
	其他直接费(元)	m³				1.397%	0.16
	临时设施费(元)					2%	0.22
	现场管理费(元)					5%	0.56
	间接费(元)					11%	1.33
	利润(元)					7%	0.94
	专项费用(元)						14.06
	税金(元)					3.413%	0.97
	单位单价(元)						29.44

备注：定额编号中"*"表示消耗量上有调整。

单位估价分析表

表10-17

工程名称:2300m³耙吸挖泥船,五级工况,8级岩土
单位:10000m³
定额编号:284*
序号:2

序号	项目名称	单位	数量	单价(元)		合价(元)	
				基价	市场价	基价	市场价
	人工费					0.00	0.00
	材料费	m³	1300000.00	12.77	27.65	16601000.00	35945000.00
	船机费					0.00	0.00
1	自航耙吸挖泥船2300m³,挖砂,五级工况	艘班	9.168	13409.50	28681.79	122938.296	262954.651
2	拖轮720kW,五级工况	艘班	1.843	2598.78	7333.19	4789.552	13515.069
	基价直接费(元)						12.77
	定额直接费(元)	m³					27.65
	其他直接费(元)					1.397%	0.18
	临时设施费(元)					2%	0.26
	现场管理费(元)					5%	0.64
	间接费(元)					11%	1.52
	利润(元)					7%	1.08
	专项费用(元)						16.03
	税金(元)					3.413%	1.11
	单位单价(元)						33.58

备注:定额编号中"*"表示消耗量上有调整。

第十章 疏浚工程概算、预算编制

表 10-18

单位估价分析表

工程名称：自航耙吸挖泥船开工展布　　定额编号：4481*　　单位：次　　序号：3

序号	项目名称	单位	数量	单价(元) 基价	单价(元) 市场价	合价(元) 基价	合价(元) 市场价
	人工费	次	1.00	20114.25	43022.68	20114.25	43022.68
	材料费			0.00	0.00	0.00	0.00
	船机费	艘班	1.500	13409.50	28681.79	20114.25	43022.68
1	自航耙吸挖泥船 2300m³，挖砂，五级工况					20114.250	43022.685
	基价直接费(元)						20114.25
	定额直接费(元)						43022.68
	其他直接费(元)					1.397%	281.00
	临时设施费(元)					2%	402.28
	现场管理费(元)					5%	1005.71
	间接费(元)					11%	2398.35
	利润(元)					7%	1694.11
	专项费用(元)						25245.55
	税金(元)					3.413%	1745.45
	单位单价(元)						52886.70

备注：定额编号中"*"表示消耗量上有调整。

表10-19

单位估价分析表

工程名称:自航耙吸挖泥船收工集合　　单位:次　　定额编号:4482*　　序号:4

序号	项目名称	单位	数量	单价(元)		合价(元)	
				基价	市场价	基价	市场价
	人工费	次	1.00	20114.25	43022.68	20114.25	43022.68
	材料费			0.00	0.00	0.00	0.00
	船机费					20114.25	43022.68
1	自航耙吸挖泥船2300m³,挖砂,五级工况	艘班	1.500	13409.50	28681.79	20114.250	43022.685
	基价直接费(元)						20114.25
	定额直接费(元)						43022.68
	其他直接费(元)					1.397%	281.00
	临时设施费(元)					2%	402.28
	现场管理费(元)					5%	1005.71
	间接费(元)					11%	2398.35
	利润(元)					7%	1694.11
	专项费用(元)						25245.55
	税金(元)					3.413%	1745.45
	单位单价(元)						52886.70

备注:定额编号中" * "表示消耗量上有调整。

第十章 疏浚工程概算、预算编制

单位估价分析表

工程名称：每公里闲泥超运距单价　　　　单位：10000m³　　　　定额编号：B284*　　　　表10-20　序号：5

序号	项目名称	单位	数量	单价(元) 基价	单价(元) 市场价	合价(元) 基价	合价(元) 市场价
	人工费	m³	0.00	0.44	0.96	0.00	0.00
	材料费					0.00	0.00
	船机费					0.44	0.96
1	自航耙吸挖泥船2300m³,挖砂,五级工况	艘班	0.318	13409.50	28681.79	4264.221	9120.809
2	拖轮720kW,五级工况	艘班	0.064	2598.78	7333.19	166.322	469.324
	基价直接费(元)	m³					0.44
	定额直接费(元)						0.96
	其他直接费(元)					1.397%	0.01
	临时设施费(元)					2%	0.01
	现场管理费(元)					5%	0.02
	间接费(元)					11%	0.05
	利润(元)					7%	0.04
	专项费用(元)						0.00
	税金(元)					3.413%	0.02
	单位单价(元)						0.59

备注：定额编号中"*"表示消耗量上有调整。

十六、例子点评

本疏浚工程选择了航道疏浚常用的耙吸船施工工艺,工程量清单执行 JTS 271—2008《水运工程工程量清单计价规范》,是很典型的一个疏浚工程。

本工程预算考虑了工程保险、安全文明施工费、开工展布、收工集合、疏浚倾倒费、测量、浮标、扫床、调遣等费用计算。税率执行福建省 2012 年 2 月起实施的最新税率。定额执行目前最新的疏浚 1997 定额。主要材料单价按照当地 2012 年 3 月份材料信息价。详细考虑了疏浚预算涉及的各种因素,具有实战代表性。

其中表 10-9～表 10-20 是按交通部(97)交基发 246 号《疏浚工程概算预算编制规定》附录疏浚工程所特有的格式要求列出。

第十一章 沿海港口水工概预算软件简介

> **学习要求：**
> 本章叙述沿海港口水工概预算软件的使用方法。要求在老师和学习软件的指引下掌握该软件的使用，熟悉其他水运工程概预算软件的应用。

亿吉尔沿海港口水工概预算软件执行交通部 JTS 271—2008《水运工程工程量清单计价规范》、交通部交水发[2004]247号《沿海港口建设工程概算预算编制规定》、《沿海港口水工建筑工程定额》、《沿海港口装卸机械设备安装工程定额》、《沿海港口水工建筑工程参考定额》、《沿海港口水工建筑及装卸机械设备安装工程定额工、料、机基价单价》、《沿海港口水工建筑及装卸机械设备安装工程船舶机械艘(台)班费用定额》、《水运工程混凝土和砂浆材料用量定额》等。亿吉尔于2006年顺利通过信息产业部的"软件企业"认证，亿吉尔沿海港口水工概预算软件于2006年获得著作权及软件产品认定。多年来，亿吉尔系列概预算软件功能及售后服务深受广大客户好评。

沿海港口水工概预算软件具有如下特点：

(1)界面友好、功能强大、操作简单易懂，想您所想，能让您的工作真正变得 Easier。

(2)执行交通部 JTS 271—2008《水运工程工程量计价清单规范》，自动生成清单规范报表，支持全国各地多达上千种单价分析表格式。

(3)可以调用内河、疏浚、公路、水利、土建、市政、安装、园林绿化等定额库。

(4)可以非常方便、直观地设置工程的计价条件和费率。

(5)支持常用的全费用方式的综合单价计算。

(6)独创的"智能换算"可以实现运距、超高、钢筋用量等自动调整，让您彻底摆脱定额叠加的烦恼。

(7)同时支持定额方式和清单方式两种计价，同时满足用户不同的需求。

(8)支持智能化的工程量清单导入导出功能，大大提高工作效率。

(9)支持在线智能升级，随时随地、简单快速地升级到最新版本。

第一节 软件基本操作

一、工程文件操作

新建：在弹出的对话框中输入工程文件名称，新建一个工程文件。

打开：在弹出的对话框中选择已经存在的工程文件，打开一个工程文件。

保存：为防止断电、死机等意外引起的数据丢失，软件精心设计了自动实时保存。如果点

"保存",软件会保存当前的数据信息作为一个"保存点",下次点"不存盘",可以恢复到当前的"保存点"。

另存为:可以将当前文件另存到一个新的位置,或者为文件起个新的版本名称。另存时,软件会自动在原来的文件名称后加上"v1"、"v2"等版本信息。

撤销:如果误点"删除"删除一行或多行数据,可以马上点"撤销",撤销到删除前状态。在数据单元格编辑状态,如果不小心输入错误字符,在没有按"回车"键("Enter"键)前马上按"ESC"键取消即可。

不存盘:不保存从文件打开后的数据修改,如果中间有点过"保存"按钮,则恢复到最近的"保存点"。

关闭:关闭当前打开的工程文件,并且会自动进行压缩。

二、工程概况

新建一个工程文件后,请在"工程概况"页框中设置:工程代号、工程名称、建设单位、编制单位、单位工程类别、编制日期、编制类型、编制人、复核人、审核人、是否小型工程、概算扩大系数、是否外海工程、清单合价小数位、定额合价小数位、地区单价等属性,见图11-1。

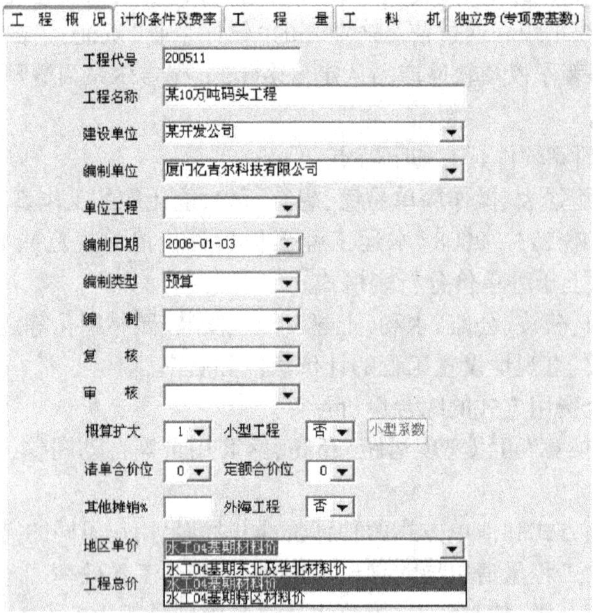

图 11-1

用户将"小型工程"属性设为"是"后软件将会自动计取小型工程增加费。水工建筑2004定额册PII第十一点规定:一个建设项目的一般水工建筑工程,其定额直接费小于300万元时,应计列小型工程增加费,按其定额直接费和施工取费之和的5%计算。

软件安装后,在地区单价的默认列表中,有三个基期单价:水工04基期材料价、水工04基期东北及东北材料价、水工04基期特区材料价。它们的差别在于,"人工"单价、"船员工资"单价和"司机和机械使用工"单价。详细规定见交通部交水发[2004]247号《沿海港口建设工程概算预算编制规定》P13第一到第七行、交通部交水发[2004]247号《沿海港口水工建筑及装卸机械设备安装工程船舶机械艘(台)班费用定额》P2 倒数第一行。具体这三个差别如下：

水工 04 基期材料价中："人工"单价:31.3 元;"船员工资"单价:46.4 元;"司机和机械使用工"单价:33.88 元;

水工 04 基期东北及东北材料价中："人工"单价:32.55 元;"船员工资"单价:46.4 元;"司机和机械使用工"单价:33.88 元;

水工 04 基期特区材料价中："人工"单价:35.24 元;"船员工资"单价:48.2 元;"司机和机械使用工"单价:38.29 元;

地区单价(报告期文件)请设置为相应地区和时间的材料价格文件。从 www.xmEasier.com 上可以下载福建等省各地市的材料信息价。下载后用 Winrar 软件解压到软件安装目录下的"报告期"下(比如,亿吉尔沿海港口水工软件,默认为"C:\ProgramFiles\亿吉尔水工概预算软件\报告期\"),然后在软件中就可以选用。

在"系统数据维护"—"地区单价维护"中点击"新建地区单价",用户可以以基期地区单价为基础创建新的地区单价,见图 11-2。

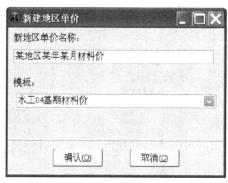

图 11-2

三、计价条件及费率

计价条件的设置:用户可以在"条件名"右边的"选项"列中设置计价条件的选项值。设置完选项后,受影响的费率会自动按取费规定初试化,具体请看"友情提示"栏中的提示信息,见图 11-3。

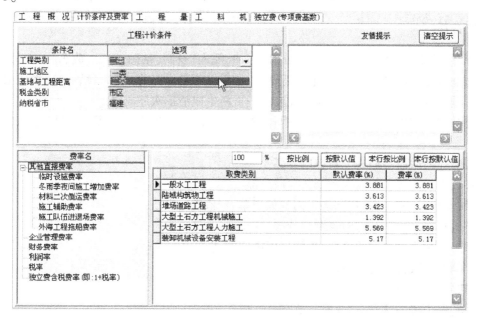

图 11-3

费率名:在左下角,是当前正在右下角显示费率值的费率名称。可以在左下角选择不同的费率名,右下角显示的内容会自动跟着切换。比如税率,受"纳税省市"及"税金类别"的影响,其设置如图11-4 所示。

图 11-4

费率的设置:用户也可以在费率关系表中直接设置某项费率值。可以在"按比例"前的框中输入%的值,之后点"按比例",费率值会按默认费率乘以指定百分比。点击"按默认值"软件会将"费率"列的值设置为"默认费率"列的值。用户也可以直接在表中输入指定的费率值。

四、分部

分部的按钮及右键菜单的操作功能有:添加、插入、复制、粘贴、删除、改名称、上移、下移、添子项、升级、降级、导入、复制选中到剪贴板、从剪贴板粘贴数据、统一设置定额费用表、统一设置定额取费类别、统一设置外海/内港、统一重新生成清单次序码等。

调用目录:调用目录层次,选择要调用的目录名称,在要调用的目录前打钩,如图11-5所示。

添加:在最后面添加一个新空白分部。

插入:在当前分部前插入一个新空白分部。

复制:复制当前分部(连同底下内容如清单、定额等)。

粘贴:在最后面粘贴前面复制的分部。

删除:删除当前选中的分部(连同底下内容如清单、定额等)。

改名称:修改分部的名称。

全选:选中全部数据行。

取消:取消选中状态。

上移:将当前分部的位置往上移动。

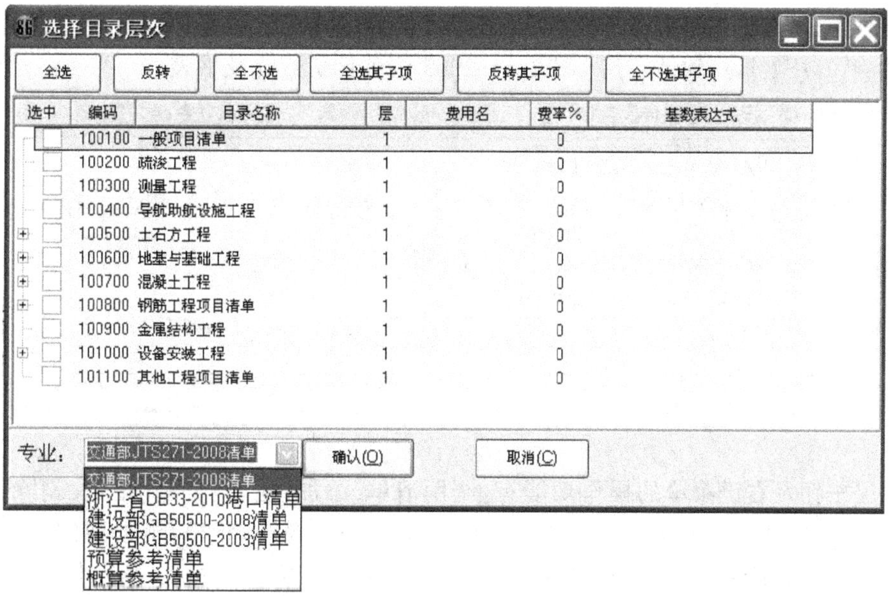

第十一章 沿海港口水工概预算软件简介

图 11-5

下移:将当前分部的位置往下移动。

添子项:增添一条当前目录的子目录。

升级:将当前目录上升一级。

降级:将当前目录下降一级变为子目录。

导入:导入已有工程文件的目录。

复制选中到剪贴板:复制选中数据行到剪贴板,从而可以到 EXCEL、WORD 等程序中粘贴数据。

从剪贴板粘贴数据:从剪贴板粘贴数据到软件中。可以先在 EXCEL 中复制对应行列的数据,然后到软件中粘贴,实现数据的快速输入。操作时,注意 EXCEL 中数据列次序与软件中列次序要一一对应。一次可以操作单行单列数据,也可以操作多行多列数据。

统一设置定额费用表:可以统一设置选中分部(目录层次)下的定额费用表。

统一设置定额取费类别:可以统一设置选中分部(目录层次)下的定额取费类别。

统一设置外海/内港:可以统一设置选中分部(目录层次)下的定额为外海或内港。

统一重新生成清单次序码:针对交通部或建设部等 12 位标准清单,可以统一按次序重新生成选中分部(目录层次)下清单的后三位次序码。

目录层设置基数表达式:分部(目录层)还可以设置基数表达式,见图 11-6,先设置前几个分部的费用名为 A、B、C;然后设置暂定金的基数表达式为 A + B + C,费率为 10%,暂定金的合价就会自动计算,界面具体如图 11-6 所示。

五、清单

本软件是国内第一个同时支持清单计价和定额计价两种方式的软件。

清单计价方式可以大大方便用户的投标报价,因为通常一条招标清单下需要套用几条定额。交通部在2008年12月22日发布了JTS 271—2008水运工程量清单计价规范,实施起始日为2009年1月1日。软件支持JTS 271—2008清单计价规范及报表。

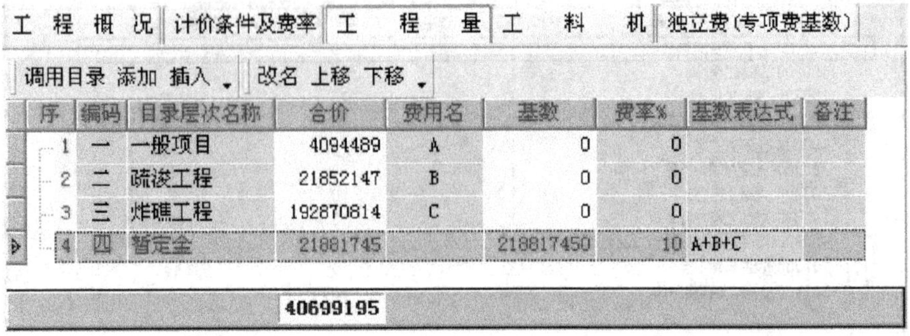

图 11-6

清单层按钮及右键菜单的操作功能有:调用清单、添加、插入、复制、粘贴、删除、全选、取消、上移、下移、添子项、升级、降级、取定额编号、取定额名称、取定额单位、取定额量、设置基数、导入、更新同名清单、量乘系数、选中同名清单、复制选中到剪贴板、从剪贴板粘贴数据等。

用户可以在清单层输入招标清单,包括清单编码、清单名称、单位、工程量等,如图11-7所示。

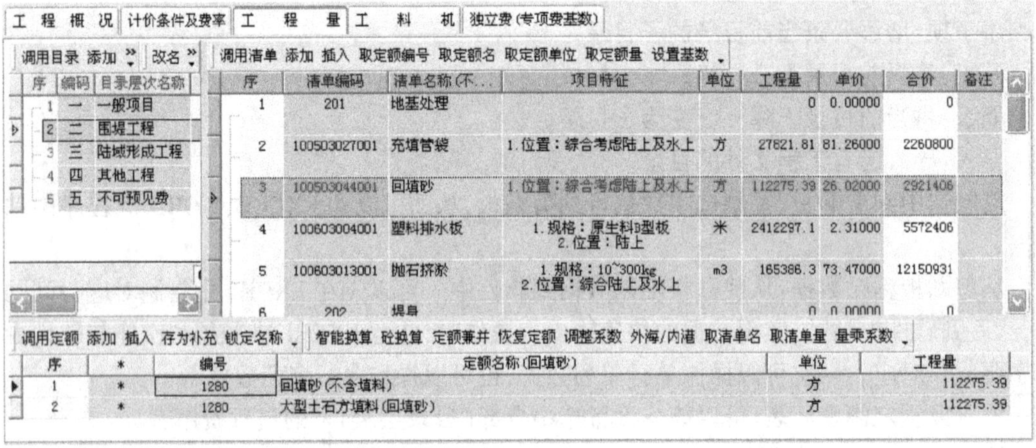

图 11-7

调用清单:可以调用交通部JTS 271—2008清单、建设部GB 50500—2008清单、浙江省DB 33—2010港口清单等。对话框下面的清单专业可以通过点其右边的"　"按钮来切换成其他专业。如图11-8所示。

添加:在最后面添加一条新空白清单。

插入:在当前位置插入一条新空白清单。

复制:复制当前选中的清单(连同底下的定额、定额含量、定额费用表等数据)。

粘贴:在当前位置插入前面复制的定额(连同底下的定额、定额含量、定额费用表等数据)。

删除:删除选中的清单。

全选:选中所有清单。

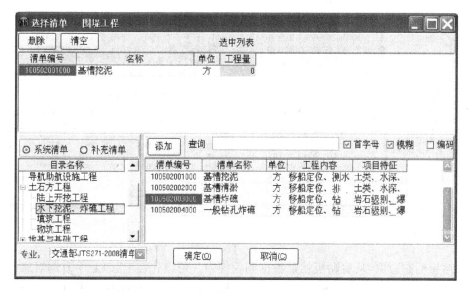

图 11-8

取消：取消清单的选中状态。

上移：将当前选中的清单(可以是多条)位置往上移动。

下移：将当前选中的清单(可以是多条)位置往下移动。

添子项：增添一条当前清单的子清单。

升级：将当前清单上升一级。

降级：将当前清单下降一级变为子清单。

取定额编号：当前行清单的"清单编号"取其下面当前行定额的"定额编号"。

取定额名称：当前行清单的"清单名称"取其下面当前行定额的"定额名称"。

取定额单位：当前行清单的"单位"取其下面当前行定额的"单位"。

取定额量：当前行清单的"工程量"取其下面当前行定额的"工程量"。

设置基数：可以设置当前行数据的工程量或单价为其他分部或其他清单的合计。比如保险费及文明安全费等，通常需要设置取费基数。

导入：导入已有工程文件的清单。

更新同名清单：将当前清单的定额套价组合，应用到其他同名清单。利用该功能，工程中名称相同或类似的清单，只需要套一次定额。如下图，有多个标段，每个标段中都有多条"土工格栅"清单，先利用"导入导出"菜单的"从 EXCEL 导入招标清单"将多个标段的招标清单依次导入，然后给第一条"土工格栅"清单套好定额，得到清单单价 16.11，最后利用右键菜单的"更新同名清单"，软件会自动给其余所有"土工格栅"清单套定额，得到的清单单价就都为 16.11。特别像按米计价的涵洞清单等要套很多条定额，利用该功能可以大大提高效率，如图 11-9 所示。

量乘系数：为当前选中的清单工程量乘系数。

选中同名清单：可以选中当前分部下，与当前清单同名所有清单。

复制选中到剪贴板：复制选中数据行到剪贴板，从而可以到 EXCEL、WORD 等程序中粘贴数据。

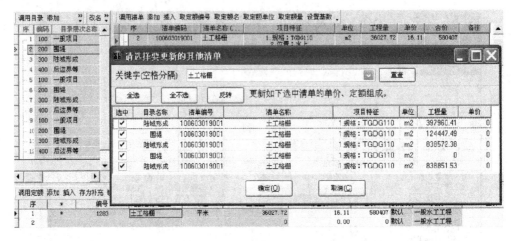

图 11-9

从剪贴板粘贴数据：从剪贴板粘贴数据到软件中。可以先在 EXCEL 中复制对应行列的数据，然后到软件中粘贴，实现数据的快速输入。操作时，注意 EXCEL 中数据列次序与软件中列次序要依次对应。一次可以操作单行单列数据，也可以操作多行多列数据。

如果不想按清单计价方式而希望按定额计价方式，清单层可以不用输入（软件自动在新建每个分部时产生的一条空白清单也不要删除），直接在定额层套定额。

六、定额

定额层操作功能有：调用定额、补充定额、添加、插入、复制、粘贴、删除、存为补充、锁定名称、全选、取消、上移、下移、智能换算、混凝土换算、定额兼并、恢复定额、乘系数、外港/内港、取清单名、取清单量、导入、更新同编号定额、复制选中到剪贴板、从剪贴板粘贴数据、量乘系数、清空含量等，如图 11-10 所示。

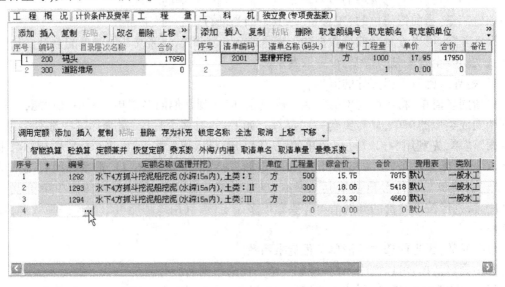

图 11-10

第十一章 沿海港口水工概预算软件简介

调用定额:在弹出的"选择定额"对话框中,用户可以浏览电子定额库选择那些需要的定额。软件同时提供了根据拼音首字母、模糊及定额编码方式查询定额的功能,大大方便用户的定额查找。通过安装增值包,点"选库..."可以调用其他(内河、疏浚、水利、公路、土建、装饰、市政等)定额库。同一个定额库中的不同专业,可以通过点对话框下面专业右边的" "按钮来切,如图 11-11 所示。

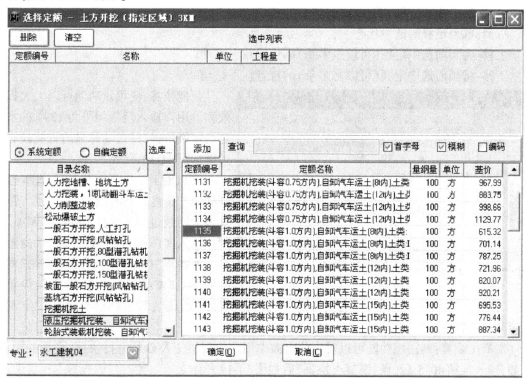

图 11-11

另外用户可以通过直接在"编号"栏中直接输入定额编号,调用相应的定额。也可以在右下角"定额选择"页框中进行定额的挑选。

补充定额:在"编号"列,输入一个不存在的定额编码,比如"B0001",然后输入定额名称、单位信息,之后在定额含量中"调用材料"来添加材料用量,如图 11-12 所示。

图 11-12

添加:在最后面添加一个新空白定额。
插入:在当前定额前插入一个新空白定额。
复制:复制当前选中的定额(连同底下的定额含量、定额费用表等数据)。
粘贴:在当前位置插入前面复制的定额(连同底下的定额含量、定额费用表等数据)。
智能粘贴:在当前位置插入前面复制的定额(连同底下的定额含量、定额费用表等数据),并且当定额单位与清单单位量纲实质一致时,会根据清单工程量智能设置定额工程量,比如清单为"吨",定额为"kg",定额工程量自动设置为清单工程量的1000倍。

删除:删除当前选中的定额(连同底下的定额含量、定额费用表等数据)。

存为补充:将当前定额(定额名称、单位以及定额的消耗量等保存到补充定额库)。

锁定名称:锁定所有现有定额的名称及单位,用户在现有定额的"编号"列中输入新编号时将不会导致定额名称和定额单位的修改。

全选:选中当前分部下所有定额。

取消:取消定额的选中状态。

上移:将当前选中定额(可以是多条)的位置往上移动。

下移:将当前选中定额(可以是多条)的位置往下移动。

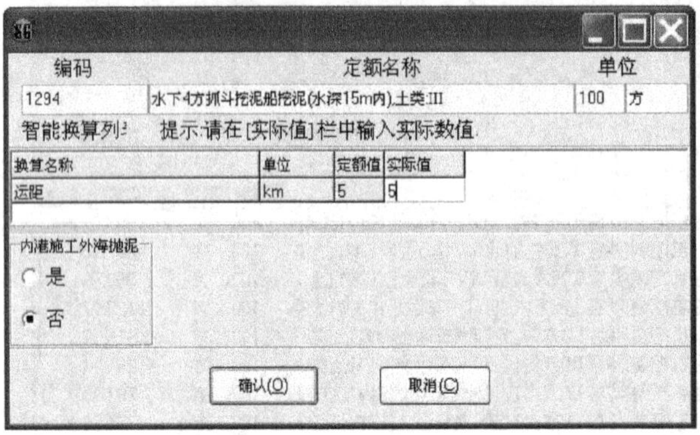

智能换算:使用该功能可以大大提高效率。用户输入定额编号为1294的水工建筑定额后,软件自动弹出的智能换算对话框如图11-13所示。

可以看到,该定额包括了基本运距5km,"内港施工外海抛泥"默认为"否"。如果运距超过5km,用户只需在"调整为"列中填入实际的运距;如果属于"内港施工外海抛泥"(按规定"294kW拖轮"需要换成"441kW拖轮"),选择"是";设置完成后"确认",软件就会自动按规定调整该定额的消耗量。

图 11-13

混凝土换算:利用该功能可以对当前定额中用到的混凝土及砂浆进行快捷、直观的换算,比如,输入定额4015后,点"混凝土换算"后如图11-14所示。

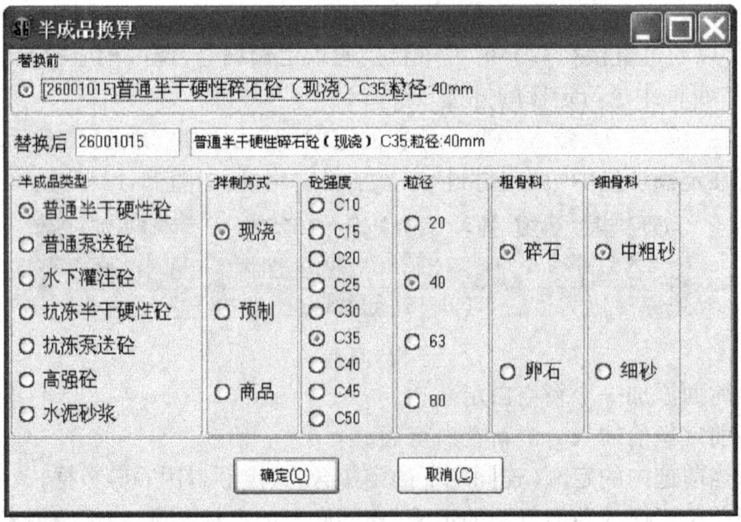

图 11-14

定额兼并:利用该功能可以方便地进行定额的加权叠加,适用于需要利用多条定额进行套价但最后只需要一个综合报价的情况(比如,招标要求某构件的清单报价需要将混凝土预制、钢筋制安、构件运输的工作内容统一以立方米为单位进行综合报价),兼并后将只保留第一条定额的名称、单位、工程量等,其消耗量为兼并前各定额消耗量加权之和。使用该功能前需要选中待兼并的定额(两条及以上,定额的工程量不为0),之后点击"定额兼并"按钮即可。

恢复定额:恢复选中定额的消耗量为定额默认的消耗量。

调整系数:对当前定额进行消耗量的系数调整,会记录上次的调整值,在目标单价输入数值可以直接将定额单价调整到指定值,如图11-15所示。

乘系数:对选中定额的消耗量进行乘系数。

外海/内港:对选中定额进行"外海/内港"设置,如图11-16所示。

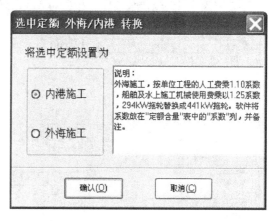

图 11-15   图 11-16

取清单名:选中定额取清单名称。

取清单量:选中定额取清单工程量。

导入:导入已有工程文件的定额。

更新同编号定额:通常套完定额后,先利用定额"调整系数"功能,调到指定单价,再利用本功能,可以将工程中其他同编号定额统一更新为当前定额的内容。与清单层"更新同名清单"配合,可以大大提高套价及调价效率。

复制选中到剪贴板:复制选中数据行到剪贴板,从而可以到EXCEL、WORD等程序中粘贴数据。

从剪贴板粘贴数据:从剪贴板粘贴数据到软件中。

量乘系数:选中定额工程量乘系数。

清空含量:清空当前选中定额的消耗量。

七、定额含量

定额含量操作功能有:调用材料、补充材料、添加、插入、复制、粘贴、删除、乘系数、半成品含量、个别单价、取定额名、全选、取消、上移、下移、导入、复制选中到剪贴板,如图11-17所示。

调用材料：在弹出的"选择材料"对话框中，用户可以浏览电子材料库选择那些需要的材料。软件同时提供了根据拼音首字目及模糊方式查询材料的功能，大大方便用户的材料查找，如图11-18所示。

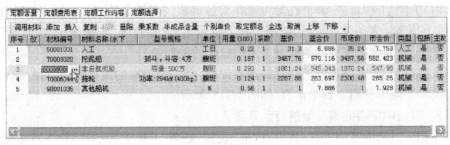

图 11-17

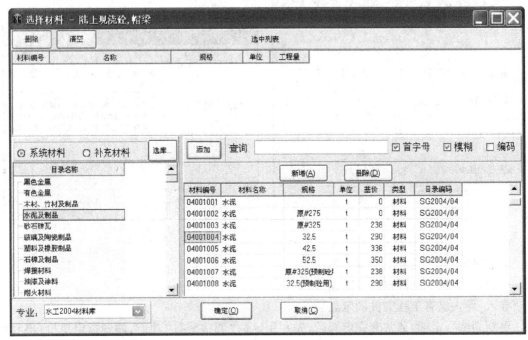

图 11-18

另外用户可以通过直接在"编号"栏中直接输入材料编号，调用相应的材料。

补充材料：在定额含量窗体的"材料编号"列，输入一个不存在的材料编码，比如"BC001"，然后输入材料名称、规格、单位、单价等信息即可，如图11-19所示。

添加：在最后面添加一个新空白材料。

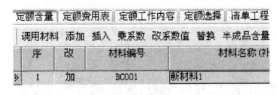

图 11-19

插入：在当前材料前插入一个新空白材料。
复制：复制当前选中的材料。
粘贴：在最后面粘贴前面复制的材料。
删除：删除当前选中的材料。
乘系数：对选中材料的用量进行乘系数。
半成品含量：可以查看和编辑当前半成品

（或机械台班）的含量组成，如图11-20所示。

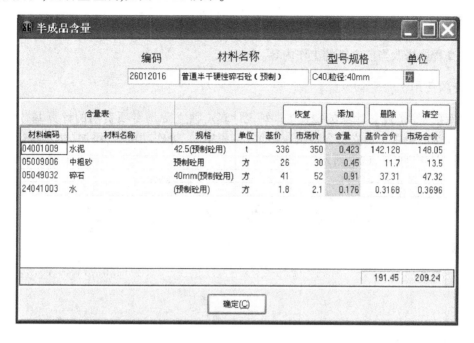

图 11-20

个别单价：比如土工布有很多不同规格，利用该功能软件会自动修改材料编码，在弹出的对话框中修改名称、规格、单价等即可生成一条仅在当前定额使用的材料单价。如图11-21所示。另外，也可以利用该功能，以一条原半成品（机械台班）含量为基础补充一条新半成品（机械台班）。

取定额名：选中材料名称取名额名称。

全选：选中当前定额下所有材料。

取消：取消材料的选中状态。

上移：将当前选中材料（可以是多条）的位置往上移动。

下移：将当前选中材料（可以是多条）的位置往下移动。

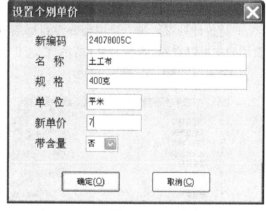

图 11-21

导入：导入已有工程文件的定额含量。

复制选中到剪贴板：复制选中数据行到剪贴板，从而可以到EXCEL、WORD等程序中粘贴数据。

八、定额费用表

支持常用的全费用方式的综合单价计算，即定额子目单价中包括人工费、材料费、机械费、其他直接费、企业管理费、财务费用、利润、税金、专项费用等。

用户可以在定额费用表中对当前定额的费率及基数表达式进行修改。

恢复默认:恢复当前定额费用表中的费用项及费率恢复为默认。

九、定额工作内容

可以查看或修改当前定额的工作内容。

十、专项费用

支持专项费用(独立计算的费用)的列表计算。独立费是专项费用的计算基数,专项费用 = 独立计算的费用 × 独立费含税费率(即:1 + 税率)。操作功能有:添加、插入、删除、全选、取消、上移、下移,如图 11-22 所示。

序号	编码	名称	单位	工程量	单价	合价
1	1001	长江干线航道养护费	项	1	20000	20000
2				0	0	0

20000

说明:专项费用 = 独立计算的费用 × 独立费含税费率(即:1+税率),独立费会被分摊到各定额费用表中作为专项费用的基数。

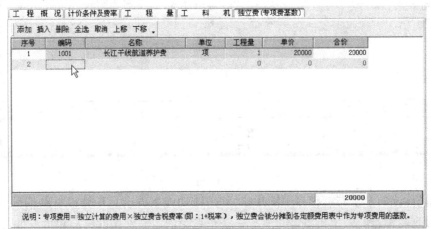

图 11-22

"造价计算"后,独立费用会分摊到每条定额中做为专项费用的基数,在每条定额的定额费用表中可以看到,如图 11-23 所示。

序号	费用名称(水下4方抓斗挖泥船挖泥)	基数	费率(%)	费用	基数表达式
1	基价定额直接费	18.36	100	18.36	
2	定额直接费	18.47	100	18.47	
3	其他直接费	18.36	4.901	0.9	[基价定额直接费]
4	直接工程费	19.37	100	19.37	[定额直接费]+[其他直接费]
5	企业管理费	19.26	8.027	1.55	[基价定额直接费]+[其他直接费]
6	财务费用	19.26	0.679	0.13	[基价定额直接费]+[其他直接费]
7	利润	20.94	7	1.47	[基价定额直接费]+[其他直接费]+[企业管理费]+[财务费用]
8	税金	22.52	3.445	0.78	[直接工程费]+[企业管理费]+[财务费用]+[利润]
9	专项费用	2	103.445	2.07	
10	综合单价	25.[illegible]	100	25.37	[直接工程费]+[企业管理费]+[财务费用]+[利润]+[税金]+[专项费用]

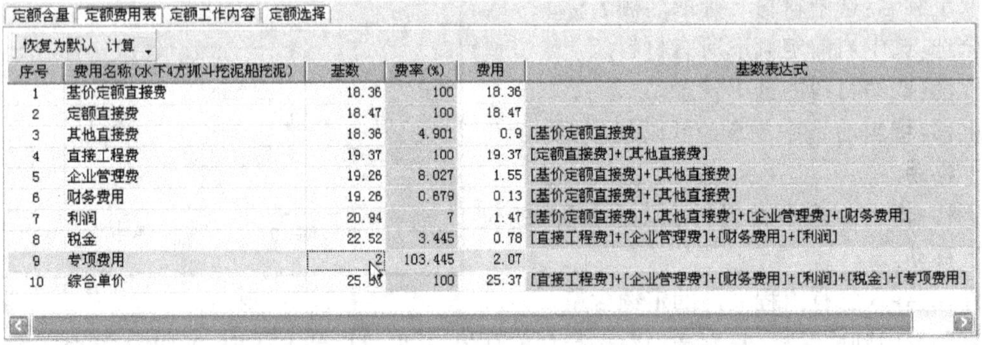

图 11-23

十一、工料机

工料机表中的材料是工程用到材料的汇总。操作功能有:全选、取消、删除、替换、用量来源、半成品含量、市场价等基价、存到当前地区、使用地区单价、导入、引入市场价、设置人工单价、含量材料价格、重算半成品价、另存为新地区单价等。还可以选择地区单价,进行排序、按

第十一章 沿海港口水工概预算软件简介

类别进行筛选等。半成品及机械台班单价能够按规定自动计算。

地区单价(报告期文件)选用：从 www.xmEasier.com 上可以下载福建等省各地市的材料信息价。下载后用 Winrar 软件解压到软件安装目录下的"报告期"下(比如，亿吉尔沿海港口水工软件，默认为"C:\ProgramFiles\亿吉尔水工概预算软件\报告期\")，然后在软件中就可以选用。

手动修改单价：用户可以在"市场价"列中手动输入材料的市场价格，手动输入市场价后当前的价格以红色显示，切换报告期后颜色变回默认黑色，如图 11-24 所示。

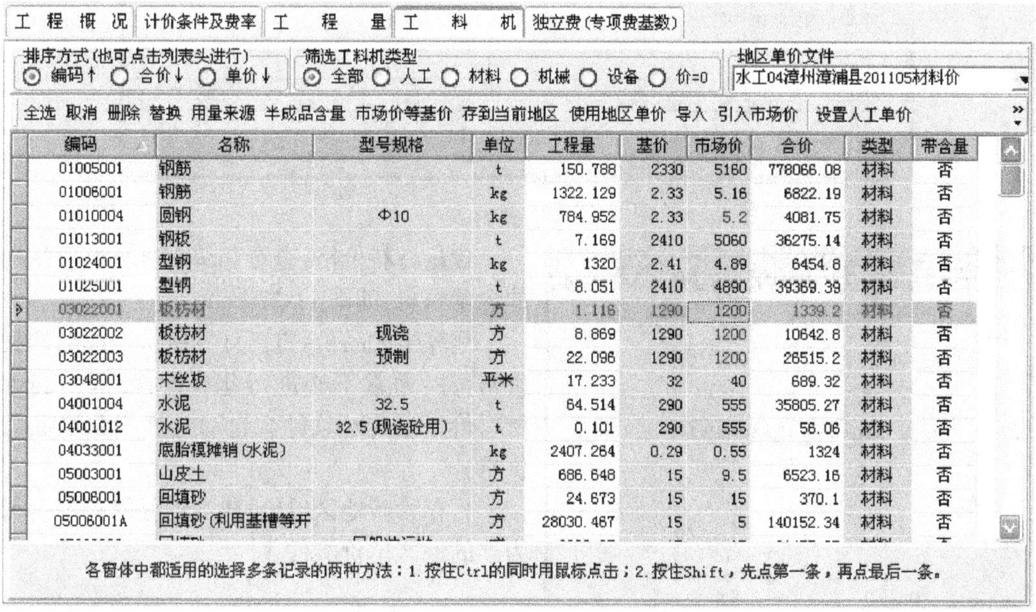

图 11-24

全选：选中所有材料。

取消：取消材料的选中状态。

删除：删除选中的材料。

替换：选中材料替换成其他编码材料，利用该功能可以将实质一样材料替换成同一个编码，比如将其他专业用到的材料替换成本专业的材料。

用量来源：查看当前材料的用量来源于哪些定额。

半成品含量：当前选中半成品材料(港口水工的机械台班也可以看做是一种特殊的半成品，因为它们的单价也是根据其组成材料计算得到的)。可以查看和编辑当前半成品的材料组成，如图 11-25 所示。

市场价等基价：设置选中材料的"市场价"等于"基价"。

存到当前地区：选中材料单价保存到当前地区单价文件中。

使用地区单价：选中材料使用地区单价。

导入：导入已有工程文件的材料到本工程工料机列表中。

引入市场价：从指定的报告期文件引入材料市场价。

设置人工单价：根据选项设置人工单价，如图 11-26 所示。

图 11-25

含量材料价格:查看和编辑所有半成品用到的含量材料,如图11-27所示。

重算半成品价:重新计算所有半成品的材料价格(注:通常不必进行此项操作,因为当含量材料价格改变时软件会自动计算相关半成品的价格)。

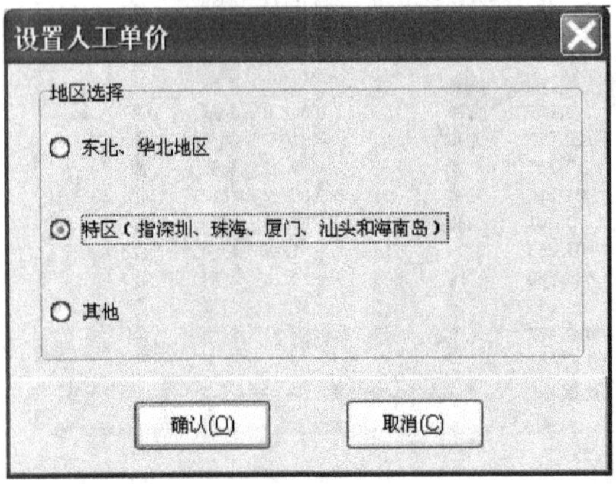

另存为新地区单价:将本工程材料单价另存为新的地区单价文件。

十二、查找

查找:查找功能支持清单,定额,材料的查找,双击可以快速定位到要查找的内容,如图11-28所示。

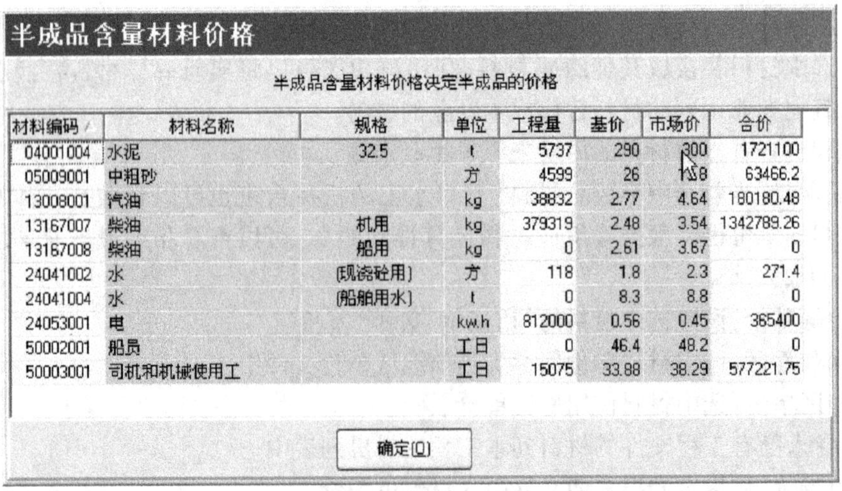

图 11-26

图 11-27

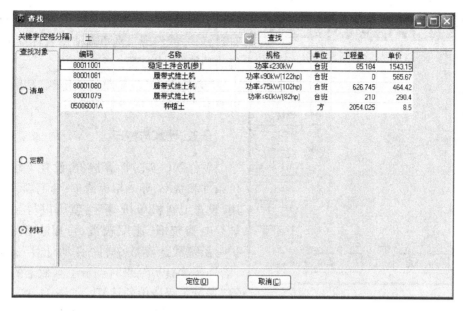

图 11-28

十三、列设置

可以设置分部、清单、定额、定额含量、工料机等窗体数据列的显示与次序。操作方法为：先点要设置列的窗体并且不要进入输入状态，然后再点工具栏的"列设置"，如图 11-29 先点清单窗体里的数据行，图 11-30 为清单窗体列设置。

序	清单编码	清单名称(水工主体)	项目特征	单位	工程量	单价	合价	备注
1	2001	基槽及港池挖泥		m3	387537	22.53	8731209	
2	2002	回旋水域及连接水域挖泥		m3	341360	22.53	7690841	
3	2003	水上抛填基床中粗砂		m3	41887.82	21.85	915249	
4	2004	水上抛填基床二片石垫层		m3	513	64.07	32868	
5	2005	水上抛填基床块石护底50		m3	855	64.25	54934	
6	2006	基床块石护面100~150kg		m3	1494.87	64.25	96045	
7	2007	10~100kg块石基床抛石		m3	30263.15	53.93	1632092	

图 11-29

十四、导入导出

包括："从 Excel 导入工程量清单"、"导出工程量清单到 Excel"、"导出报价清单到 Excel"、"查看 Excel 工程量清单格式"等功能。

"从 Excel 导入工程量清单"，支持工程量清单智能化导入功能，能支持复杂格式的 EXCEL 工程量清单导入，与数据从第几行开始无关，导入前可以设置列对应关系，所以基本上所有的 EXCEL 工程量清单不用修改或少量修改就能导入，可以节省大量时间。如图 11-31 所示。

"导出招标清单到 EXCEL"、"导出投标清单到 EXCEL"的功能，支持导出清单层工程量和

图 11-30

导出定额层工程量两种方式。导出的 EXCEL 带有计算式,能实现自动更新清单合计及工程总造价的功能,大大方便投标。

"查看 Excel 工程量清单格式"功能,用户可以查看工程量招标清单的格式。

十五、计算与打印

软件默认实时计算造价,设置工程概况、计价条件和费率、导入招标清单、套定额、列独立费用、设置工料机单价等后,就可以得到总造价。如果电脑较旧,速度较慢,可以在系统数据维护—系统默认参数中将"自动计算"选项设为"否",需要计算结果时点击工具栏上的"造价计算"进行工程造价的计算。如图 11-32 所示。

软件支持报表的预览、打印、导成 EXCEL 或

图 11-31

WORD 等功能,可以将计算后结果打印出来。点"新建方案"可以新建一个自定义报表方案;点界面下方的"添加"可以添加很多格式的报表,如果还是没有找到,可以与客户服务联系,像单价分析表,现在已定制了全国各地上千种的格式,可以大大方便客户。如图 11-33 所示。

第十一章 沿海港口水工概预算软件简介

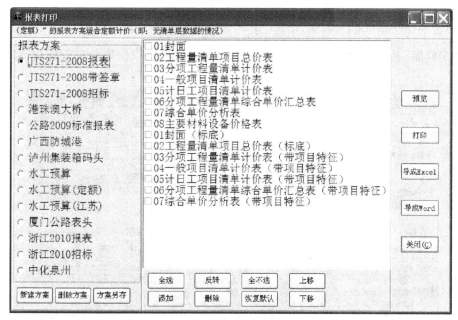

图 11-32

图 11-33

如果用户采用的定额计价方式(即清单层没有输入数据),报表方案请选择"水工预算(定额)"。效果如图 11-34 所示。

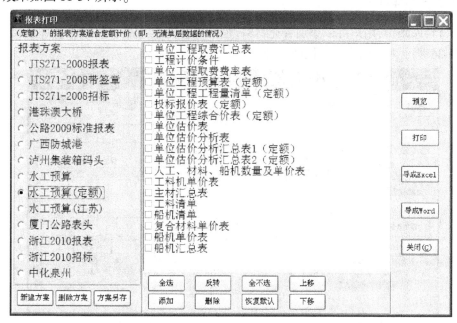

图 11-34

第二节 系统数据维护

一、自编定额库维护

自编定额库(补充定额库)维护,用户可以添加补充定额,以便后续工程使用,如图 11-35 所示。

图 11-35

二、补充材料库维护

补充材料库维护,用户可以添加补充材料,也可以补充半成品和机械等,以便后续工程使用。图 11-36 所示为补充了一条机械台班。

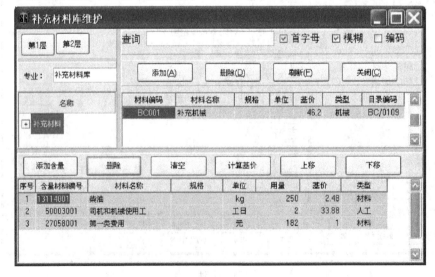

图 11-36

三、地区单价维护

可以修改地区单价中的材料单价,可以创建新的地区单价,可以删除地区单价。半成品及船机台班单价不用维护,在工程文件中,软件会自动根据它们的组成材料计算其单价。如图 11-37 所示。

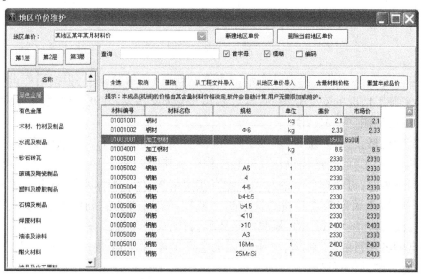

图 11-37

附录一

《沿海港口水工建筑工程定额》总说明

(节选)

总 说 明

一、本定额是在1994年《沿海港口水工建筑工程定额》的基础上,根据沿海港口施工的特点以及近年来施工情况的变化修编的,本定额同交通部交基发[1998]112号文颁发的《内河航运水工建筑工程定额》并列使用。

二、本定额包括:土石方工程、基础工程、混凝土及钢筋混凝土构件预制安装工程、现浇混凝土及钢筋混凝土工程、钢结构制作及安装工程以及其他工程。

三、编制预算时,可根据各章的有关规定直接使用本定额;编制概算时,需在套用本定额计算出定额直接费、基价定额直接费后加乘扩大系数:码头、直立式防波堤、直立式护岸等工程1.02～1.05;栈引桥、斜坡式引堤、斜坡式防波堤、斜坡式护岸等工程1.01～1.03。

四、本定额各项目的"工程内容"中只列出主要工序,次要工序虽未列出,但已包括在内,除定额中另有说明外,不得增减。

五、本定额是根据正常的施工条件,并按常用的工程结构、常规的施工工艺选型制订的,使用时不得调整。本定额中列有多工艺的定额项目,在使用时应根据施工条件设计或施工组织设计合理使用。

六、本定额中材料消耗,包括了工程本身直接使用的材料、成品、半成品以及按规定摊销的施工用料,并包括了其场内运输和操作消耗,除另有说明外,均不得调整。

七、定额中的人工是按8小时工作制计算的,其中包括直接参加施工的人工和各种辅助用工以及因受潮汐(水位)影响的工作时间缩短而相应增加的人工。

八、定额中的船机规格能力,按合理选型确定,除另有说明外不得调整。定额中所列的294kW(400hp)拖轮,适用于内港或长江干线施工,如在外海施工时,改按441kW(600hp)拖轮计算。如果是在内港挖泥拖到外海抛泥,按在内港施工计算。考虑到拖轮的规格能力,如使用500m³泥驳装泥到外海抛泥时,定额中的拖轮由294kW改为441kW。

九、定额中的其他材料费和其他船机费是指主要材料和主要船机之外的零星材料和小型船机,按占材料费和船机费的百分比表示。

十、混凝土及钢筋混凝土构件驳载超过1km的增运距定额原则上适用于在500km以内的驳载运输,但长江干线运输运距超过60km部分,按增运距定额的方驳、拖轮艘班量乘0.75系数计算。

十一、一个建设项目的一般水工建筑工程,其定额直接费小于300万元时,应计列小型工程增加费,按其定额直接费和施工取费之和的5%计算。

十二、定额直接费:指按各地区实际材料价格和定额规定的人工、船机艘(台)班单价计算方法计算出的直接费。基价定额直接费:指按本定额中的基价(按统一取定的工、料、机单价计算出的人工费、材料费和船机费的合计价格)计算的直接费。

十三、定额中凡注明"××以内"或"××以下"者,均包括"××"本身;凡注明"××以外"或"××以上"者,均不包括"××"本身。

第一章 土石方工程说明

一、本章定额分为六节:第一节陆上开挖工程;第二节陆上铺填工程;第三节水下挖泥工程;第四节水上抛填工程;第五节水下炸礁工程;第六节砌筑工程。

二、本章定额的基本运距,除注明者外,挖泥船挖泥,水下清渣5km;方驳装抛、安放为1km;陆上机械挖运土石方为1km。如运距不足时不作调整;如超过时,按本章各节有关超运距定额调整。

三、本章定额的计量单位规定,分别见各节说明。"自然方"系指未经扰动的自然状态的土方;"松方"系指自然方经过人力或机械开挖松动过的土方或备料堆置土方;"实方"系指回填并经过压实后的填筑方。

四、本章定额的施工水位以设计规定为准,如设计无规定时,在有潮港中,以建筑物所在地平均高潮位以下1m为界线;在无潮港中,以建筑物所在地施工季节的历年平均水位为分界线。

五、定额中水下挖泥和水上基床抛填水深的计算规定如下:

挖泥水深 = 施工水位 − 挖槽底的设计标高 + 平均允许超深平均泥层厚度。

基床抛填水深 = 施工水位 − 基床面的设计标高。

六、码头基床抛石和深水独立墩基床抛石定额划分为综合定额和单项定额,编制概算时以综合定额为准,编制预算时以单项定额为准。

七、陆上铺填工艺"直接来料铺筑",系指铺筑材料直接运达铺筑现场,即卸料前都属于材料价范围。水上抛填工艺中:"方驳抛填"系指施工单位使用本单位方驳,并负责装船以及工地范围内的运输和抛填工作;"民船装运抛"系指材料发包给其他运输机构负责装船、运输和抛填,施工单位只需派人指挥抛填和进行水下检查工作,材料单价应包括装船、运输和抛填费用。"外租船"抛填系指租用其他运输机构船只,施工单位负责装船以及工地范围内的运输和抛填工作,材料单价应计算到工地范围装船码头的材料堆场为准。定额中外租船的费用,按15kW机动艇和50t铁驳计算。

八、各类工程项目中土方、石方级别的划分标准:

(一)陆上开挖土壤类别划分为四类,详见表1;

(二)陆上石方开挖水下炸礁岩石级别划分:详见表3;

(三)水下挖泥土质类别划分为四类,详见表2。

九、工程量计算办法

(一)开挖及回填工程量应根据设计断面进行计算,同时还应根据港口工程质量检验评定标准和有关施工技术规范所规定的超深、超宽、增放坡度及正值误差计算所增加的工程量。在本节说明中,如对超深、超宽作出规定者,则按节说明执行。

(二)铺填和砌筑工程中的工程量,按设计图纸计算时,不扣除预埋件和直径在0.5m以内的排水孔洞所占的体积。

（三）码头后填料如设计没有划分棱体与场地填方的界限时，由设计人员根据回填料的物理力学指标定出棱体的范围，或按码头二倍高度确定其宽度，据以计算工程量。

（四）陆上铺填和水上抛填的地基沉降量由设计单位根据实际情况和有关资料确定，计入工程量。

（五）爆破工程：陆上爆破按设计断面加超深 0.2m 和每边超宽 0.3m 计算。水下炸礁按设计断面加超深 0.5m 和每边超宽 1.0m 计算。

（六）2m³ 抓斗挖泥船水下挖泥按设计断面加超深 0.3m 和每边超宽 1.0m 计算；4m³ 抓斗挖泥船水下挖泥按设计断面加超深 0.4m 和每边超宽 1.2m 计算；8m³ 抓斗挖泥船水下挖泥按设计断面加超深 0.5m 和每边超宽 1.5m 计算。详见图1。

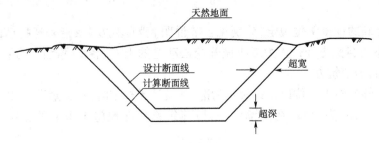

图1 挖泥计算简图

土壤分类表　　　　　　　　　　　　　　　　　　　　　　　　　表1

土壤类别	土质名称	自然湿容重（kg/m³）	外形特征	开挖方法
Ⅰ	1. 砂土； 2. 种植土	1650~1750	疏松，粘着力差或易透水，略有粘性	用锹或略加脚踩开挖
Ⅱ	1. 壤土； 2. 干淤泥； 3. 含草根种植土	1750~1850	开挖时能成块，易打碎	用锹需要脚踩开挖
Ⅲ	1. 粘土； 2. 干燥黄土； 3. 淤泥； 4. 粘性土混砾石	1800~1950	粘手，看不见砂粒或干硬	用镐、三齿耙或用锹开挖
Ⅳ	1. 坚硬粘土； 2. 砾石混粘性土； 3. 粘性土混碎卵石	1900~2100	土壤结构坚硬，将土分裂后成块状，或含粘粒，砾石较多	用镐、三齿耙等工具开挖

挖泥船挖泥土壤分类表　　　　　　　　　　　　　　　　　　　　表2

土壤类别	名称或特征	标准贯入击数 N	液性指数 I_L
Ⅰ	淤泥、淤泥混砂、软塑粘土、可塑亚粘土、可塑亚砂土、可塑粘土	$N \leq 8$	$I_L \leq 1.5$
Ⅱ	砂、硬塑亚粘土、硬塑亚砂土、硬塑粘土	$N \leq 14$	$I_L \leq 0.25$
Ⅲ	坚硬的粘土、砂夹卵石、坚硬亚砂土、坚硬亚粘土	$N \leq 30$	$I_L < 0$
Ⅳ	强风化岩、铁板砂、胶结的卵石和砾石	$N > 30$	

注：Ⅰ、Ⅱ类以液性指数为主要判别标准。

附录一 《沿海港口水工建筑工程定额》总说明

岩 石 分 级 表

表3

岩石级别	岩 石 名 称	实体岩石自然湿度时的平均重度（kg/m³）	净钻时间（min/m） 用30mm合金钻头，凿岩机打眼（工作气压为4.5atm）	用30mm淬火钻头，凿岩机打眼（工作气压为4.5atm）	用25mm钻杆人工单人打眼	极限抗压强度（MPa）	强度系数 f
V	1.砂藻土及软的白垩岩	1500	3.5以下	30以下	20以下	1.5~2
V	2.硬的石炭纪的粘土	1950				
V	3.胶结不紧的砾岩	1900~2200				
V	4.各种不坚实的页岩	2000				
VI	1.软的,有孔隙的、节理多的、石灰岩及贝壳石灰岩	1200	4（3.5~4.5）	45（30~60）	20~40	2~4
VI	2.密实的白垩	2600				
VI	3.中等坚实的页岩	2700				
VI	4.中等坚实的泥灰岩	2300				
VII	1.水成岩卵石经石灰质胶结而成的砾岩	2200	8（4.5~7）	78（61~95）	40~60	4~6
VII	2.风化的节理多的粘土质砂岩	2200				
VII	3.坚硬的泥质页岩	2800				
VII	4.坚实的泥灰岩	2500				
VIII	1.角砾状花岗岩	2300	6.8（5.7~7.7）	8.5（7.1~10）	115（96~135）	60~80	6~8
VIII	2.泥灰质石灰岩	2300				
VIII	3.粗土质砂岩	2200				
VIII	4.云母页岩及砂质页岩	2300				
VIII	5.硬石膏	2900				
IX	1.软的风化较甚的花岗岩、片麻岩及正长岩	2500	8.5（8.8~9.2）	11.5（10.1~13）	157（136~175）	80~100	8~10
IX	2.滑石质的蛇纹岩	2400				
IX	3.密实的石灰岩	2500				
IX	4.水成岩卵石经硅质胶结的砾岩	2500				
IX	5.砂岩	2500				
IX	6.砂质石灰质的页岩	2500				

续上表

岩石级别	岩石名称	实体岩石自然湿度时的平均重度（kg/m³）	净钻时间(min/m)			极限抗压强度（MPa）	强度系数 f
			用30mm合金钻头,凿岩机打眼（工作气压为4.5atm）	用30mm淬火钻头,凿岩机打眼（工作气压为4.5atm）	用25mm钻杆人工单人打眼		
X	1.白云岩	2700	10 (9.3~10.8)	15 (13.1~17)	195 (176~215)	100~120	10~12
	2.坚实的石灰岩	2700					
	3.大理岩	2700					
	4.石灰质胶结的质密的砂岩	2600					
	5.坚硬的砂质页岩	2600					
XI	1.粗粒花岗岩	2800	11.2 (10.9~11.5)	18.5 (17.1~20)	240 (216~260)	120~140	12~14
	2.特别坚实的白云岩	2900					
	3.蛇纹岩	2600					
	4.火成岩卵石经石灰质胶结的砾石	2800					
	5.石灰质胶结的坚实的砂岩	2700					
	6.粗粒正长岩	2700					
XII	1.有风化痕迹的安山岩及玄武岩	2700	12.2 (11.6~13.3)	22 (20.1~25)	290 (261~320)	140~160	14~16
	2.片麻岩、粗面岩	2600					
	3.特别坚实的石灰岩	2900					
	4.火成岩卵石经硅质胶结的砾岩	2600					
XIII	1.中粒花岗岩	3100	14.1 (13.4~14.8)	27.5 (25.1~30)	360 (321~400)	160~180	16~18
	2.坚实的片麻岩	2800					
	3.辉绿岩	2700					
	4.玢岩	2500					
	5.坚实的粗面岩	2800					
	6.中粒正长岩	2800					
XIV	1.特别坚实的细粒花岗岩	3300	15.5 (14.9~18.2)	32.5 (30.1~40)	—	1800~2000	18~20
	2.花岗片麻岩	2900					
	3.闪长岩	2900					
	4.最坚实的石灰岩	3100					
	5.坚实的玢岩	2700					

续上表

岩石级别	岩石名称	实体岩石自然湿度时的平均重度（kg/m³）	净钻时间（min/m）			极限抗压强度（MPa）	强度系数 f
			用30mm合金钻头,凿岩机打眼（工作气压为4.5atm）	用30mm淬火钻头,凿岩机打眼（工作气压为4.5atm）	用25mm钻杆人工单人打眼		
XV	1.安山岩、玄武岩、坚实角闪岩	3100	20 (18.3～24)	46 (40.1～60)	—	2000～2500	20～25
	2.最坚实的辉绿岩及闪长岩	2900					
	3.坚实的辉长岩及石英岩	2800					
XVI	1.钙钠长石质橄榄石质玄武岩	3300	24以上	60以上	—	2500以上	25以上
	2.特别坚实的辉长岩、辉绿岩石英岩及玢岩	3000					

第一节 陆上开挖工程说明

1.本节定额包括土方、石方的开挖,分为人力土方、石方爆破和机械挖装运三部分。

2.土类,岩石按十六级划分,其中前四级为土;五～十五级(十六级除外)为岩石,从五级开始,综合为四类:Ⅴ～Ⅶ、Ⅷ～Ⅹ、Ⅺ～Ⅻ、ⅩⅢ～ⅩⅤ。

3.本节定额单位,除注明外均为自然方。

4."一般石方开挖"定额适用于明挖石方工程和底宽超过7m的沟槽,上口断面大于200m² 的基坑石方开挖工程。倾角小于或等于20°,开挖厚度大于5m(垂直于设计面的平均厚度)的坡面石方开挖执行一般石方开挖定额。

5."坡面一般石方开挖"定额适用于设计倾角大于20°和厚度5m以内的石方开挖工程。

6.基坑石方开挖定额,适用于上口断面200m² 以内,深度小于上口短边长度或直径的工程。

附录二

水运工程工程量计算规则

1 一般规定

1.1 工程量计算应依据下列文件：

(1)招标文件及设计图纸；

(2)技术规范、工程质量检验标准；

(3)经有关部门批准的技术经济文件。

1.2 除本规范另有规定外，施工过程中损耗或扩展而增加的工程量不得计算在工程量清单的工程数量中，所发生的费用可在工程单价中考虑。

1.3 工程量清单的工程项目应按照设计图纸、工程部位和分部分项工程顺序依次排序。

1.4 施工水位应采用设计文件提供的数值。当设计文件未作明确规定时，施工水位可按下列要求确定：

(1)有潮港采用工程所在地平均潮位；

(2)无潮港采用工程所在地施工季节的历年平均水位；

(3)内河航道工程，根据工程类型和《内河航道与港口水文规范》(JTJ 214—2000)中关于施工水位的规定确定。

1.5 水工工程与陆域工程界线的划分应根据工程部位、结构要求确定，并应以保证水工建筑物结构及各组成部分的完整性为原则。

1.6 水工工程应以施工水位为界，划分水上工程和水下工程。

2 疏浚工程

2.1 挖泥工程量应按设计图纸计算净量。

2.2 疏浚岩土的分类分级应根据疏浚岩土的勘察报告和岩土试验报告确定，并应符合现行行业有关标准的规定。

2.3 对于有自然回淤的施工区域，施工期回淤量可在工程单价中考虑。

2.4 招标人应在招标文件中明确计算工程量的方法。

2.5 在同一施工区域出现不同疏浚岩土级别时，应分别计算工程量。

2.6 吹填工程量应按设计图示轮廓尺寸，扣除吹填区围(子)堰等的体积，计算有效净量，原土体的沉降应计入工程量；吹填土体的流失、固结量等可在工程单价中考虑。

3 测量工程

3.1 测量工程的工程量，应按设计图示区域、图比要求，按面积计算。

4 导航助航设施工程

4.1 导航助航设施工程工程量的计算，应区分不同结构型式分别计算。

5 土石方工程

5.1 土类、岩石级别划分应符合现行行业有关标准的规定，并应区分不同级别分别计算工程量。

5.2 水下挖泥土类的划分可按表5.2确定。

水下挖泥土质类别 表5.2

土质类别	名 称 或 特 征	标准贯入击数 N	液性指数 I_L
Ⅰ	淤泥、淤泥混砂、软塑粘土、可塑亚粘土、可塑亚砂土、可塑粘土	$N \leqslant 8$	$I_L \leqslant 1.5$
Ⅱ	砂、硬塑亚粘土、硬塑亚砂土、硬塑粘土	$N \leqslant 14$	$I_L \leqslant 0.25$
Ⅲ	坚硬的粘土、砂夹卵石、坚硬亚砂土、坚硬亚粘土	$N \leqslant 30$	$I_L < 0$
Ⅳ	强风化岩、铁板砂、胶结的卵石和砾石	$N > 30$	

注：Ⅰ、Ⅱ类土以液性指数为主要判别标准。

5.3 土石方开挖及回填工程量应按设计图纸计算净量，回填工程的原土体的沉降应计入工程量。

5.4 按设计图纸计算铺填工程量时，不应扣除预埋件和面积在 0.20m² 以内的孔洞所占的体积。

5.5 陆上填方的边坡应采用设计文件提供的数值，当设计未提供边坡值时，可按表5.5确定。

边 坡 系 数 表 表5.5

序号	土 的 种 类	临时填方		永久填方	
		填方高度(m)	边坡系数	填方高度(m)	边坡系数
1	粘土、亚粘土、泥灰岩土、亚砂土、细砂	≤8	1:1.25	≤6	1:1.5
2	黄土、类黄土	≤6	1:1.50	≤6	1:1.5
3	中砂、粗砂	≤12	1:1.25	≤10	1:1.5
4	砾石、碎石土	≤12	1:1.25	≤12	1:1.5
5	易风化的岩石	—	—	≤12	1:1.5
6	轻微风化的、尺寸在25cm以内的石料	≤6	1:0.75	≤6 6~12	1:1.33 1:1.5
7	轻微风化的、尺寸大于25cm石料，边坡选用最大石块，分类整齐铺砌	≤5	1:0.5	≤12	1:1.0
8	轻微风化的、尺寸大于40cm的石料，其边坡分排整齐，紧密铺砌	—	—	≤5 5~10 >10	1:0.5 1:0.65 1:1.0

5.6 坡度陡于1:2.5的陆上坡面开挖，应按岸坡挖土方计算。

5.7 槽底开挖宽度在3m以内，且槽长大于三倍槽宽的陆上开挖工程可按地槽计算。

5.8 不满足第D.5.7条规定且坑底面积在20m²以内的陆上开挖工程，应按地坑计算。

5.9 除岸坡、地槽、地坑以外的陆上开挖工程应按一般挖土方计算。

5.10 平均高差超过0.30m的陆上土方工程，应按土方挖填以体积计算工程量。反之，应按场地平整以面积计算工程量。

5.11 洞室土方开挖断面积大于2.5m²时，水平夹角不大于6°应按平洞土方开挖计算；水平夹角在6°~75°的应按斜井土方开挖计算；水平夹角大于75°且深度大于上口短边长度或直径的应按竖井土方开挖计算工程量。平洞、斜井、竖井土方开挖的工程量应按设计图纸以体积计算。

5.12 夹有孤石的土方开挖,大于 $0.7m^3$ 的孤石应按石方开挖计算。

5.13 开挖地槽、地坑应按设计图纸计算工程量。当设计文件未提供放坡系数时,可按表5.13确定。

放坡系数表　　　　　　　　　　　　　　　　　　　表5.13

土质类别	挖 深(m)	系 数
Ⅰ、Ⅱ类	≥1.20	1:0.33~1:0.75
Ⅲ类	≥1.50	1:0.25~1:0.67
Ⅳ类	≥2.00	1:0.10~1:0.33

注:①挖深指槽、坑上口自然地面至槽、坑底面的垂直高度;
②地槽、地坑中土质类别不同时,应分别按其挖深、放坡系数,依不同土质厚度加权平均计算;
③计算放坡时,在交接处的重复工程量应不予扣除。

5.14 土方开挖各类槽、坑的计算长度应根据自然地面起伏状况划分成若干段,每段长度一般不宜大于10m。

5.15 土方开挖工程量不应计算工作面开挖小排水沟、修坡、铲坡、清除草皮、工作面范围内的小路修筑、交通安全以及必须的其他辅助工作等。

5.16 设计坡度陡于1:2.5,且平均开挖厚度小于5m的应按坡面石方开挖计算。

5.17 陆上石方工程沟槽底宽在7m以内,且长度大于三倍宽度可按沟槽计算。

5.18 陆上石方工程不满足第D.5.17条规定且底面积小于$200m^2$,深度小于坑底短边长度或直径可按基坑计算。

5.19 陆上洞室石方开挖断面积大于$5m^2$时,水平夹角不大于6°应按平洞石方开挖计算;水平夹角在6°~75°的应按斜井石方开挖计算;水平夹角大于75°且深度大于上口短边长度或直径的应按竖井石方开挖计算工程量。平洞、斜井、竖井石方开挖的工程量应按设计图纸以体积计算。

5.20 除坡面、沟槽、基坑、洞室以外的陆上石方开挖应按一般石方计算。

5.21 开挖沟槽、基坑石方应按设计图纸计算工程量,当设计文件未提供放坡系数时,可按表5.21确定。

放坡系数表　　　　　　　　　　　　　　　　　　　表5.21

岩石类别	风化程度	开挖深度			
		≤4m	≤8m	≤12m	≤15m
硬质岩石 (Ⅹ~ⅩⅢ级)	微风化	1:0.10	1:0.20	1:0.30	1:0.35
	中等风化	1:0.20	1:0.35	1:0.45	1:0.50
	强风化	1:0.35	1:0.50	1:0.65	1:0.75
软质岩石 (Ⅴ~Ⅸ级)	微风化	1:0.35	1:0.50	1:0.65	1:0.75
	中等风化	1:0.50	1:0.75	1:0.90	1:1.00
	强风化	1:0.75	1:1.00	1:1.15	1:1.25

5.22 不允许破坏岩层结构的陆上保护层石方开挖,设计坡度不陡于1:2.5时,应按底部

保护层石方开挖计算;设计坡度陡于1:2.5时,应按坡面保护层石方开挖计算。

5.23 陆上石方开挖保护层应按设计图纸计算工程量,当设计文件未提供时,保护层厚度可按表5.23确定。

保护层厚度表 表5.23

保护层名称	软质岩石 Ⅴ~Ⅶ	中等硬度岩石 Ⅷ~Ⅸ	坚硬岩石 Ⅹ以上
垂直保护层(m)	2	1.5	1.25

5.24 预裂爆破应按预裂面内的岩石开挖计算。

5.25 水下挖泥水深应按施工水位与设计挖槽底标高之差扣除平均泥层厚度之半确定。

5.26 水下抛填工程应计入原土沉降增加的工程量。

5.27 水下抛填水深应按施工水位与设计挖槽底标高之差加上基床厚度之半确定。

5.28 基床夯实范围应按设计文件确定。当设计文件未规定时,应按建构筑物底面尺寸各边加宽1.0m确定;若分层抛石、夯实应按分层处的应力扩散线各边加宽1.0m确定。

5.29 基床整平范围的确定应满足下列要求:

(1)粗平时建构筑物取底面尺寸各边加宽1.0m,有护面块体时取压脚块底边外加宽1.0m;对于码头基床包括全部前肩范围;

(2)细平时建构筑物取底面尺寸各边加宽0.5m,有护面块体时取压脚块底边外加宽0.5m;对于码头基床包括全部前肩范围。

5.30 基床理坡工程量应以面积计算。

5.31 砌筑工程量应按设计砌体外形尺寸以体积计算。

5.32 砌体表面加工应按设计要求计算砌体表面展开面积。

5.33 砌体砂浆勾缝应按不同的砌体材料区分平面、斜面、立面、曲面以及平缝、凸缝,分别按砌体表面展开面积以面积计算。

5.34 砌体砂浆抹面应按不同厚度区分平面、斜面、立面、曲面、拱面,分别按砌体表面展开面积以面积计算。

6 地基与基础工程

6.1 基础打入桩应根据不同的土质类别、桩的类别、断面型式、桩长,以根或体积计算混凝土桩工程量,以根或重量计算钢桩工程量。

6.2 基础打入桩的土质级别应按表6.2划分。

基础打入桩土质级别划分表 表6.2

土类\级别	粘性土		砂性土		碎石土		风化岩
	粘土、亚粘土 液性指数I_L	亚砂土 液性指数I_L	亚砂土 标准贯入击数N	标准贯入击数N	角砾、圆砾	碎石、卵石	标准贯入击数N
一	≥0.5	≥0.5	≤15	≤20	—	—	—
二	<0.5	<0.5	15~30	20~50	稍密、中密	稍密	≤50
三	≤0	≤0	>30	>50	密实	中密、密实	50~80

注:①粘性土类中的亚砂土在工程土壤级别判定时,对于I_L或N满足一个指标即可判定;
②粘性土中,第四纪晚更新世Q_3及以前沉积的粘性土(即老粘土),当$N>15$时,按三级土判定。

6.3 基础打入桩工程量计算应满足下列要求。
(1)斜度小于或等于8:1的基桩按直桩计算;
(2)斜度大于8:1的基桩按斜桩计算;
(3)在同一节点由一对不同方向的斜桩组成的基桩按叉桩计算;
(4)在同一节点中由两对不同方向叉桩组成的基桩组按同节点双向叉桩计算;
(5)独立墩或独立承台结构体下的基桩或含三根及三根以上斜桩且不与其他基桩联系的其他结构体下的基桩按墩台式基桩计算;
(6)引桥设计纵向中心线岸端起点至码头前沿线最远点垂线距离大于500m时,码头部分的基桩按长引桥码头基桩计算。

6.4 陆上施打钢筋混凝土方桩、管桩,当桩顶低于地面2m时应按深送桩计算。

6.5 设计文件要求试桩时,试桩工程量应单独计算。

6.6 基础灌注桩工程量计算应满足下列要求:
(1)成孔工程量按不同的设计孔深、孔径、土类划分,以根或体积计算;孔深按地面至设计桩底计算;
(2)灌注桩混凝土工程量根据不同的混凝土强度等级,按设计桩长、桩径计算;扩孔因素不计入工程量;
(3)灌注桩桩头处理以根计算。

6.7 基础灌注桩土类应按表6.7划分。

基础灌注桩土类划分表 表6.7

土质类别	说 明
Ⅰ	塑性指数大于7的粘土、亚粘土,包括黄土
Ⅱ	粒径小于2mm的砂类土,包括粒径2～20mm颗粒含量不超过全重50%的碎石土以及亚砂土、软土、吹填土
Ⅲ	粒径2～20mm颗粒含量超过全重50%的角砾、圆砾土质,以及粒径20～60mm的颗粒不超过全重20%的碎石、卵石土质
Ⅳ	粒径20～200mm的颗粒含量超过全重20%的碎石、卵石土质,以及粒径200～500mm的颗粒不超过全重10%的块石、漂石土质
Ⅴ	中等风化程度及以上的软质岩石或强风化的硬质岩石,包括粒径大于500mm的颗粒含量超过10%的块石、漂石土质
Ⅵ	中等风化程度及以下硬质岩石或微风化的软质岩石

6.8 地下连续墙工程量应根据成槽土类、混凝土强度等级,按设计延米、宽度、槽深以体积计算。

6.9 地下连续墙土类应按表6.9划分。

地下连续墙土类划分表 表6.9

土质类别	说 明
Ⅰ	塑性指数大于7的粘土、亚粘土,包括黄土或标准贯如击数等于或小于10的土层
Ⅱ	粒径小于2mm的砂类土。包括粒径2～20mm颗粒含量不超过全重50%的碎石土以及亚砂土、亚粘土、坚硬粘土,或标准贯入击数大于10、小于或等于30的土层
Ⅲ	粒径2～20mm颗粒含量超过全重50%的角砾、圆砾土质,以及粒径20～60mm颗粒不超过全重20%的碎石、卵石土质,或标准贯入击数大于30、小于或等于50的土层

6.10 软土地基加固堆载预压工程量的计算应满足下列要求：
(1)堆载预压工程量根据不同的预压荷载、堆载料的要求以面积计算；
(2)堆载材料用量以体积计算；
(3)设计文件未明确堆载材料放坡系数时，放坡系数按1∶1计算；
(4)原土体的沉降，应单独计算工程量。

6.11 软土地基加固真空预压工程量根据不同的真空预压要求以面积计算。

6.12 软土地基加固联合堆载真空预压应分别计算堆载工程量和真空预压工程量。

6.13 软土地基加固塑料排水板工程量应以根或长度计算。

6.14 软土地基加固陆上强夯工程量应根据不同的夯击能量、每100m^2的最终夯点数、点夯击数、普夯遍数及击数，按设计强夯加固面积计算。夯坑填料应计入工程量以体积计算。

6.15 软土地基加固打砂桩(砂井)工程量应以根或体积计算，袋装法以根或长度计算。

6.16 软土地基加固陆上打碎石桩工程量应以根或体积计算。

6.17 深层水泥拌和加固水下基础工程，应根据不同的水深、加固深度、土质类别，按设计加固体积计算。加固单元体之间的空隙部分不扣除，搭接部分亦不增加。

6.18 软土地基加固如需试验，应单独计算工程量。

6.19 钻孔灌浆中的钻孔工程量应根据设计图纸、钻孔角度、岩石级别或砂砾石层类别、孔深、孔径，按设计进尺计算长度。

6.20 钻孔灌浆中的灌浆工程量应根据设计图纸、灌浆材料、岩体吸水率或灌浆干料耗量，按设计灌浆深度以长度计算。

6.21 砂砾石层帷幕灌浆、土坝劈裂灌浆工程量，应按设计图纸的有效灌浆长度计算。

6.22 岩石层帷幕灌浆、固结灌浆工程量，应按设计图纸计算的有效灌浆长度或设计净干耗灰量计算。

6.23 接缝灌浆、接触灌浆工程量，应按设计图纸计算的混凝土施工缝或混凝土坝体与坝基、岸坡岩体的接触缝有效灌浆面积计算。

6.24 高压喷射防渗墙灌浆工程量，应按设计图纸的不同墙厚的有效连续墙体截水面积计算。

6.25 灌浆压力大于等于3MPa应划分为高压灌浆，小于1.5MPa应划分为低压灌浆，其余应划分为中压灌浆。

6.26 基础岩石层帷幕灌浆和基础破碎、多裂隙岩层固结灌浆的岩体吸水率可根据地质勘察压水试验确定。

6.27 化学灌浆中的灌浆工程量应根据不同的灌浆材料、裂缝部位、缝宽和缝深以重量计算。

6.28 压水试验工程量应按试段计算。

6.29 沉井的井壁、封底、填心、封顶等应按本规范有关章节的规定分别计算。

6.30 沉井下沉工程量应根据设计图纸、整体下沉深度、土类划分按设计沉井平面投影面积乘以下沉深度计算。

7 混凝土工程

7.1 混凝土及钢筋混凝土的工程量应根据设计图纸、浇筑部位及混凝土强度、抗冻、抗渗等级以体积计算。不应扣除钢筋、铁件、螺栓孔、三角条、吊孔盒、马腿盒等所占体积和单孔面积在 0.2m² 以内的孔洞所占体积。

7.2 陆上现浇混凝土基础工程量计算应满足下列要求：

(1) 独立基础根据断面型式以体积计算；

(2) 带形基础根据断面型式以体积计算；其中有肋带形基础的肋高与肋宽之比在 4:1 以内时按有肋带形基础计算；超过 4:1 时底部按板式基础计算，底板以上部分的肋按墙计算；

(3) 无梁式满堂基础的扩大角或锥形柱墩并入满堂基础内计算工程量；箱式满堂基础按无梁式满堂基础、柱、梁、板、墙等项目分别计算工程量；

(4) 除块型以外其他类型的设备基础分别按基础、梁、柱、板、墙等项目计算。

7.3 陆上现浇混凝土柱工程量计算应满足下列要求：

(1) 柱高自柱基上表面算至顶板或梁的下表面，有柱帽时柱高自柱基上表面算至柱帽的下表面；

(2) 牛腿并入柱身体积计算。

7.4 陆上现浇混凝土梁工程量计算应满足下列要求：

(1) 基础梁按全长计算体积；

(2) 主梁按全长计算，次梁算至主梁侧面；

(3) 梁的悬臂部分并入梁内一起计算；

(4) 梁与混凝土墙或支撑交接时，梁长算至墙体或支撑侧面；

(5) 梁与主柱交接时，柱高算至梁底面，梁按全长计算；

(6) 梁板结构的梁高算至面板下表面。

7.5 陆上现浇混凝土板工程量计算应满足下列要求：

(1) 有梁板按梁板体积之和计算；

(2) 无梁板按板和柱帽体积之和计算；

(3) 平板按板混凝土实体体积计算；

(4) 伸入支撑内的板头并入板体积内计算。

7.6 陆上现浇混凝土墙工程量计算应满足下列要求：

(1) 墙体的高度由基础顶面算至顶板或梁的下表面，墙垛及突出部分并入墙体积内计算；

(2) 墙体按不同形状、厚度分别计算体积。

7.7 预制梁、板、柱的接头和接缝的现浇混凝土工程量应单独计算。

7.8 翻车机房基础工程量计算应满足下列要求：

(1) 翻车机房基础混凝土按不同结构部位分为底板、墙体、梁、板、柱等分别计算体积；

(2) 当单侧翼板长度为墙身厚度的 2.5 倍以上时按带翼板墙计算；当单侧翼板长度为墙身厚度的 2.5 倍以下时按出沿墙计算，其翼板及出沿部分并入墙身体积内计算；

(3) 翻车机房基础的扶壁并入与其连接的墙体体积内计算；

(4) 底板、墙体等为防渗而设置的闭合块混凝土单独计算工程量。

7.9 计算陆上现浇混凝土廊道、坑道、沟涵、管沟工程量时可将底板、墙体、顶板合并整体计算。

7.10 陆上现浇混凝土拨车机基础、牵引器基础、夹轮器基础、带排水沟的挡土墙工程量，按不同作用可分别整体计算。

7.11 陆上现浇混凝土池工程量计算应满足下列要求：
(1) 池底板、池壁、顶板分别计算；
(2) 池底板的坡度缓于1:1.7按平面底板计算，陡于1:1.7的按锥形底板计算；
(3) 池壁高度从底板上表面算至顶板下表面，带溢流槽的池壁将溢流槽并入池壁体积计算；
(4) 污水处理系统中澄清池中心结构按整体计算。

7.12 陆上现浇混凝土卸车坑工程量计算应满足下列要求：
(1) 底板、墙体、梁、面板、漏斗分别计算；
(2) 火车轨道梁和框架梁单独计算，其他梁按断面型式分别计算；
(3) 漏斗按整体计算，并算至墙体或梁的侧面。

7.13 陆上现浇混凝土筒仓(图7.13)工程量计算应满足下列要求：
(1) 筒仓底板上的各种支座混凝土并入底板计算；
(2) 底板顶面以上至顶板底面以下为筒壁，筒壁工程量计算扣除门窗洞口所占体积；各仓间连接部分并入筒壁计算；
(3) 钢制漏斗的混凝土支座环梁及板，算至筒壁内表面；现浇混凝土漏斗将环梁、板并入漏斗一并计算；
(4) 筒仓顶板、进料口和顶面设备支座混凝土一并计算。

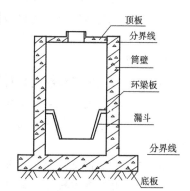

图7.13 筒仓结构示意图

7.14 通航建筑物及挡泄水建筑物混凝土工程量计算应符合下列规定。

7.14.1 闸首混凝土工程量计算应满足下列要求：
(1) 以闸首底板与边墩的施工缝为界划分边墩与底板，分别计算工程量；
(2) 带输水廊道的实体边墩以廊道顶标高以上1.5m为界，带输水廊道的空箱边墩以廊道顶板顶标高为界，分别计算工程量；
(3) 闸首的门槛、检修平台、消力槛等并入底板计算，帷幕墙单独计算；
(4) 边墩顶部的悬臂板、胸墙、挡浪墙、磨耗层、踏步梯等工程量单独计算。

7.14.2 闸室混凝土工程量计算应满足下列要求：
(1) 分离式以底板与闸墙竖向分缝处为界，整体式以底板与闸墙连接处底板顶标高为界划分闸墙与底板；
(2) 墙体顶部的靠系船设施、廊道以及墙体上的阶梯可并入墙体计算。

7.14.3 平底板工程量应包括齿槛体积；空箱底板应包括隔墙、分流墩、消力梁及面板，孔洞体积应扣除；反拱底板的拱部结构应按反拱底板计算，拱上结构应按梁计算。

7.14.4 闸墙和系船墩上的系船环、系船钩等孔洞体积不应扣除。

7.14.5 边墩、闸墙与其他混凝土构件交接时除另有说明外，其他混凝土构件均应计算至边墩和闸墙外表面。

7.14.6 消力槛、消力齿、消力墩、消力梁、消力格栅等工程量，应分别计算；消力池如直接设置在底板上，可并入底板计算工程量。

7.14.7 二期混凝土工程量应单独计算。

7.14.8 升船机基础工程量应按轨道梁、连系梁、滑轮井、绳槽、车挡、托辊墩等分别计算。

7.14.9 泄水闸底板、闸墩、溢流坝、溢流面、厂房等工程量应分别计算。

7.15 其他现浇混凝土工程量计算应满足下列要求：

(1) 胸墙、导梁及帽梁的工程量，不扣除沉降缝、锚杆、预埋件、桩头嵌入部分的体积；

(2) 挡土墙、防浪(汛)墙的工程量，不扣除各种分缝体积；

(3) 堆场地坪、道路面层，按不同厚度分别计算，不扣除各种分缝体积。

7.16 碾压混凝土工程量应按设计图纸以体积计算。

7.17 回填混凝土工程量应按设计图纸或实际测量尺寸以体积计算。

7.18 沥青混凝土工程量应按设计图纸以面积计算，封闭层按设计图纸或实际测量尺寸以面积计算。

7.19 水上现浇混凝土构件工程量应区分不同形状按设计图纸以体积计算。

7.20 水上现浇混凝土桩帽、帽梁、导梁工程量，不应扣除桩头嵌入部分的体积。

7.21 水上现浇混凝土桩基式墩台、墩帽、台身、支座工程量，不应扣除桩头嵌入墩帽的体积。

7.22 水上现浇混凝土码头面层、磨耗层工程量不应扣除分缝体积。

7.23 水上现浇预制构件接缝、节点、堵孔工程量，应按不同接缝种类以体积计算。

7.24 水下现浇混凝土工程量应按设计图纸要求以体积计算。

7.25 混凝土及钢筋混凝土预制构件的预制和安装工程量应分别按设计图纸，区分不同构件形状、重量等特征以体积和件计算。

7.26 预制混凝土空心方桩、大管桩和 PHC 桩的工程量，应扣除中空体积。

7.27 单件体积小于 $0.5m^3$ 的预制混凝土小型构件的预制和安装工程量应区分不同构件类型等特征以体积或件计算。

7.28 超过六个面的混凝土方块工程量，应按异形方块以体积计算。

8 钢筋工程

8.1 现浇、预制构件的钢筋工程量应根据不同材质分别按设计图纸以重量计算。

8.2 混凝土预制构件钢筋工程量应按预应力和非预应力分别计算。

8.3 设计图纸未标示的搭接钢筋、架立钢筋、空心方桩胶囊定位钢筋、灌注桩、地下连续墙悬吊钢筋及其他加固钢筋等的工程量可在工程单价中考虑。

9 金属结构制作安装工程

9.1 金属结构制作工程量应按设计图纸以重量计算。

9.2 钢材重量应按设计图纸计算，不应扣除切肢、断边及孔眼的重量。多边形或不规则形钢板应按外接矩形计算。

9.3 除锈、刷涂料工程量应按设计要求以展开面积计算。

9.4 闸阀门、拦污栅制作工程量，应根据不同的门型、单扇门重，按钢结构本体、止水件、防腐处理等分别计算。门重应包括门体重量和安装于门叶上的运转支撑件的重量。

9.5 钢轨、系船柱等各种成品件、闸阀门、拦污栅、启闭机及其他金属构件的安装工程量，应包括本体、附件及埋件,并按设计图纸及相应的计量单位分别计算。

10 设备安装工程

10.1 港口装卸、配套设备安装工程量,应按不同的规格、能力、高度及重量,分别以台、套或重量计算。

10.2 航运枢纽设备安装工程量,按其不同的规格、能力及结构型式,分别以台、套、扇或重量计算。

10.3 修造船厂设备安装工程量,按其不同的规格、能力及结构型式,分别以台、套、扇或重量计算。

10.4 启闭机与电气设施安装工程量应按设计图示数量计算。启闭机电动机接线端子以内应按启闭机安装计算;启闭机设备主体第一个外接法兰或管接头以外的管道铺设以及设备用油应单独计算。

10.5 启闭机设备的轨道铺设应单独计算。

10.6 航运枢纽发电主要设备,由设备本体和附属设备及埋件组成,其安装工程量应按设计图示数量计算。

10.7 航运枢纽滑触线、水力机械辅助设备、发电电压设备、发电机－电动机静止变频启动装置、发电电压母线、接地装置、高压电气设备、一次拉线、控制保护测量及信号系统设备、直流系统设备、电工试验室设备等其他机电设备安装工程量,应按设计图示数量计算。

10.8 用电系统设备、照明系统、电缆敷设、计算机监控系统设备、计算机管理系统设备、工业电视系统设备、通信系统设备、消防系统设备、通风空调采暖及其监控设备、机修设备、电梯设备等其他机电设备安装工程量应按设计图纸计算。

10.9 航运枢纽安全监测设备安装工程量应按各种仪器设备的种类规格分别计算。

11 其他工程

11.1 土工织物、尼龙编织布及竹笆、荆笆的铺设工程量,应按设计图纸以覆盖面积计算;材料搭接工程量可在工程单价中考虑。

11.2 栽植树木、乔灌木、竹类、攀缘植物、水生植物等工程量,应按设计图示品种以数量或面积计算。

11.3 栽植绿篱类工程量,应按设计图示品种以长度计算。

11.4 栽植片植绿篱、色带、花卉及植草等工程量,应按设计图示品种以面积分别计算。

11.5 伐树及挖树根工程量,树身直径在 0.20m 以上的应按不同的树身直径,以棵计算。

11.6 挖除树身直径在 0.20m 以内的小树及竹(苇)根,铲草皮等工程量,应按面积计算。

11.7 拆除混凝土及钢筋混凝土工程量,应按体积计算。

11.8 拆除土石堤、围埝、砌体等工程量,应按体积计算。

11.9 清理障碍物工程量,应按设计图示或实际测量结果按相应计量单位计算。

11.10 拔钢板桩工程量应按不同桩长以根或重量计算。

11.11 预应力锚索工程的工程量,应按嵌入结构体内的有效设计长度以根或重量计算。

附录三

工程量清单表式

表 0.1

_____工程

工 程 量 清 单

招　标　人_____（单位盖章）

法定代表人
或授权代理人_____（签字盖章）

编制单位_____（单位盖章）

水运工程造价人员
及资格证书编号_____（签字盖章）

编制时间 _____

表 0.2

总　说　明

工程名称：　　　　　　　　　　　　　　　　　　　　　　第　页　共　页

表 0.3

工程量清单项目汇总表

工程名称：　　　　　　　　　　　　　　　　　　　　　第　页　共　页

序　号	项目名称	备　注
一	一般项目	
二	单位工程	
（一）	……	
（二）	……	
…	……	
三	计日工项目	

附录三 工程量清单表式

表0.4

分项工程量清单

单位工程名称： 第 页 共 页

序号	项目编码	项目名称	计量单位	工程数量	项目特征

表0.5

一般项目清单

工程名称：　　　　　　　　　　　　　　　　　　　　　　　第　页　共　页

序　号	项目编码	项目名称

表0.6

计日工项目清单

工程名称： 第 页 共 页

序 号	名 称	规格(工种)	计量单位	数 量
1	人工		工日	
2	材料			
3	船舶机械		艘(台)班	

表 0.7

招标人供应材料设备表

工程名称： 第 页 共 页

序 号	名 称	规格型号	单位	数 量	单 价	交货地点	备 注

附录四

工程量清单计价表式

表 0.1

_____工程

工程量清单报价表

招　标　人_____（单位盖章）

法定代表人
或授权代理人_____（签字盖章）

水运工程造价人员
及资格证书编号_____（签字盖章）

编制时间　_____

表0.2

工程量清单项目总价表

工程名称：　　　　　　　　　　　　　　　　　　　　　第　页　共　页

序　号	项目名称	金额(元)
一	一般项目	
二	单位工程	
(一)	……	
(二)	……	
…	……	
三	计日工项目	
	合计	

投标单位＿＿＿＿＿＿＿＿＿＿＿＿＿＿＿＿＿＿＿＿＿＿＿＿＿＿(盖章)

法定代表人或授权代理人＿＿＿＿＿＿＿＿＿＿＿＿＿＿＿＿＿＿(签字)

附录四 工程量清单计价表式

表0.3

分项工程量清单计价表

单位工程名称: 第 页 共 页

序号	项目编码	项目名称	计量单位	工程数量	金额(元)	
					综合单价	合价
				合计		

295

表 0.4

一般项目清单计价表

工程名称：   第 页 共 页

序号	项目编码	项目名称	金额(元)

表0.5

计日工项目清单计价表

工程名称： 第 页 共 页

序号	名 称	规格(工种)	计量单位	数 量	金额(元)	
					综合单价	合 价
1	人工		工日			
			小计			
2	材料					
			小计			
3	船舶机械		艘(台)班			
			小计			
4			合计			

表0.6

分项工程量清单综合单价汇总表

单位工程名称：　　　　　　　　　　　　　　　　　　　　　　　　　　　　第　页　共　页

序号	项目编码	项目名称	计量单位	工程数量	综合单价	合价	其中					
							人工费	材料费	船机使用费	间接费	利润	税金
总计												

表 0.7

综合单价分析表

清单项目编码:
清单项目名称: 第 页 共 页

序号	名 称	型号规格	计量单位	数 量	单价(元)	合价(元)
1	直接费	—	—	—	—	
1.1	人工费					
1.2	材料费	—	—	—	—	
1.2.1	……					
…	……					
1.3	船舶机械使用费	—	—	—	—	
1.3.1	……					
…	……					
2	间接费	—				
3	利润	—				
4	税金	—				
5	合计	—				
6	单价	—				

表0.8

主要材料设备价格表

工程名称：　　　　　　　　　　　　　　　　　　　　　　　　第　页　共　页

序　号	名　　称	规格型号	单　位	单价(元)	数　量	交货地点	备　注
一	招标人供应						
…	……						
二	投标人采购						
…	……						

附录五

内河航运建设工程各类建设项目单项、单位工程的划分

一、航运枢纽工程

(一)航务建筑工程

船闸、升船机、码头、挡水坝、节制闸、水闸、护岸、导航墩、靠船墩及软基加固等。

(二)大型土石方工程

陆域挖填土石方工程、吹填造陆等。

(三)设备购置及安装工程

(1)水运设备购置及大型钢结构制作及安装工程；

(2)电站有关设备购置及安装；

(3)机修及其他设备购置及安装。

(四)土建工程

电站厂房以及各种生产、生活设施用房及构筑物。

(五)交通运输工程

道路、桥涵等。

(六)航道疏浚工程

(七)供电照明及通信导航工程

(八)临时工程

施工导流、围堰、施工排水等。

(九)外部配套工程

对外交通工程等。

(十)其他工程

二、通航建筑工程

(一)航务建筑工程

船闸、升船机、护岸、导航墩、靠船墩及软基加固等。

(二)大型土石方工程

闸室、引航道开挖土方、石方,陆域回填土石方等。

(三)设备购置及大型钢结构制作安装工程

1.通航设备购置及安装；

2.大型钢结构制作及安装；

3.机修及其他设备购置及安装；

4.其他设备。

(四)土建工程

各种生产、生活设施用房及构筑物等。

(五)交通运输工程

道路、桥涵等。

(六)控制工程

(七)供电照明、通信工程

(八)外部配套工程

(九)临时工程

(十)其他工程

三、内河港口工程

(一)航务建筑工程

码头、栈桥、引堤、护岸、防汛墙、港作堆场及道路、软基加固等。

(二)大型土石方工程

陆域挖填土石方工程、吹填造陆等。

(三)港池、锚地及进港航道疏浚工程

(四)设备购置及安装工程

1.装卸工艺设备购置及安装;

2.港作车船购置;

3.机修及其他生产设备购置及安装。

(五)土建工程

1.仓库、货棚、机械库、机修车间等;

2.港区作业区办公用房、候工楼及其他生产、生活用房;

3.宿舍、港外生活及福利设施等。

(六)交通运输工程

港内铁路、道路、桥涵。

(七)供电照明工程

电源设施、输电线路、港区网络、变(配)电站等。

(八)给排水工程

水源设施、水塔、给水管道、雨污水排管等。

(九)其他工程

1.通信导航工程:有线通信、无线通信、调度电话、港区广播系统等;

2.控制工程:计算机控制系统、闭路电视等;

3.采暖通风工程;

4.消防工程、燃油供应设施;

5.环保工程。

(十)临时工程

(十一)港外配套工程

四、航道整治工程

(一)大型土石方工程

陆上爆破石方、新开河道挖土方、陆域回填等。

(二)炸礁工程

炸礁、清碴。

(三)筑坝工程

各种丁坝、顺坝、锁坝、潜坝等。

(四)护岸工程

(五)疏浚工程

(六)通信、导航工程

(七)临时工程

围堰、施工排水等。

(八)其他工程

附录六

内河航运建设工程其他费用

内河航运建设工程其他费用包括：土地使用费、建设单位管理费、工程建设监理费、工程质量监督费、定额编制管理费、联合试运转费、生产人员培训费、办公和生活家具购置费、工器具及生产家具购置费、前期工作费、勘察设计费、研究试验费、供电贴费、施工专用设备购置费、实船试航费、航道整治效果观测费、整治河段竣工前测量费、施工期港航安全监督费、断航损失补偿费等。

1 土地使用费

土地使用费包括包括工程用地征用费以及航运枢纽工程中的水库淹没补偿费。

1.1 工程用地征用费

工程用地征用费系指根据设计提出的工程建设场地和施工用的场地，需永久征用和临时占用的土地、渔场和水面等的费用。

1.1.1 费用内容

工程用地征用费一般包括以下内容：

（1）土地补偿费

指被征用或占用土地(分耕地和其他土地)、渔场、水生物养殖场等本身的补偿费和附着于之上的青苗、农作物、树木、水生物以及房屋、水井等的补偿费。

（2）安置补助费

指因土地、渔场等被征用后需要安置的农民、居民等的补助费。

（3）建筑物迁建费

指被征用或占用土地上的房屋、建筑物等的迁建费。

（4）耕地占用税

指工程占用的耕地、渔塘、园地、菜地等应缴纳的占用税。

（5）新菜地开发建设基金

指征用城市郊区的菜地，包括种菜或者养殖鱼、虾的商品菜地和养鱼塘所应缴纳的费用。

（6）土地管理费

指土地管理部门用于征地、迁建、安置等工作而提取的管理经费。

（7）复耕费

指临时占用的耕地、渔塘等，在工程完工后将其复还所发生的费用。

1.1.2 计算办法

工程用地征用费应根据设计提出的用地(包括水面)数量和其附着物的情况，以及实际发生的费用项目，按照国家有关规定和工程所在地地方政府制定的标准计算。

国家颁发的有关文件依据包括：

（1）中华人民共和国主席令 第四十一号《中华人民共和国土地管理法》；

（2）国发[1987]第27号《中华人民共和国耕地占用税暂行条例》；

(3)(1985)农(土)字第 11 号《国家建设征用菜地缴纳新菜地开发建设基金暂行管理办法》;

(4)(1984)农(土)字第 30 号《关于征用土地费实行包干使用暂行办法》。

1.2 水库淹没补偿费

水库淹没补偿费系指航运枢纽工程因形成水库后对库区(包括淹没,浸泡和坍岸区)淹没损失的补偿费和有关工程费。

1.2.1 费用内容

水库淹没补偿费一般包括以下内容:

(1)农村移民安置迁移费

指库区内农村居民迁移和所属企业迁建等所需的补偿费用,包括:耕地补偿,安置补助费,各种林木,农作物补偿费,房屋及附属建筑物迁建补偿费,农副业生产及福利设施补偿费,小型水利水电设施补偿费,搬迁运输费,补助费等。

(2)城镇迁建补偿费

指库区城镇或集镇内的居民,机关及企事业单位迁移的迁建补偿费。包括新址的土地征用费,房屋建筑物,生产及福利设施的迁建补偿费以及企业搬迁期间减产停产损失补贴费等。

(3)生产恢复改建费

指库区内的工矿企业、铁路、工路、航运、电力、电信、广播、管路、水利设施等的恢复、改建补偿费。

(4)库底清理费

指库区内不属补偿的清理项目的费用。

(5)防护工程费

指对库区内不予迁建的受淹对象进行防护处理所需兴建的堤防、护岸等的工程费用。

(6)环境影响补偿费

指由于兴建水库对环境造成不利影响而补偿的一次性费用。

(7)行政管理补贴费

指为处理上述安置迁建,恢复改建等而对当地行政管理部门的一次性补贴费用。

(8)专项调查勘察设计费

指对水库淹没及其影响进行现场踏勘、航测、调查、规划等以及防护工程的勘测设计所需的工作费。

1.2.2 计算方法

水库淹没补偿费应根据《中华人民共和国土地管理法》和《水利水电工程水库淹没处理设计规范》等有关规定,由设计单位在工程所在地地方政府的支持配合下,按实际发生的费用项目,经测算分析进行专题计算。

2 建设单位管理费

指建设单位为工程建设项目从立项、筹建、建设、联合试运转、竣工验收、交付使用及后评估等工作所发生的管理费用。建设单位管理费包括建设单位开办费、建设单位经费。

2.1 建设单位开办费

指新组建的建设单位为保证正常开展管理工作所需的初始费用。

2.1.1 费用内容

(1)办公和生活临时用房工程费;

(2)车辆和办公生活设备、检验试验设备、其他用具用品购费以及用于开办工作的其他费用。

2.1.2 计算方法

(1)办公和生活临时用房

其面积(S)按下式计算,土建的平方米造价指标按当地标准估列。

航运枢纽工程,综合性港口工程:

$$S = 2000 + 建设单位定员 \times (10 \sim 15) \quad m^2$$

通航建筑、一般港口及航道整治工程:

$$S = 150 + 建设单位定员 \times 10 \quad m^2$$

(2)车辆

按设计确定的车种、规格和数量计算购置费。

(3)设备、工具用品及其他

按建设单位定员,每人5000元计算费用。

2.1.3 其他规定

(1)凡由成建制的管理单位或部门对工程建设进行管理的,不计算建设单位开办费;

(2)已有建设单位的续建工程,其建设单位开办费按以上规定的三分之一或根据具体情况进行计算。

2.2 建设单位经费

指建设单位对工程建设项目实施日常管理所需的经常性费用。

2.2.1 费用内容

包括工作人员的人工费、教育经费、劳动保险费和差旅交通费、固定资产折旧费、维修费、零星固定资产购置费、工具用具使用费、低值易耗品摊销费;办公费、会议费、技术图书资料费、咨询费、招标活动经费、合同公证费、完工清理费、工程验收费;土地使用税、房产税、车(船)使用税、车辆牌照税、印花税;水电费、采暖费以及其他属于管理性质的费用。

2.2.2 计算办法

以工程费用的总和为基础,按表2-1的费率计算。

建设单位经费费率　　表2-1

序号	工程费用总和(万元)	费率(%)
1	<500	1.75
2	<1000	1.58
3	<5000	1.37
4	<10000	1.16
5	<30000	1.02
6	<50000	0.91
7	≥50000	0.81

3 工程建设监理费

工程建设监理费系指建设单位委托具有相应资质等级的水运工程建设监理单位,按工程建设监理办法进行全面监督与管理所发生的费用。监理费用按表3-1规定的标准计算。

工程建设监理费标准　　　　　表3-1

序号	总概算工程费用总计 M(万元)	设计阶段(含设计招标)监理取费 a(%)	施工(含施工招标)及保修阶段监理取费 b(%)
1	$M<500$	$0.2<a$	$2.50<b$
2	$500 \leqslant M<1000$	$0.15<a \leqslant 0.20$	$2.00<b \leqslant 2.50$
3	$1000 \leqslant M<5000$	$0.10<a \leqslant 0.15$	$1.40<b \leqslant 2.00$
4	$5000 \leqslant M<10000$	$0.08<a \leqslant 0.10$	$1.20<b \leqslant 1.40$
5	$10000 \leqslant M<50000$	$0.05<a \leqslant 0.08$	$0.80<b \leqslant 1.20$
6	$50000 \leqslant M<100000$	$0.03<a \leqslant 0.05$	$0.60<b \leqslant 0.80$
7	$100000 \leqslant M$	$a \leqslant 0.03$	$b \leqslant 0.60$

4 工程质量监督费

工程质量监督费系指工程质量监督部门,依据国家有关法规、技术规范、规程和质量检验评定标准,对工程质量和建设行为以及规定应进行质量监督的生产单位生产的建筑构件实施质量监督管理所发生的费用。工程质量监督费按表4-1规定的标准计算。

工程质量监督费标准　　　　　表4-1

序　号	总概算工程费用建安工作量总和(万元)	工程质量监督费费率(%)
1	≤1000	0.100
2	≤10000	0.075
3	>10000	0.050

5 定额编制管理费

指水运工程造价管理部门为组织定额的编制和管理所需要的工作经费。定额编制管理费由建设单位按期拨付水运工程定额站,由定额站统一管理使用。

计算办法:按工程费用(扣除设备购置费)总和的0.08%计算。

6 联合试运转费

指内河航运建设工程中的各种设备、设施等在施工安装完毕,竣工验收前进行单机或整个生产运行系统的重载联合试运转期间所需的费用。

6.1 费用内容

联合试运转所需要的原料、燃油料和动力的消耗,船舶和机械使用费,工具用具和低值易耗品费,其他费用以及施工单位参加联合试运转人员的人工费等。

6.2 计算办法

以工程费用中的设备购置费为基础:按以下费率计算;

航运枢纽工程0.20%,通航建筑工程0.30%;内河港口工程中使用系统设备的散货码头、液体化工码头等0.50%,其他一般件杂货码头0.15%。

7 生产人员培训费

指工程竣工验收前生产单位为保证生产的正常运行而需安排的提前进港(厂、所)人员的经费和培训人员所需的培训费。

7.1 费用内容

提前进港(厂、所)人员和所需培训人员的人工费、教育经费、劳动保险费、差旅交通费以及办公费、会议费、技术图书资料费、零星固定资产购置费、工具用具使用费、水电费等属于生产筹备发生的费用和培训人员的实习费等。

7.2 计算办法

按设计定员,新建项目每人2000元,扩建项目每人1400元计算。

8 办公和生活家具购置费

指为保证新建、扩建项目初期正常生产、运行和管理所必须购置的办公和生活家具的费用。

8.1 费用内容

办公室、会议室、资料档案室、阅览室、文娱活动室、食堂、浴室、理发室、招待所、医务室、单身宿舍等的家具、用具、用品的购置费。

8.2 计算办法

按设计定员,新建项目每人800元,扩建项目每人500元计算。

9 工器具及生产家具购置费

9.1 费用内容

指为保证建设项目初期正常生产所必须购置的第一套不够固定资产标准的设备、仪器、生产工具和生产家具的费用。

9.2 计算办法

以工程费用中的设备购置费为基础,按以下费率计算:

航运枢纽工程0.30%,通航建筑工程0.75%;内河港口工程1.60%,航道整治工程1.00%。

10 前期工作费

指为建设项目编制可行性研究报告,进行环境预评价及为可行性研究安排的勘察、测量、试验等以及在初步设计之前进行设计或方案比选、工程咨询和评估等支付的费用。

前期工作费按国家和有关部门规定的标准计算。

11 勘察设计费

指初步设计和施工图设计的勘察费、设计费(包括非标设计费)。施工图预算编制费。但不包括临时工程设计费。

勘察设计费按国家颁发的工程勘察设计收费标准和有关规定计算。

12 研究试验费

指为初步设计和施工图设计提供或验证设计参数、数据资料进行必要的研究试验所需的费用,按照设计的要求在施工中必须进行的试验所需的费用以及支付科技成果、技术专利等的一次性技术转让费。

研究试验费按设计提出的研究试验内容和要求计算。

13 供电贴费

指本建设项目按规定应缴付的供电工程贴费。

供电贴费按国家和有关部门规定的标准计算。

14 施工专用设备购置费

指经批准需增加的专用施工船机、设备等的购置费或改装费。

计算方法：

(1)设备购置费,根据设计提出的设备清单,按照设备原价和运杂费计算;

(2)需改装的船机、设备根据相关规定计算或根据已有资料估算。

15 实船试航费

指航道整治工程中新开发的航道、整治后提高通航等级的航道和渠化后的航道,在竣工验收前按设计要求的通航船舶吨级、编队及载量的要求,组织一次实船通航试验所发生的费用。

15.1 费用内容

试航船队准备费、航行费、护航船舶航行费,施工单位及其他单位参加实船试航人员的人工费和公杂费。

15.2 计算办法

根据试航天数,按营运船舶的费用标准及有关部门规定计算。

16 航道整治效果观测费

指竣工验收前对整治后的航道区段在不同水位下进行水下地形和水文情况的观测,用以验证模型试验、验证整治效果等所发生的测量费和其他工作费。

计算办法:参照《工程勘察取费标准》和有关部门规定计算。

17 整治河段竣工前测量费

指新开发航道、提高通航等级的航道和渠化后的航道,在竣工验收前所进行的全河段航道全程图和各整治滩段的局部扩大图的测量费。

18 施工期港航安全监督费

按有关部门的规定计算。

19 断航损失补偿费

指通航河段兴建航运工程而临时断航造成损失的补偿费。

计算方法:根据断航期限、运量情况以及采取的措施等进行估算。

20 进口设备和材料的其他费

包括国内接运保管费、从属费用和技术合作费,应按有关规定分别以内币或外币计列。

20.1 国内接运保管费

指进口设备和材料从到达港口运到施工现场仓库或制订堆放地点的运杂费及保管费等费用,如合同规定的进口设备和材料的到岸价为底价时,还应包括卸船费。

计算办法:按进口设备(包括备品备件)和材料原价外币金额和现行外汇牌价折算成人民币后,进口设备按 0.5%～2% 计算;进口材料按 2%～5% 计算。超限设备运输的特殊措施费,按有关规定另行计算。

20.2 从属费用

指进口设备和材料的外贸手续费、中国银行手续费、外国银行手续费、海关关税、增值税、海关监管手续费、商品检验费、车辆购置附加费、承诺费等。

计算办法:按国家有关规定或贷款协定计算。

20.3 技术合作费

(1)为引进技术和进口设备派出人员进行设计联络、设备材料监检、培训等的差旅费、置装费和生活费用等。

(2)国外工程技术人员来华差旅费、生活费和接待费用等。

(3)国外设计及技术资料、专利和技术转让费、延期或分期付款利息等。

(4)利用外资贷款建设项目的外方监理费等。

上述费用按照合同和国家有关规定计算。

21 其他

指根据建设任务的需要,必须在建设项目列支的其他费用,例如施工机构迁移费、水资源费、工程保险费等。

参 考 文 献

[1] 全国一级建造师执业资格考试用书编写委员会.港口与航道工程管理与实务[M].北京：中国建筑工业出版社,2007.

[2] 全国一级建造师执业资格考试用书编写委员会.港口与航道工程管理与实务复习题集[M].北京：中国建筑工业出版社,2007.

[3] 交通部第一航务工程局.港口工程施工手册(上、下)[M].北京：人民交通出版社,1994.

[4] 李炎保,蒋学炼.港口航道工程导论[M].北京：人民交通出版社,2010.

[5] 钟汉华,赵建东.工程项目管理[M].北京：中国水利水电出版社,2008.

[6] 全国一级建造师执业资格考试用书编写委员会.建设工程项目管理[M].北京：中国建筑工业出版社,2007.

[7]《建设工程项目管理规范》编写委员会.建设工程项目管理规范实施手册[M].第二版.北京：中国建筑工业出版社,2006.

[8] 成虎.工程项目管理[M].北京：高等教育出版社,2004.

[9] 李开运.建设项目合同管理[M].北京：中国水利水电出版社,2001.

[10] 陈一梅.水运工程试验检测概论[M].北京：人民交通出版社,2007.

[11] 刘志杰.水运工程监理培训统编教材(第二版)合同管理[M].北京：人民交通出版社,2003.

[12] 注册土木工程师执业资格考试港口与航道工程规范汇编[M].北京：人民交通出版社,2003.

[13] 周福田,张贤明.水运工程施工[M].北京：人民交通出版社,2004.

[14] 王祖志.水运工程施工组织及概预算[M].北京：人民交通出版社,2007.

[15] 厦门亿吉尔科技有限公司.水运工程软件操作指南[M].厦门：厦门亿吉尔科技有限公司,2012.

[16] 中华人民共和国行业标准.疏浚工程土石方计量标准(JTJ 321—1996)[S].北京：人民交通出版社,1997.

[17] 中华人民共和国行业标准.疏浚工程技术规范(JTJ 319—1999)[S].北京：人民交通出版社,1999.

[18] 中华人民共和国国家标准.网络计划技术(GB/T 13400.2—2009)[S].北京：中国标准出版社,2009.

[19] 中华人民共和国行业标准.疏浚岩土分类标准(JTJ/T 320—1996)[S].北京：人民交通出版社,1996.

[20] 中华人民共和国行业标准.疏浚工程土石方计量标准(JTJ/T 321—1996)[S].北京：人民交通出版社,1996.

[21] 中华人民共和国行业标准.淤泥质港口维护性疏浚工程土方计量技术规程(JTJ/T 322—1999)[S].北京：人民交通出版社,1999.

[22] 中华人民共和国行业标准.沿海港口水工建筑工程定额[S].北京:人民交通出版社,2004.
[23] 中华人民共和国行业标准.内河航运水工建筑工程定额[S].北京:人民交通出版社,1998.
[24] 中华人民共和国国家标准.企业职工伤亡事故分类(GB 6441—86).北京:中国标准出版社,1986.
[25] 中华人民共和国国家标准.水运工程质量检验标准(JTS 257—2008)[S].北京:人民交通出版社,2008.
[26] 交通部交水发[2004]247号.沿海港口建设工程概算预算编制规定[S].2004.
[27] 交通部(1998)交基发112号.内河航运建设工程概预算编制规定[S].1998.
[28] 交通部(1997)交基发246号.疏浚工程概算预算编制规定[S].1997.
[29] 中华人民共和国行业标准.水运工程工程量清单计价规范(JTS 271—2008)[S].2009.
[30] 中华人民共和国住房和城乡建设部.建设工程工程量清单计价规范(GB 50500—2008)[S].2008.